李澤厚論著集

中國現代思想史論

李澤厚／著

三民書局

再版說明

　　一九八六年的北京街頭，書報攤小販高喊著「李澤厚」、「中國古代思想史論」來拉攏買氣，證明了李澤厚先生家喻戶曉的知名程度。在美學方面，《美的歷程》、《美學四講》、《華夏美學》的出版，奠定了他美學大師的地位。在思想史方面，《中國古代思想史論》、《中國近代思想史論》、《中國現代思想史論》的發表，更在國內外掀起高潮迭起的論戰，引領著當時代學術發展的方向。

　　「李澤厚」三個字代表著深刻思考、理性批評，因此追隨者眾，其著作更是被廣泛盜版、翻印，劣質品充斥於市。一九九〇年代，在余英時教授的引介下，本局不惜鉅資取得李澤厚先生的著作財產權，隨即重新製版、印刷，以精緻美觀的高品質問世。

　　此次再版，除重新設計版式、更正舊版疏漏之處外，並以本局自行撰寫的字體加以編排，不惟美觀，而且大方，相信於讀者在閱讀的便利性與舒適度上，能有大幅的提升。

三民書局編輯部　謹識

李澤厚論著集總序

　　在大陸和臺灣的一些朋友，都曾多次建議我出一個「全集」，但我沒此打算。「全集」之類似乎是人死之後的事情，而我對自己死後究竟如何，從不考慮。「歸日急翻行戍稿，把空名料理傳身後」，那種立言不朽的念頭，似乎相當淡漠。聲名再大，一萬年後也仍如灰燼。所以，我的書只為此時此地的人們而寫，即使有時收集齊全，也還是為了目前，而非為以後。

　　而且，我一向懷疑「全集」。不管是誰的全集，馬克思的也好，尼采的也好，孫中山、毛澤東的也好，只要是全集，我常持保留態度，一般不買不讀，總覺得它們虛有其表，徒亂人意。為什麼要「全」呢？第一，世上的書就夠多了，越來越多，越來越讀不過來；那麼多的「全集」，不是故意使人難以下手和無從卒讀麼？第二，人有頭臉，也有臀部；人有口才，也放臭氣；一個人能保留一兩本或兩三本「精華」，就非常不錯了。「全」也有何好處？如果是為了研究者、崇拜者的需要，大可讓他們自己去搜全配齊；如果是因對此人特別仇恨（如毛澤東提議編將介石全集），專門編本「後臀集」或「放屁集」以揚醜就行了，何必非「全集」不可？難道「全集」都是精華？即使聖賢豪傑、老師宿儒，也不大可能吧？也許別人可以，但至少我不配。我在此慎重聲明：永

遠也不要有我的「全集」出現。因之，關於這個「論著集」，首先要說明，它不全；第二，雖然保留了一些我並不滿意卻也不後悔的「少作」或非少作，但它是為了對自己仍有某種紀念意義，對別人或可作為歷史痕跡的參考；第三，更重要的是由於我的作品在臺灣屢經盜版，錯漏改竄，相當嚴重，並且零零碎碎，各上其市，就不如乾脆合編在一起，不管是好是壞，有一較為真實可信的面貌為佳。何況趁此機會，尚可小作修飾，訂正誤會，還有正式的可觀稿酬，如此等等；那麼，又何樂而不為呢？這個「論著集」共十冊，以哲學、思想史、美學、雜著四個部分相區分。

前數年大陸有幾家出版社，包括敝家鄉的一家，曾與我面商出「全集」，被我或斷然拒絕或含糊其辭地打發了。我也沒想到會在臺灣出這個「論著集」。至今我沒好好想，或者沒有想清楚，為什麼我的書會在臺灣有市場，它們完全是在大陸那種特殊環境中並是針對大陸讀者而寫的。是共同文化背景的原因嗎？或者是共同對中國命運的關心？還是其他什麼原因？我不清楚。人們告訴我，在日本和韓國，我的書也受歡迎，而且主要也是青年學人，與大陸、臺灣情況近似。對此我當然非常高興，但也弄不清楚是什麼原因。臺灣只來過一次，時不過五週，一切對我還很陌生，但有幸能繞島旅遊一周。東海岸的秀麗滄茫，令人心曠神怡，太魯閣的雄偉險峻，令人神驚目奪。但使我最難忘懷的，卻是那最南邊頗為奇特的墾丁公園。在那裡，我遇到了一批南來渡假的女大學生，她們笑語連連，任情打鬧，那要滿溢出來的青春、自由和歡樂，真使我萬分欽羨。如此風光，如此生命，這才是美的本身和哲學本體之所在。當同行友人熱心地把我介紹給她們時，除

一兩位似略有所知外，其他大都茫然，當然也就是說並未讀過我的什麼著作了。那種茫然若失、稚氣可掬的姿態神情，實在是太漂亮了。這使我特別快樂。我說不清楚為什麼。也許，我不是作為學者、教授、前輩，而是作為一個最普通的老人，與這批最年輕姑娘們匆匆歡樂地相遇片刻，而又各自東西永不再見這件事本身，比一切更愉快、更美麗、更富有詩意？那麼，我的這些書的存在和出版又還有什麼價值、什麼意義呢？我不知道。

最後，作為總序，該說幾句更嚴肅的話。我的書在臺灣早經盜版，這次雖增刪重編，於出版者實暫無利可圖。在此商業化的社會氛圍中，如非余英時教授熱誠推薦，一言九鼎；黃進興先生不憚神費，多方努力；劉振強先生高瞻遠矚，慨然承諾；此書是不可能在臺問世的。我應在此向三位先生致謝。特別是英時兄對我殷殷關注之情，至可銘感。

是為「論著集」總序。

李澤厚
1994 年 3 月於科泉市

李澤厚論著集 分冊總目

序

　　思想史部分收《中國古代思想史論》、《中國近代思想史論》、《中國現代思想史論》三書，分別初版於 1985、1979 和 1987 年。

　　據大陸的朋友們說，除《美的歷程》外，這三本思想史是我的著作中流傳最遠、影響最廣的。他們說，《批判哲學的批判——康德述評》一書的影響是深度，《美的歷程》和這三本思想史論的影響是廣度。在海外，無論是美國、歐洲或日本，人們常提到的也大都是這三書，而少及其他，思想史可能比哲學特別是比美學，在國外要更受注意和重視。

　　有趣的是，我收到的反應，也包括我故意問過好些人：這三本書中，你最喜歡哪一本？或者你認為哪一本最好？使我奇怪的是，答覆完全不同，可說人言言殊，大不一樣。有偏愛《現代》的，有稱讚《近代》的，有選擇《古代》的。這倒使我有點糊塗了。人們反問我，我也說不清，只好說，滿意的還沒寫出來。因此迄今為止，我不知道哪一本算最好或最受人歡迎。我只知道，寫在不同時期的這三本書，無論是問題、風格、體例和處理方式都各不相同。三書在外表上也很不一樣，這次放在一起合為一卷，除了從內容上看，可能有試圖從「文化心理結構」角度去處理由

孔夫子到毛澤東這樣一條似有似無、尚未定形的線索外，其他都不統一，這次也不想去強求統一。但總覽全書，畢竟可以看到從古到今的中國思想史一些最為重要的問題和人物都或論述到，或接觸到了。

再回到對三本書的不同反應上來。為什麼對三本書各有不同的選擇或接受呢？我是這樣猜想的：《現代》一書之被接受，甚至為某些青年所偏愛，可能主要是當時在「文化熱」的高潮中，人們（特別是青年一代）對未來中國的走向有鉅大的關懷。特別當時要求政治民主的思想情緒正日趨強烈，反思過去使他們對《現代》一書中提出的「救亡壓倒啟蒙」、「馬克思主義的中國化」（提出實用主義、民粹主義、道德主義的嚴重浸入）、「西體中用」等等發生了極大興趣，於是此書不脛而走，謬種相傳，「流毒」甚大。於是也就有 1989 年後的官方左派圍剿式的大批判。批判認為「……《中國現代思想史論》比較集中地表現出他對中國歷史和現實有一條系統的政治思想綱領。這一綱領性的東西是由三個命題構成，即五四時代『救亡壓倒啟蒙』，後來中國革命是農民革命，建立的政權是封建主義的。現在應該走『西體中用』的道路。這個綱領離開馬克思主義和社會主義太遠了」，「李澤厚思想和著作為資產階級自由化思潮提供了理論基礎」（均見雜著卷附錄之二）。大概這本書的確離開史達林和毛澤東的馬克思主義和社會主義「太遠了」，於是才贏來了當時讀者們的歡迎。其實，平心說來，雖然至今我仍然堅持此書的所有觀點，包括為人詬病最多的「西體中用」；但也如 1989 年前一些評論所指出，此書無論從資料的掌握和處理上，或從論證的分析和展開上，都相當粗糙、籠

統。我在該書〈後記〉中也講過，它是「提前」完成的急就章。為什麼提前？是想趕在某種風雨之前，否則就出版不成了。這一點當時也和一些朋友說過。但這只是當年的一種朦朧預感，卻絕沒想到後來會是那麼一場暴風雨，而且來得那麼快，那麼急，那麼狂暴惡劣，幾乎摧毀了一切，也使《現代》在大陸成了禁書。

《近代》一書，情況則頗不相同。特別是其中一九五〇年代的作品，坐而論道，從容不迫，分析較細，材料較全。我非常清晰地記起當年還是大學生，害著肺病，一個人蟄居在被學校廢棄的一間三層斗室中，白天缺乏陽光，得開燈寫作，當時日以繼夜地埋頭於各種線裝書中，摘抄材料。包括該書一九七〇年代的產品，用的也還是那時候所積累的一點原始材料。因此論據似乎比較周全，一些人欣賞這本書，可能這是原因之一。但我覺得這書之所以被接受，主要原因恐怕還不在這裡，而是由於出版較早。時值毛剛去世，人們思想似一片茫然，這書通過近代思想人物的論述，提出了一些看法，其中的確有意蘊含了後來在《現代》中展開以及至今尚未展開的好些觀點。在當時封閉多年、思想阻塞的年代裡，算是起了開風氣先的作用。我吃驚地聽到一些作家、藝術家說，這本書影響了他們的創作。我簡直不能置信如此枯燥的學術論文，文藝家們如何可能去讀的？很簡單，這是因為那時候還沒書可讀的緣故。所以對今天讀者是如此平淡無奇的普通常識，在當時卻是石破大驚、非同小可的危險話語。才不過十餘年，中國畢竟是大步地向前邁進了。回頭想想幾十年一直把梁啟超、王國維等作為反面人物來論述，予以徹底否定，並成為所謂「定論」，也真有點不勝今昔之感。這次雖然對此書作了好些刪削，但

畢竟難作重大變動了。當年對革命的傾心讚頌，對未來的盲目樂觀，並以之作為標準和依據的論述評說，是不可能作全部改動了。當然，我也並不認為此書已經徹底「過時」，它的好些歷史觀察和價值描述是至今仍然有其意義的。

　　《古代》一冊，更難敘說。上下數千年，十幾萬字就打發掉，如〈後記〉中所承認，是自感會見笑於學林的。自己寫作時，便深感底子太薄，功力不夠，知識太少，不可能也不應該駕馭這麼大的場面，甚至暗暗發誓「以後再不寫這種東西了」。但結果居然還強如人意，這書在海內外的反應都不壞，不斷被人提及甚至還受到讚賞。據說大陸某大學馬列研究生以此書作重點研讀對象。在三本書中，我自己也的確比較喜歡這一本。原因是儘管材料少，論述粗，但畢竟是企圖對中國整個傳統作某種鳥瞰式的追索、探尋和闡釋，其中提出的一些觀念和看法，如「樂感文化」、「實用理性」、「文化心理結構」、「審美的天地境界」等等，我至今以為是相當重要的。我總希望在未來的世紀裡，中國文化傳統在東西方人文世界進行真正深入的對話中，能有自己的立場和貢獻。因此此書之作，即使是鋪磚砌瓦也好，拋磚引玉也好，似乎比《近》、《現》二冊，便有更深一層的目標和涵義了。也有青年從而認為我自相矛盾：《近》、《現》二書反封建、反傳統，《古代》一冊卻大說傳統的好話。其實不然。簡單說來，這正是今日中國現實的深刻「弔詭」和關鍵所在：中國要進入現代化，當然要在一定程度和一定意義上反掉某些前現代的傳統；但今日中國又應該是在看到後現代的前景下來進入現代，從而才可能盡量避免或減輕現代化所帶來的種種災難、弊病和禍害，因此，注意保存傳

統又成為非常重要的事情。我認為，也許這樣，才能嘗試去走出一條既現代又中國、既非過去的「社會主義」又優越於今日資本主義的創造性的道路來。當然，這只是某種想法，也許完全是空想或夢想。但我是主張做做夢的，如我有篇短文所說，只要不夢得糊糊塗塗，瘋瘋顛顛，存留一點對未來的美好希望並為之努力，又有何不可、有何不好呢？思想史論總要有點思想，「究天人之際，通古今之變」，是為了今日和將來，這又有何不可、有何不好呢？

李澤厚

中國現代思想史論

目次

內容提要

一、啟蒙與救亡的雙重變奏

1. 陳獨秀 1916 年提出「最後覺悟之覺悟」，反對傳統，呼喊啟蒙。個性解放與政治批判攜手同行，相互促進，揭開了中國現代史的新頁。

2. 五四運動帶來了青年一代行為模式的改變，從婚姻自主到工讀互助團。一部分人經由無政府主義，選擇了馬克思主義。

3. 救亡又一次壓倒啟蒙。知識分子在革命戰爭中也為這場革命所征服。

4. 封建主義並未消除，它在社會主義裝束下帶來種種禍害，令人重新呼喊五四。重要的是轉換性的創造。

二、記中國現代三次學術論戰

1. 一九二〇年代張君勱等人認為科學不能解決人生觀問題，在身心、社會領域，因果律無效，要求回到宋明理學。

2. 丁文江等人強調科學能解決一切問題，要求建立起「科學的人生觀」，以作為信仰，指導生活。

3. 一九三〇年代中國社會性質問題論戰的三派，陶希聖等人的新生命派和托派動力都強調中國社會的資本主義性質，中國共產黨的新思潮派則強調中國社會的封建性，前者主張反帝反資，後者主張反帝反封建。

4. 兩次論戰中的科學性（學術）與意識形態性（政治）的交錯糾纏的特點。

5. 一九四〇年代胡風反對向林冰以民間形式為創造文藝民族形式的中心源泉，強調繼承五四，以吸取外來為主。

6. 革命戰爭要求文藝為工農兵服務，為廣大群眾和幹部「喜聞樂見」的「大眾化」成為時代主流，毛澤東的《在延安文藝座談會上的講話》。

三、胡適　陳獨秀　魯迅

1. 文學的語言形式改革的重要意義，胡適首倡白話文運動而成名。

2. 胡適的第二個貢獻是在文史領域開創了近代學術的思想新範式。關於胡的「大膽假設，小心求證」的哲學方法論。

3. 陳獨秀的主要興奮點始終是政治。他從政治角度看待文學革新，突破了胡適的「八不主義」。陳反對把孔孟與程朱劃開，反對把中國傳統的民本主義與西方近代的民主主義混為一談。

4. 陳的啟蒙主義的宇宙觀和人生觀，對德謨克拉西由提倡到否定再回到肯定。

5. 魯迅對「死」的形上感受，他超越了啟蒙，具有現代性的孤獨與悲涼。

四、青年毛澤東

1. 青年毛以「動力」和「鬥爭」為宇宙本體和人格本性，這「動」具有體魄性的特點。

2. 以 「實現自我」 為道德律，以不可窮盡的永恆追求為理想，浪漫主義和英雄主義的色調。

3. 與「貴我」映對，強調方法上、認識上的「通今」，重視現實經驗的概括。

五、試談馬克思主義在中國

1. 唯物史觀特別是階級鬥爭學說，成為馬克思主義在中國最突出的被接受和被實踐的部分。實用理性使中國知識分子樂於接受進化論和唯物史觀。 它們主要作為一種 「科學的」 意識形態和理性的信仰被奉行。

2. 李大釗是早期中國馬克思主義的理論代表。他號召「到民間去」和強調「改造精神」的兩大特徵。

3. 瞿秋白承上啟下，介紹、宣傳了辯證唯物主義。

4. 中國馬克思主義主要成為關於革命的戰略學說。毛澤東提出工農武裝割據、以農村包圍城市和游擊戰爭等一系列戰略策略。

5. 總結戰爭經驗，軍事辯證法提昇為哲學世界觀，對主觀能動性的強調和經驗理性的哲學認識論。

6. 思想改造運動，高揚道德主義。劉少奇的自我修養理論。

7. 1949 年的勝利帶來了獨立、統一、平等的新中國。毛反對「鞏固新民主主義秩序」，依靠激烈的政治思想鬥爭提前、超額完成了農業合作化。

8. 毛繼續強調「政治掛帥」，強調「兩個階級兩條道路的鬥爭」，並擴及一切領域，它們經常變成了勞動與剝削、公與私、善與惡的道德判定。

9. 鬥爭哲學 （「以階級鬥爭為綱」）、道德主義 （「鬥私批修」）、民粹主義（「向貧下中農學習」）成為思想特徵，在「文化大革命」中發展到高峰。廣大幹部和知識分子在道德主義下的屈從。

10. 新時期的人道主義吶喊，其理論弱點及歷史正義性。馬克思主義應是建設的哲學。

六、二十世紀中國（大陸）文藝一瞥

1. 從形象思維世界看中國現代知識分子的心態。蘇曼殊創作中的某種黎明期的清新氣息。

2. 五四時期多愁善感的敏感主義特色，對人生、對自我的探索、追求，新鮮性、多樣性和朦朧性。冰心的母愛、郁達夫的性愛、郭沫若的力、許地山的哲理……。

3. 春天過去，夏日當頭，青年成熟，走進社會：一九三〇年代創造具體模式的一代，現實生活的廣泛寫照，現代文學獲得了客觀性：茅盾、巴金、老舍、沈從文、曹禺、夏衍。

4. 走向工農兵及其心靈的複雜和痛苦。艾青、路翎和農民作家趙樹理。

5. 頌歌（賀敬之）和懺悔（張賢亮）作為解放一代的文學特徵。

6. 噩夢甦醒後的徬徨、憤慨、尋求和否定：從舒婷、北島到劉索拉。

七、略論現代新儒家

1. 熊十力完成了譚嗣同、章太炎未竟之業，將宋明理學的倫理學翻轉為宇宙觀和本體論。強調「體用不二」，即運動變化、生生不息的心物感性世界。

2. 梁漱溟從文化立論講哲學，認為中西文化之分在於對待人生的不同態度和不同道路。情感一直覺重於理知。儒學是世界文化的希望。

3. 馮友蘭不同於熊、梁，構造了一個純粹邏輯的「理世界」的哲學系統，強調要經過「思議」、「了解」後才能達到那「不可思議」、「不可了解」的人生最高境界。

4. 牟宗三認為陸、王才是孔孟正宗，程、朱的「義理之性」乃「存有而不活動」，從而失去道德自律的基礎。牟強調「內聖之道」是直覺的體認、證悟，非思議、理知所能了解或達到。

5. 熊、梁──馮──牟，似乎是一個現代新儒家的正反合圓圈全程。儒學的前景問題。

八、漫說「西體中用」

1. 中國近代由「技」而「政」而「教」的改革過程和「中體西用」說的提出。「五四」突出了西學與中學的根本差異：個人本位與家庭本位。上述「中學」特點在日常生活中的一些表現。

2. 在接收、吸取外物同時，常以自己的系統將異物融解同化，使外物失其性能，這才是「中體西用」的要害。

3. 以「太平天國」為例，「中國化」過程中的平均主義、禁欲主義、命令主義和道德主義。

4. 應對「體」、「用」、「中」、「西」重新解釋，「體」首先是社會存在的本體。不要把前現代、現代、後現代三個不同歷史階段混為一談，不同意文化相對主義，但贊成多元化。

一、啟蒙與救亡的雙重變奏

　　「五四」運動包含兩個性質不相同的運動，一個是新文化運動，一個是學生愛國反帝運動。[1] 眾多論著常常籠統地歌頌它們，較少注意二者的複雜關係及由此而來的思想發展和歷史後果。本文試圖對此作些初步探討。

 啟蒙與救亡的相互促進

　　1915 年 9 月陳獨秀創辦《青年》（2 卷起改名《新青年》）雜誌，在〈敬告青年〉這實際的發刊辭中，以中西文化對比的方式，抨擊了各種傳統觀念，提出「自主的而非奴隸的」、「進步的而非保守的」、「進取的而非退隱的」、「世界的而非鎖國的」、「實利的而非虛文的」、「科學的而非想像的」六項主張，鼓吹「科學與人

1　關於「五四運動」應否包括新文化運動，歷來有不同看法。有人讚揚學生愛國運動而反對新文化運動（如蔣介石《中國之命運》），有人則反之，認為「五四運動對新文化運動來說，實在是一個挫折」（胡適，見周陽山編《五四與中國》，臺北，第 391 頁）。但絕大多數認為二者有極密切聯繫而視為一體，本文同意此看法。「五四運動」一詞始見於 1919 年 5 月 26 日《每週評論》第 23 期羅家倫（署名「毅」）的文章。新的考證認為：1919 年 5 月 18 日以「北京學生聯合會全體學生」為名義發表的「罷課宣言」中已有此詞。

權並重」，這即是不久後提出「賽先生」（科學）與「德先生」（民主）的先聲。《新青年》以披荊斬棘之姿，雷霆萬鈞之勢，陸續發表了易白沙、高一涵、胡適、吳虞、劉半農、魯迅、李大釗、錢玄同、沈尹默、周作人等人的各種論說和白話詩文，第一次全面地、猛烈地、直接地抨擊了孔子和傳統道德，第一次大規模地、公開地、激烈地反對傳統文藝，強調必須以口頭語言（白話）來進行創作。以道德革命和文學革命為內容和口號的新文化運動，洶湧澎湃地開展起來。

這在中國數千年的文化史上是劃時代的。如此激烈否定傳統、追求全盤西化，在近現代世界史上也是極為少見的。但值得注意的是，這個運動就其實質說，至少在其發展初期，卻又只是上一階段譚嗣同、嚴復、梁啟超的歷史工作的繼續。譚嗣同對封建綱常的沈痛攻擊，嚴復於中西文化的尖銳對比，梁啟超所大力提倡的「新民」，就都是用「西學」（西方近代文化）反「中學」（中國傳統文化）的啟蒙運動。新文化運動與它們並無根本的不同，甚至在形式主張上（例如上述陳獨秀提出的六項標準與梁啟超的許多論說）也相當接近或相似。那麼，為什麼新文化運動會有空前的氣勢、作用和影響呢？

當然，量變為質。新文化運動的啟蒙要求和主張的徹底性和全面性，為譚、嚴、梁階段所不可比擬。它以與傳統徹底決裂的激烈新姿態和新方式，帶來了新的性質。而它之所以能在當時作為一個「運動」而興起，獲得廣泛的注意和傳播，則又是特定歷史環境的具體產物。

　　我在《中國近代思想史論》中曾認為，「每個時代都有它自己中心的一環，都有這種為時代所規定的特色所在。……在近代中國，這一環就是關於社會政治問題的討論了。燃眉之急的中國近代緊張的民族矛盾和階級鬥爭，……把注意和力量大都集中投放在當前急迫的社會政治問題的研究討論和實踐活動中」[2]，並指出從變法（維新運動）到革命（推翻清朝），政治鬥爭始終是先進知識群興奮的焦點。其他一切，包括啟蒙和文化，很少有暇顧及。例如鄒容《革命軍》中的民主啟蒙思想並沒有得到重視和普及，完全淹沒在呼號革命的軍事鬥爭中。孫中山在辛亥後贈以「大將軍」的美諡，倒正好是這樣一個象徵。宋恕《六齋卑議》中反宋明理學的突出的啟蒙思想，更被擠到角落裡面，幾乎至今無人注意。

　　辛亥之後，儘管並沒有多少真實的進步，但歷史畢竟翻開了新頁。皇帝沒有了，「學而優則仕」的舊封建路途不再那麼正規，但政局一塌糊塗，思想異常混亂，控制相對放鬆，意識形態似乎成了空白。一方面，舊的體制、規範、觀念、風習、信仰、道路……，都由於皇權崩潰，開始或毀壞或動搖或日益腐爛；另方面，正因為此，強大的保守頑固勢力便不斷掀起尊孔讀經、宣揚復辟的浪潮，想牽引局面恢復或倒退到「前清」時代去。對知識者特別是年輕的知識一代來說，國家和個人的前景何在？路途何在？渺茫之外，別無可說。

---

2 《中國近代思想史論》，〈後記〉。

　　上一代革命者的熱忱衰退了。除了一些仍圍繞在孫中山的身旁，做些力不從心、效果不大的政治、軍事鬥爭外，很大一批消沈下來。范愛農、呂緯甫、魏連殳……，是魯迅塑造的這種典型形象，具有很深刻的代表性。連魯迅本人也沈默幾乎十年，以讀佛經、拓碑刻、抄嵇康來排遣時日。正是在這萬馬齊瘖、悶得透不出氣來的黑暗王國裡，陳獨秀率先喊出了民主與科學。

　　這一呼喊是中國先進知識者們深思熟慮，經過重新長久考慮思索的結果。陳獨秀在 1916 年春發表了兩篇非常重要的論文。其中說：

　　……吾國年來政象，惟有黨派運動，而無國民運動也。……不出於多數國民之運動，其事每不易成就；即成就矣，而亦無與於國民根本之進步。[3]

　　今之所謂共和、所謂立憲者，乃少數政黨之主張，多數國民不見有若何切身利害之感而有所取捨也。……立憲政治而不出於多數國民之自覺、多數國民之自動，惟曰仰望善良政府、賢人政治，其卑屈陋劣，與奴隸之希冀主恩、小民之希冀聖君賢相施行仁政，無以異也……[4]

　　這裡強調提出了「多數國民之運動」問題。也就是說，以前

3　〈一九一六年〉，《青年》第 1 卷第 5 號。
4　〈吾人最後之覺悟〉，《青年》第 1 卷第 6 號。

的洋務、變法、革命，最多也只是運動群眾去實現反帝或反清朝的目的；結果「多數國民」並沒有得到民主權利，也沒有自覺的民主要求，自然讓極少數人主持宰割。民國號稱「共和」、「立憲」，招牌雖異，實質仍同。人民仍然不過是盼望好皇帝和清官，仍不過是「希冀聖君賢相施行仁政」而已。這怎麼能談得上政治進步國家富強呢？所以，首要的問題便不是別的什麼，而只能是喚起民眾的覺悟，來自覺自動地爭取民主。那麼，「覺悟」什麼呢？陳獨秀接著說：

> 儒者三綱之說為吾倫理政治之大原……。近世西洋之道德政治，乃以自由、平等、獨立之說為大原，……此東西文化之一大分水嶺也……。此而不能覺悟，則前之所謂覺悟者，非徹底之覺悟，蓋猶在徜徉迷離之境。吾敢斷言曰，倫理之覺悟為最後覺悟之覺悟。[5]

這也就是新文化運動之所以要打倒舊道德提倡新道德的理論論據。即要改變中國的面貌，以前的變法、革命都不行，必須首先要「多數國民」產生與「儒者三綱之說」的傳統觀念相決裂，轉而接受西方的「自由、平等、獨立之說」的「最後覺悟之覺悟」，才有可能。從而，主張徹底拋棄固有傳統，全盤輸入西方文化，便成為新文化運動基本特徵之一。有的研究者因而稱之為「全

---

5 同上。

盤性的反傳統主義」。[6] 所以，與上一階段譚、嚴、梁相比較，不但其反傳統文化的徹底性大不相同，而且更重要的是，這時先進的知識者整個興奮的焦點不再集中在政治上，而是集中在文化上了。陳獨秀便曾明白無誤地宣稱，他辦《青年》雜誌，「批評時政，非其旨也」，以此要求與當時其他一些報刊明確區別開來。新文化運動中的許多主角人物，與上一階段康、梁、孫、黃也不同，他們或終其生或一開頭並非重要政治人物。陳獨秀、胡適、魯迅、李大釗、錢玄同、吳虞、劉半農、易白沙、周作人以及傅斯年、羅家倫等人，均大體如此。他們是一批職業的教授、學者、學生，即純粹的近代知識分子。

問題的複雜性卻在，儘管新文化運動的自我意識並非政治，而是文化。它的目的是國民性的改造，是舊傳統的摧毀。它把社會進步的基礎放在意識形態的思想改造上，放在民主啟蒙工作上。但從一開頭，其中便明確包含著或暗中潛埋著政治的因素和要素。如上引陳獨秀的話，這個通過「最後覺悟之覺悟」所要達到的目標，仍然是指向國家、社會和群體的改造和進步。即是說，啟蒙的目標，文化的改造，傳統的扔棄，仍是為了國家、民族，仍是為了改變中國的政局和社會的面貌。它仍然既沒有脫離中國士大

---

6 這與陳獨秀等人也許不自覺地仍然將思想意識看作根本關鍵的儒學傳統的思維方式有關，即以所謂「文化思想方式作為解決問題的手段」有關（參看林毓生《中國意識之危機》，*The Crisis of Chinese Consciousness*，1979 年，Wisconsin）。但其現實的這種自覺意識歷程，則仍然是洋務的經濟改革、戊戌——辛亥的政治變革的失敗所造成的。

夫「以天下為己任」的固有傳統，也沒有脫離中國近代的反抗外侮、追求富強的救亡主線。拋棄傳統（以儒學為代表的舊文化舊道德）、打碎偶像（孔子）、全盤西化、民主啟蒙，都仍然是為了使中國富強起來，使中國社會進步起來，使中國不再受外國列強的欺侮壓迫，使廣大人民生活得更好一些……。所有這些就並不是為了爭個人的「天賦權利」——純然個體主義的自由、獨立、平等。所以，當把這種本來建立在個體主義基礎上的西方文化介紹輸入，以抨擊傳統打倒孔子時，卻不自覺地遇上自己本來就有的上述集體主義的意識和無意識，遇上了這種仍然異常關懷國事民瘼的社會政治的意識和無意識傳統。

　　例如，五四前後之激烈抨擊孔子，重要原因之一，便是因為自袁世凱到張勳都用孔子作他們搞政治復辟活動的工具。「民國三、四年的時候，復古主義披靡一世，什麼忠孝節義，什麼八德的建議案，連篇累牘的披露出來，到後來便有帝制的結果。可見這種頑舊的思想，與惡濁的政治往往相因而至。」[7]「我總覺得中國聖人與皇帝有些關係，洪憲皇帝出現以前，先有尊孔祭天的事；南海聖人與辮子大帥同時來京，就發生皇帝回任的事；現在又有人拼命在聖人上作工夫，我很駭怕，我很替中華民國擔憂」[8]，「中國一部歷史，是鄉愿與大盜結合的記錄。大盜不結合

---

7 毋忘：〈最近新舊思潮衝突之雜感〉，原刊於《國民公報》，後收錄於《每週評論》1919 年 4 月 13 日，見《五四運動文選》，三聯書店，北京，1959 年，第 233 頁。

鄉愿，作不成皇帝；鄉愿不結合大盜，作不成聖人。所以我說，真皇帝是大盜的代表，聖人是鄉愿的代表。到了現在，那些皇帝與聖人的靈魂，搞復辟尊孔的鬼，自不用提，就是這些跋扈的武人，無聊的政客，那個不是大盜與鄉愿的化身呢！」[9]此外，這批舊學深厚、飽讀詩書的知識者之所以能如此徹底否定傳統，接受西方文化，又仍然與自己文化中缺少宗教因素，不受盲目信仰束縛，積極追求改善自己（「自強」、「日新」），一切以理性的考慮作標準和依歸有關。即不管傳統的、外來的，都要由人們的理智來裁定、判決、選擇、使用，這種實用理性正是中國人數千年來適應環境而生存發展的基本精神。它最早成熟在先秦各家的社會政治哲學中，而在孔學儒家傳統中表露得最為充分。所以，有趣的是，這些反孔批儒的戰士卻又仍然在自覺不自覺地承續著自己的優良的傳統，承續著關心國事民瘼、積極入世、以天下為己任的儒學傳統。

　　以上種種，使得這種以啟蒙為目標以批判舊傳統為特色的新文化運動，在適當條件下遇上批判舊政權的政治運動時，兩者便極易一拍即合，彼此支援，而造成浩大的聲勢。五四運動正是這

---

8 李大釗：〈聖人與皇帝〉（1919 年 10 月 5 日），見《李大釗文集》下卷，人民出版社，北京，1984 年，第 5 頁。

9 李大釗：〈鄉愿與大盜〉（1919 年 1 月 26 日），同上書，第 125 頁。對照譚嗣同：「二千年來之政，秦政也，皆大盜也；二千年來之學，荀學也，皆鄉愿也。惟大盜利用鄉愿；惟鄉愿工媚大盜。二者相交相資，而囤不托之於孔。」《仁學》）

樣。啟蒙性的新文化運動開展不久，就碰上了救亡性的反帝政治
運動，二者很快合流在一起了。

　　學生愛國運動更有其由來久遠的傳統。由於中國士大夫素來
有上述「天下興亡匹夫有責」關懷國事民瘼的觀念意識和倫理精
神，從漢代的大學生運動，到清末的甲午公車上書，和辛丑後留
日學生的投身革命，都可以說是五四學生運動的前驅和榜樣。民
國以來接踵而至的喪權辱國，極為痛苦地刻印在共和國第一代年
輕的知識學生的心中。早在 1918 年，與新文化運動並列，學生們
便有各種愛國救亡團體的組織。例如與「新潮社」、《新潮》雜誌
同時的「國民社」和《國民》雜誌，後者用的便仍然是文言文，
而著重於宣傳反帝救國。中國知識分子們始終在關切著國家大事。
到歐戰結束和巴黎和會時，原以為「公理戰勝強權」，中國將有出
頭之日；不料反遭列強欺壓，德占青島的主權竟被轉讓給日本，
而政府賣國，準備簽字。是可忍孰不可忍？1919 年 5 月 4 日終於
爆發了「外抗強權，內除國賊」、火燒趙家樓、痛打章宗祥這種從
未曾有的學生「鬧事」。當時的「五四〈北京學界全體宣言〉」全
文如下：

　　　現在日本在萬國和會要求併吞青島，
　　　管理山東一切權利，就要成功了！
　　　他們的外交大勝利了！
　　　我們的外交大失敗了！
　　　山東大勢一去，就是破壞中國的領土！

中國的領土破壞，

中國就亡了！

所以我們學界今天排隊，

到各國公使館去要求各國

出來維護公理，

務望全國工商各界

一律起來設法開國民大會，

外爭主權，內除國賊。

中國存亡，

就在這一舉了！

今與全國同胞立兩個信條：

中國的土地可以征服而不可以斷送！

中國的人民可以殺戮而不可以低頭！

國亡了！同胞起來呀！

　　當時還有一個由國民社許德珩起草的文言文宣言。但沒有這個體現了新文學特徵的白話宣言那麼在學生中具有煽動力量和廣大聲望。這個宣言上與陳天華的《猛回頭》，下與一二九運動「華北之大，安不下一張平靜的書桌」的傳單，是多麼一致。這是救國的呼號，民族的吶喊。執筆者是新文化運動中頗負盛名的新潮社主角之一的羅家倫。《新潮》的另一主角傅斯年在五四遊行時也擔任過指揮。新文化運動的領導者李大釗參加了這次遊行，並幾乎被捕；陳獨秀在五四後不久因散發傳單被捕三個月，然後逃往

上海……。可見，新文化運動的核心人物與原來搞愛國反帝的人合在一起，構成了五四運動的骨幹或領導。從而，新文化運動開始期的「批評時政，非其旨也」的主張也就不再能保持了。

　　以專注於文化批判始，仍然復歸到政治鬥爭終。啟蒙的主題、科學民主的主題又一次與救亡、愛國的主題相碰撞、糾纏、同步。中國近現代歷史總是這樣。不同於以前的是，這次既同步又碰撞帶來了較長時期的複雜關係。

　　首先，啟蒙沒有立刻被救亡所淹沒；相反，在一個短暫時期內，啟蒙藉救亡運動而聲勢大張，不脛而走。救亡把啟蒙帶到了各處，由北京、上海而中小城鎮。其次，啟蒙又反過來給救亡提供了思想、人才和隊伍。從北京到各地，那些在愛國反帝運動中打前鋒作貢獻的，大都正是最初接受了新文化運動啟蒙的青年學生。這兩個運動的結合，使它們相得益彰，大大突破了原來的影響範圍，終於造成了對整個中國知識界和知識分子的大震撼。

　　一方面，例如，「(1918 年 7 月) 學生救國會籌備出版一份定期刊物，聯名叫做《國民》雜誌……，它只注意反軍閥、抗日的政治活動，沒有盡力白話文的宣傳，所以在當時新文化運動的狂瀾中不為人注意。」[10]「五四運動發生後，全國各地學生紛紛起而響應援助，罷課遊行的潮流自北至南，沿京津線而津浦線而寧滬線，終抵廣州。上海學生所起作用極為重大，6 月 1、2、3 日

---

10 許德珩：〈五四運動在北京〉，見《五四運動回憶錄》，中國社會科學出版
　　社，北京，1979 年，第 211 頁。

北京政府正在連日大捕講演學生，上海學生想盡方法運動罷工罷市，終於獲得先施、永安兩大公司的同情出而領導罷市，於是上海全市罷工罷市，而罷工罷市的潮流遂自南至北，沿滬寧線而津浦線；到了天津罷市，北京政府大為震動，深恐北京罷市旦夕實現，只得下令罷免曹章陸三人，……」[11]

另方面，例如，「自民六至民七，文學革命的問題雖已漸為社會人士所注意，然究竟還限於一部分知識分子，未能普及到全國。至民八，發生了轟轟烈烈的五四運動。五四運動在文學上的影響很大。文學運動隨著五四運動的高潮而擴大，而進展。在五四時期，白話報紙風起雲湧，各地學生團體的小報紙，形式略仿陳獨秀所主編的《每週評論》，至少有四百種。白話的雜誌也出了不少，如《少年中國》、《解放與改造》、《新中國》等。性質與《新青年》有些相近，所登載的文章大都是介紹西洋文化、攻擊封建思想。還有許多日報的副刊也都改登白話作品，較為重要的，北方有《晨報副刊》，南方有《民國日報》的《覺悟》，《時事新報》的《學燈》，對於社會發生了很大的影響。」[12]

學生愛國運動在政治上的空前勝利，當然衝擊了舊政府和政府所維護的舊傳統的權威感和控制性，使啟蒙能凱歌行進。從當時的文獻和之後的各種回憶錄看，都是說，五四學生運動之後，青年們思想和行為大為解放，他們得到了空前鼓舞，於是努力於

---

11 同上，第 310 頁。

12 周陽山編：《五四與中國》，第 612 頁。

衝決各種傳統網羅,「介紹西洋文化,攻擊封建思想」,以取得自己個體的「自由、獨立和平等」。本來,以西方的個人主義來取代中國傳統的集體主義,就是陳獨秀 1916 年開始倡導新文化運動的主題。

「舉一切倫理、道德、政治、法律、社會之所嚮往,國家之所祈求,擁護個人自由權利與幸福而已。思想言論之自由,謀個性之發展也,法律之前,個人平等也。個人之自由權利,載諸憲章,國法不得而剝奪之,所謂人權是也……此純粹個人主義之大精神也。……欲轉善因,是在以個人本位主義易家族本位主義。」[13]「法律上之平等人權;倫理上之獨立人格,學術上之破除迷信,思想自由,此二者為歐美文明進化之根本原因。」[14]

要變易「家族本位主義」,否定傳統綱常,首先便是反「孝」。因為,皇帝既然沒有了,幾千年的「忠君」已經談不上了,至少在理論上名義上。但是,民國以來不斷演出的復辟醜劇又證明「忠」綱猶在。這「忠」綱正是由「孝」綱所支撐的。從而,當時這些知識者抨擊「孝」便有這兩方面的論證:一是啟蒙性的,即追求個體從大家庭中衝決解放出來,以取得自由、平等、獨立的權利和地位。一是政治性的,即揭露「孝」是「忠」的基礎。這兩者性質並不全同,批判時卻緊密地連在一起,未加分割。

---

13 陳獨秀:〈東西民族根本思想之差異〉,《青年》第 1 卷第 4 號。

14 陳獨秀:〈袁世凱復活〉,《新青年》第 2 卷第 4 號。

　　詳考孔子之學說……莫不以孝為起點；所以教字從孝。……求忠臣必於孝子之門，君與父無異也。……孝之範圍，無所不包，家族制度之與專制政治，遂膠固而不可以分析。……夫孝之義不立，則忠之說無附。家庭之專制既解，君主之壓力亦散。[15]

　　孔子所謂修身，不是使人完成他的個性，乃是使人犧牲他的個性。犧牲個性的第一步就是盡「孝」。君臣關係的「忠」，完全是父子關係的「孝」的放大體。因為君主專制制度完全是父權中心的大家族制度的發達體。[16]

　　前者發表在五四前，後者在五四後；前者是一般民主主義者的論述，後者是接受了馬克思主義之後的解釋。但二者在攻擊儒家理學的「孝」是「犧牲個性」、維護家族，是專制政制的基礎，相當一致。前者從一般民主主義出發，也抨擊孔學孝道的反動政治作用，後者從馬克思主義觀出發，也指出對個性的扼殺。兩者重點顯然都在指出孔學「邇之事父遠之事君」等儒學基本命題（三綱五倫）有內在聯繫。這實際也仍然是譚嗣同在《仁學》中大罵「荀學」、痛責「名教」扼殺人性和為君主服務的批判的繼續和發展。不同的是：（一）徹底性激烈性大增，特點是直接抨擊「至聖先師」孔子。易白沙在 1916 年發表的《孔子平議》中說「孔子尊

---

15 吳虞：〈家族制度為專制主義之根據論〉，《新青年》第 2 卷第 6 號。
16 李大釗：〈由經濟上解釋中國近代思想變動的原因〉，同上書，第 7 卷第 2 號，見《李大釗文集》下卷，第 178 頁。

君權，漫無限制，易演成思想專制之弊」，孔子「為獨夫民賊作百世之傀儡」，「孔子弟子均抱有帝王思想」。痛罵孔夫子，打倒孔家店，這當然是驚世駭俗、嚇人聞聽的空前創舉。（二）在政治批判和個性解放的雙重性中，後者的成分比以前畢竟遠為突出。並演變成實踐的行動，使青年一代知識者的行為模式開始有所變易。這一點非常重要。

　　個人應從家族制度中解放出來，這在康有為構思《大同書》時便已非常明確，但康卻深恐先進的觀念變而為實際的行動，所以祕而不宣。[17] 老一輩的先進知識者，不僅嚴復、林紓、梁啟超等人，就是魯迅、胡適等人，其觀念意識與行為模式也仍然有著很大的距離。對家族制度和傳統家庭可以進行激烈的批判否定，但在行為上仍然在一定程度上遵循著對父母、兄弟、妻子的傳統規範和要求。以致列文森 (Joseph R. Levenson) 認為他們是理知上面向未來（西方），情感上回顧傳統（中國）。[18] 實際上這裡涉及的是一個更為複雜的文化心理結構問題。這個結構的改造轉換，僅憑觀念的變化，是並不能真正實現的。必須有行為模式真正改變。

　　五四及以後的年輕一代，開始勇猛地作這種改變。其中最為常見的是，個體從舊傳統家庭中的出走。其原因並非經濟或政治，

---

17 參看拙作《中國近代思想史論》。

18 見 Levenson 的 *Confucian China and Its Modern Fate*（《儒學中國及其現代命運》），Berkeley and Los Angeles, University California Press, 1958.

多數是婚姻自主問題，特別是女青年反抗「父母之命媒妁之言」、追求戀愛自由而抗婚而自殺而出走。充滿在當時新聞、論說、文學中的，便經常是這一主題。婦女解放可以作為社會解放的某種尺度。在五四以後，新一代知識婦女由觀念革新所帶來的行為改變，正具有這種意義。它是個性解放問題，同時卻又是政治性問題。因為它所引起的反應正是政治性的壓制、干擾、打擊、破壞，它激起的是保守派、衛道者的攻擊、誣蔑、醜化、迫害。從胡適提倡易卜生的《傀儡家庭》的巨大反響到魯迅為女師大風潮痛斥章士釗、楊蔭榆，都反映了這一特色。可見，即使過了五四之後，中國的啟蒙運動仍然注定了與政治鬥爭密切關連。就在一些遠離北京的外地和一些似乎非常細小的問題上，也如此。

　　……鬥爭最尖銳的是女子解放問題。現在的青年決不會想到女子剪髮、男女同校是經過長期激烈鬥爭才得來的。……請再看幾個當時的具體生動事例。

　　1920 年 5 月出版的《威克烈》第 19 期，載有小燕女士所寫的〈我剪髮的經過〉，摘錄如下：

　　「第二天，我母親已經把舅父請來了，把這件事情同他商量。他是滿清一個舉人，當然照著舉人所見的道理，先就大罵我一陣，然後同我母親一路到我房裡，質問我。他問的話，我記不清了，不過本諸孔孟之道罷了。我也不讓他，一一地把他駁了。後來他道理窮了，只好站起發作道：又不是我的女兒，我管你做什麼？

說了一抽身走了。我母親又罵我一會子，最終還說：無論如何我不准。……」

「我回家，我母親見我剪了髮，果然大哭大鬧，並且辭別神主，要去自殺。」

這時成都首先突破剪髮禁關的，是益州女學、蓉城女學、女子實業學校的幾個學生，接著響應的人漸漸多了。封建地主階級不讓女子有剪髮的自由，認為這是女子造反，用盡了百般手段來威脅禁止。1921 年，軍閥劉存厚手下的省會警察廳竟張貼皇皇布告，禁止剪髮，《半月報》提出反對，警察廳竟把它明令查封了。五四運動中查封報館，這還是第一次，而罪狀是為了反對禁止剪髮……。

男女同學問題在當時最迫切的，是女子沒有入高等學校的機會，自然最根本的還是如剪髮一樣，是人身自由問題。當時代表封建地主階級的《國民公報》，在其「虛虛實實」欄，竟有署名「笑聲」的，對男女同學做出這樣無恥的誣蔑：

「既可同板凳而坐，安可不同床而覺？什麼是男女同校，明明是送子娘娘廟。」[19]

如果說，施存統在浙江寫了篇〈非孝〉，而引起「『非孔』『非

---

[19] 張秀熟：〈五四運動在四川的回憶〉，見《五四運動回憶錄》，第 882 頁。

孝』，那就大逆不道，這還了得！……一時真鬧得滿城風雨。不久
《浙江新潮》被反動政府通令查禁，校長經子淵也就被迫離校，
陳望道夏丏尊也都離去了。」[20]這還只是觀念的犯禁的話；那麼，
自由戀愛、女子出走，便成為行為的越軌，更是輿論攻擊、政治
迫害的對象了。五四學生運動的勝利推動了這一個體主義的啟蒙
運動的深入發展，啟蒙運動的深入發展又引起更嚴重的政治鬥爭。
先進者和反動派雙方都自覺不自覺地遵循了這個客觀的趨勢和規
律。毛澤東在長沙發動的思想運動，也是以被逼出嫁、轎中自刎
的新娘作為政治宣傳的自覺主題的。

　　而由觀念變遷、宣揚西化，到開始從實踐中改變行為、創造
模式，正是五四新一代青年的特徵之一。

　　除了個體反抗之外，當時另一頗具特色的行為模式，是青年
一代自發地相互聯繫，通過構成團體、組織來追求真理和實踐某
種理想。當時各種「同聲相應同氣相求」的小社團組織紛紛成立，
如毛澤東的「新民學會」（1918 年 4 月）、王光祈的「少年中國學
會」（1919 年 7 月）、周恩來的「覺悟社」（1919 年 9 月），以及
「新潮社」（1918 年 11 月）、「國民社」（1918 年 10 月）、「工學
會」、「共學會」……等等。這些小組織小團體的「宗旨」不一，
大多相當模糊籠統，如「以砥礪品行、研究學術為宗旨」（新民學
會）等等，但在這模糊籠統中，卻又有一種共同的傾向，這就是
對新的理想社會或社會理想的一種實踐性的嚮往和追求。這一點

---

20 傅彬然：〈五四前後〉，同上書，第 748 頁。

也非常重要。當時青年是面向未來作樂觀的眺望，希望去實現那種理想的完美社會，而並不是對黑暗現實作絕望的反抗而已。他們還沒有現代主義那種荒謬感、孤獨感、無可依歸感，他們還不是為反而反，不是純批判性或破壞性的搗毀，而毋寧是在追求某些肯定性的理想。這當然與當時的時代和現實有關，同時又仍然是中國民族某種傳統的表現。[21] 這也正是當時先進青年為什麼要結成團體，為什麼各種社會主義在他們之中會風行一時的原因。「除了科學社會主義即馬克思主義之外，還有空想社會主義、基爾特社會主義、無政府主義、修正主義、新村主義、泛勞動主義、工讀主義以及合作主義，而無政府主義中還有什麼無政府個人主義、無政府共產主義、無政府工團主義、社會的無政府主義、團體的無政府主義，等等，都打著『社會主義』旗號，蜂湧而來。」[22]

「蜂湧而來」表示了其可接受性。之所以接受，則說明當時青年嚮往一種真正完美的理想社會，即不但要超過當時黑暗落後的中國現實社會，而且要超過當時雖先進卻弊病百端的西方資本社會。有如李維漢所回憶，「我們讀了那些無政府主義和宣傳社會主義的書刊，對於書中描繪的社會主義和共產主義的美妙遠景，對於那種沒有人剝削人、人壓迫人、人人勞動、人人讀書、平等

---

21 參看拙作《中國古代思想史論》。

22 丁守和：《中國現代史論》，中國社會科學出版社，北京，1980 年，第 179 頁。

自由的境界　，覺得非常新鮮美好　，覺得這就應該是我們奮鬥的目標。」[23]

　　社會主義的美妙理想不僅召喚著他們去革新觀念，扔棄傳統，打碎偶像，而且還使著急的青年們（年輕人一般比較性急）立即要求實踐，立即由他們自己去設計、組織、建立這個理想的社會。這種事例中最突出的，便是五四後轟動一時，吸引了不少青年，有蔡元培、李大釗、陳獨秀積極幫助，有毛澤東、惲代英等人熱情支持的「工讀互助團」。

　　「工讀互助團」是由當時最著名的組織和影響最大的「少年中國學會」的領導人王光祈所倡辦的。它的《旨趣書》中說：

　　「打破勞心勞力的界限，使社會上勞力的工人都去求學，要求高深學問的人、求學的人都去作勞力的工」。

　　「我們天天在文字上鼓吹改革社會，從未有改革社會的實際運動，這種互助組織便是我們實際運動的起點」。

　　「工讀互助團」被宣稱為「新社會的胎兒，是實行我們理想的第一步」；「各盡所能、各取所需」的理想，被稱為將通過「工讀互助團」的「逐漸推廣」而實現，屆時則「一切簡章規約皆可廢止。……『日出而作，日入而息，鑿井而飲，耕田而食，帝力——政府——於我何有哉！』」……

　　一些具體的規定和辦法是：《簡章》除確定「本互助的精神，實行半工半讀」原則，「團員每日每人必須作工四小時」外，還有

---

23 李維漢：〈回憶新民學會〉，見《五四運動回憶錄》，第 109 頁。

如下條規和說明：第一，所得歸公。「工作所得必須歸團員公有。
團體的盈虛利害，便是團員的盈虛利害；團員的痛苦幸福，便是
團體的痛苦幸福」；第二，各盡所能。「工作以時間為標準，不以
工作結果為標準。譬如甲只要兩點鐘便可織一匹布，乙需要四點
鐘始可織一匹布，但是甲仍然應該作四點鐘的工，以盡其所能」；
第三，團體供給。「團員生活必需之衣、食、住……教育費、醫藥
費、書籍費，由團體供給，惟書籍係歸團體公有」。……

　　互助團正式成立後分為四個組，……每個組內又分為三、五
個「局」，分別從事食堂、印刷（印信封、信紙）、補習英文、洗
衣、電影、織襪、縫紉和各種小手工藝勞動。每日工作時間，大
家超過《簡章》規定的四小時；除吃飯由團體供給外，其他費用
仍由個人自理。儘管如此，他們的「共產主義」熱情並未減退；
相反，他們還實行了不少在《簡章》中沒有明確規定的措施。如
第一組，把團員的衣服都集中起來，分類放置，只要誰愛穿，誰
就可以自由撿來穿。為了儘快實現沒有任何約束的「共產主義」，
他們「一致主張和家庭脫離關係」，廢除婚姻約束，於是「離婚的
離婚，解約的解約」。他們認為「現在的學校是資本階級的私產。
校長、教員是資本家的雇員。一般學生是資本家的子弟」，因此主
張和學校脫離關係。「凡是從前在學校裡的都退出來，改為旁聽
生，如此等等。」[24]

　　但是，「北京工讀互助團第一組由於它的『共產』步伐邁得最

---

24 官守熙：〈工讀互助團的興起與失敗〉，《人民日報》，1984 年 2 月 10 日。

早、最猛，短短兩三個月，就暴露出種種不可克服的矛盾：組內出現嚴重意見分歧；食堂裡發生經濟危機，使團體供給吃飯也大成問題。結果，除出一二人以外，都不願去維持它。3月23日開一個會，議決各人自由另找工作，工讀互助團的主張，從根本上推翻。北京工讀互助團第一組的解散，成了整個工讀互助團運動失敗的先聲，在新文化界和廣大青年學生中引起了很大的震動。到同年6、7月，其他幾個組和各地的工讀互助團，相繼失敗，個別的勉強維持到1921年初，也不得不發表解散宣言。」[25]曾經「有數百人報名參加，有些外地的青年學生也聞訊趕來」[26]的理想組織，就如此短命，完全失敗了。

當時這種烏托邦理想社會的設想和實驗，並不只獨此一家。周作人曾在1919年3月《新青年》發表文章介紹日本的「新村」實驗。毛澤東1919年曾發表文章說：「我數年來的夢想新社會生活，而沒有辦法。七年（即1918年）春季，想邀數朋友在省城對岸岳麓山設工讀同志會，從事半耕半讀，因他們多不能久在湖南，我亦有北京之遊，事無成議。今春回湘，再發生這種想像，乃有在岳麓山建設新村的計議。」[27]

惲代英在1919年11月1日的日記中寫道：「我與香浦（即林育南）談，都很贊成將來組織新村。我們預備在鄉村中建造簡單

---

25 同上。

26 同上。

27 轉引自彭明《五四運動史》，人民出版社，北京，1984年，第510頁。

的生活，所以需費不多。村內完全廢止金錢，沒有私產，各盡所能，各取所需。舉一人做會計，專管對外金錢出入的事，舉一人做買辦，專辦向外處購買或出售各事。村內衣服都要一致，能男女都一致更妙。會食在一個地方。設圖書室、工作廠。對內如有女子、兒童的教育事業，應該很注意，因為是新村全體幸福所托。對外鼓吹文化，改造環境的事業，亦很要注意。我想，我們新村的生活，可以農業為根本，兼種果木，兼營畜牧。這樣做去，必然安閑而愉快。」[28]

應該說，這兩種行為模式——從家庭出走的個體反抗，和組織理想社會的群體意識，都沒有行得通。娜拉走後怎樣？魯迅當時便尖銳地提出了這個問題。不是回到舊規範的懷抱，便是像子君那樣的悲慘死去，或者進入政界商界，成為社會上的某種花瓶。就是男性的娜拉，命運也好不了多少，連指導和積極參加五四運動的新青年一夥和新潮一夥也都「或被黑暗吞噬，或自身成了黑暗的一部分」、「有的高升，有的退隱」麼？他們與魯迅所看見的辛亥的革命一代並無太大的差別。可以有新的呂緯甫、魏連殳……。

---

28 同上。

（二）救亡壓倒啟蒙

個體反抗並無出路，群體理想的現實構建又失敗；那麼，出路究竟何在？明顯的答案之一便是：

我從此覺悟，要拿工讀互助團為改造社會的手段，是不可能的，要想拿社會來改造以前試驗新生活，是不可能的。要想用和平的漸進的方法來改造社會的一部分，也是一樣的不可能的。那麼怎麼樣呢？就是：改造社會要用急進的激烈的方法，鑽進社會裡去，從根本上謀全體之改造。（施存統）[29]

繞了一個圈，從新文化運動的著重啟蒙開始，又回到進行具體、激烈的政治改革終。政治，並且是徹底改造社會的革命性的政治，又成了焦點所在。如前所說，陳獨秀不但完全改變了「批評時政，非其旨也」的初衷，而且還突出地強調，「你談政治也罷，不談政治也罷，除非逃在深山人跡絕對不到的地方，政治總會尋著你的。」[30]不復是「蓋倫理問題不解決，則政治學術皆枝

---

29 轉引自彭明《五四運動史》，第 522 頁。

30 陳獨秀：〈談政治〉，《新青年》第 8 卷第 1 號。

葉問題」[31]，而是「用革命的手段建設勞動階級（即生產階級）的國家，創造那禁止對內對外一切掠奪的政治法律，為現代社會第一需要。」[32]

這就可以理解，「十月革命一聲炮響」，俄羅斯布爾什維克革命的成功，使得這些本以宣傳西方民主自由、以啟蒙民眾為要務的新文化運動的領導者陳獨秀、李大釗以及這個運動的積極參加者毛澤東、蔡和森、周恩來、瞿秋白、惲代英、林育南等人，如此迅速地轉而接受馬克思列寧主義。其具體原因便正是由於馬克思列寧主義有一個一切問題根本解決的共產主義理想社會，而革命後的俄羅斯似乎已經在開始實現它：

……沒有巴力門（議會），沒有大總統，沒有總理，沒有內閣，沒有立法部，沒有統治者，但有勞工聯合的會議，什麼事都歸他們決定。一切產業都歸在那產業裡作工的人所有，此外不許更有所有權。……這是 Bolsheviki 的主義。這是二十世紀世界革命的新信條。[33]

這不與「工讀互助團」的思想非常接近麼？小團體的平和實

---

31 陳獨秀：〈憲法與孔教〉，同上書，第 2 卷第 3 號。

32 同 29。

33 李大釗：〈Bolshevism 的勝利〉，《新青年》第 5 卷第 5 號，見《李大釗文集》上卷，第 600 頁。

驗失敗了，大社會的革命改造卻可以成功，這似乎證明著馬克思
列寧勝過其他一切社會主義，更不用說勝過西方資本主義的自由
平等博愛的陳舊理想了。這個社會主義是「科學」的，有其深刻
的理論依據，李大釗最先接受了它，並把它介紹給中國知識界。
李大釗在 1919 年 5 月、11 月的《新青年》6 卷 5、6 號上發表長
文〈我的馬克思主義觀〉，相當全面地敘述了馬克思主義。在以後
與胡適〈問題與主義〉的論戰中，李又說明：

　　依馬克思的唯物史觀，社會上法律、政治、倫理等精神的構
造，都是表面的構造。他的下面，有經濟的構造作他們一切的基
礎。經濟組織一有變動，他們都跟著變動。換一句話說，就是經
濟問題的解決，是根本解決。經濟問題一旦解決，什麼政治問題、
法律問題、家族制度問題、女子解放問題、工人解放問題，都可
以解決。可是，專取這唯物史觀（又稱歷史的唯物主義）的第一
說，只信這經濟的變動是必然的，是不能免的，而於他的第二說，
就是階級鬥爭說，了不注意，絲毫不去用這個學理做工具，為工
人聯合的實際運動，那經濟的革命，恐怕永遠不能實現……[34]

　　陳獨秀不久也強調區分了空想社會主義與科學社會主義（馬
克思主義），也指出，「在全社會底一種經濟組織、生產制度未推

34　〈再論問題與主義〉，《每週評論》第 35 號，見《李大釗文集》下卷，第
　　37 頁。

翻以前，一個人或一團體決沒有單獨改造底餘地。試問福利耶以來的新村運動，像北京工讀互助團及惲君的《未來的夢》等類，是否真是痴人說夢？」[35] 所有這些，說明原以倫理覺悟為「最後覺悟」的文化鬥士，這時卻要求用馬克思主義的階級鬥爭學說來組織群眾，進行革命的政治鬥爭，推翻舊制度，以取得「經濟問題」的「根本解決」，只有這樣，其他一切才可迎刃而解。再不是「倫理的覺悟」而是階級鬥爭的覺悟成了首要和「最後的覺悟」了。從而，一切問題、所有出路便集中在這個發動組織工人群眾進行階級鬥爭的焦點上。承認或拒絕、積極參加或退避拒絕階級鬥爭，就日益成為中國的馬克思主義和非馬克思主義、中國共產黨和非黨的一條基本劃界限。這條界限與其說是由「學理」上爭論或論證得出的結論，毋寧說更是當時社會生活所造成的歷史結果。國家和個人的出路在哪裡？如何能解決這麼多的一大堆社會問題，性急的年輕人一般很難滿足於「多研究些問題」和點滴改良，何況這種研究和主張改良並沒帶來多少成效，於是求「根本解決」——進行階級鬥爭便自然地成了更富有吸引力的方向。形勢比人強，儘管杜威、羅素來華講演，也轟動一時，但急進的青年卻更多地接受了那點非常簡單幼稚的馬克思主義的知識，組成或加入中國共產黨，一批批地走向了工廠、礦山和農村，進行「階級鬥爭」。

　　對馬克思主義的這種接受是經過一番自願的思想鬥爭的。在

35　〈關於社會主義的討論〉，《新青年》第 8 卷第 4 號。

馬克思主義占領他們之前，許多急進青年們都接受過、信仰過、熱衷過無政府主義。[36]包括毛澤東、蔡和森、周恩來，都如此。本來，無政府主義最適合於既要求個性解放又具有社會理想的新的一代。反對一切壓迫、剝削；反對一切權威、束縛；主張人人勞動、工作、互愛、互助……；這不是一個極富魅力的個體自由和社會幸福的理想世界麼？

「無政府」以反對強權為要義，故現社會凡包含有強權性質之惡制度，吾黨一切排除之掃除之。本自由平等博愛之真精神，以達於吾人所理想之無地主、無資本家、無寄生者、無首領、無官吏、無代表、無家長、無軍隊、無監獄、無警察、無裁判所、無法律、無宗教、無婚姻制度之社會。斯時也，社會上唯有自由，惟有互助之大義，惟有工作之幸樂。[37]

直到一九五〇年代後期，一位老共產黨員和我聊天時，還說，他的理想是無政府主義，但無政府主義一時實現不了，所以才接受了馬克思主義，以便最後再達到那個「無政府」的理想世界。其實，蔡和森、毛澤東、周恩來等人當年也曾如此。

---

36 這一時期中國的無政府主義的流行，其性質已不同於辛亥前。它已不屬於民粹主義範圍，而是小資產階級知識者的狂熱。這是劉師復不同於劉師培之所在。

37 劉師復：〈無政府共產主義同志社宣言書〉，轉引自彭明《五四運動史》，第 599 頁。

「……我讀了一些無政府主義的小冊子，很受影響，……在那個時期，我贊同許多無政府主義的主張」[38]，「對於絕對的自由主義、無政府主義，以及德謨克拉西主義，依我現在的看法，都認為理論上說得好聽，事實上是做不到的。」（毛澤東）[39]

我以為現世界不能行無政府主義，因為現世界顯然有兩個對抗的階級存在，打倒有產階級的迪克推多，非以無產階級的迪克推多壓不住反動……[40]

無政府黨最後的理想，我以列寧與他無二致。不過要做到無政府的地步，我以為一定要用俄國現在的方法，無產階級專政乃是一個唯一無二的方法，捨此無方法。試問政權不在手，怎樣去組織共產主義的生產和消費？（蔡和森）[41]

不過 A・ISM（引者按：指無政府主義）的自由作用太無限制，處在這樣舊勢力盤據的社會裡，而要解放一切強迫，解放一切束縛，所以便容易流為空談了。……A・ISM 的思想在人心中是會常常發現的，但要拿他當解渴的水，救餓的麵包看，則急切不能得用了。（周恩來）[42]

---

38 斯諾：《西行漫記》，三聯書店，北京，1979 年，第 128 頁。

39 1920 年 12 月 1 日給蔡和森信，見《新民學會會員通信集》第 3 集。

40 1920 年 8 月 13 日給毛澤東信，同上書。

41 1920 年 9 月 16 日給毛澤東信，同上書。

42 伍豪：〈歐洲的赤況〉，《覺郵》第 2 期，見《五四運動回憶錄》，第 26～

　　這就是說，無政府主義雖然好，「我以列寧與他無二致」，但無奈「流為空談」，「理論上說得好聽，事實上是做不到的」，看來只有「用俄國現在的方法」（無產階級專政）才行。無政府主義特徵之一是徹底的個體主義。它主張通過社會革命立即實現個人的絕對自由，它十分激烈地抨擊資本主義和一切黑暗現實，這本與當時青年求個體解放非常吻合，所以得到了廣泛的傳播。而它堅決徹底地批判舊世界，又使青年們很容易把它與馬克思主義混同起來。「不少的人認為十月革命的勝利就是無政府主義的勝利」[43]，「李大釗尚且受有克魯泡特金《互助論》的影響，其他可想而知。就到 1921 年，也仍有人把馬克思和克魯泡特金混為一談。……也有的是認為，布爾什維克主義是主張不要國家的。」[44] 這表明就理想社會和反對現實而言，當時青年們注意的是它們的共同處，而未深入從理論上看到兩者的基本出發點（個體或人類總體）的不同。

　　但是，不久之後，無論是在國內或在法國勤工儉學青年中，就發生了馬克思主義與無政府主義的大論戰。本文不打算論述這場論爭。但以為最值得注意的是，馬克思主義之所以戰勝無政府主義，與其說是在理論上弄清了兩者的社會理想和革命原則貌似而實非的差異，還不如說主要是由於馬克思列寧主義有一套切實

---

27 頁。

43 彭明：《五四運動史》，第 603 頁。

44 同上，第 505 頁。

可行並已見成效（十月革命）的具體行動方案和革命的戰略策略。
正是這些，符合了急迫追求實效的當時青年們的現實要求和中國
實用理性的無意識心理傳統。而馬克思主義戰勝無政府主義的結
果，便是階級鬥爭和無產階級專政理論的強調和實行。蔡和森說：

　　和森為極端馬克思派，極端主張：唯物史觀，階級戰爭，無
產階級專政。所以對於初期的社會主義，烏托邦的共產主義，不
識時務穿著理想的繡花衣裳的無政府主義，專主經濟行動的工團
主義，調和勞資以延長資本政治的吉爾特社會主義以及修正派的
社會主義，一律排斥批評，不留餘地。以為這些東西都是阻礙世
界革命的障礙物……，而尤其深惡痛絕參雜中產階級思潮的修正
派、專恃議院行動的改良派、動言特別情形特別背景以及專恃經
濟變化說的投機派，以為叛逆社會黨、愛國社會黨都是這些東西
的產物。[45]

　　這當然不止是馬克思主義，而且正是列寧主義。列寧主義是
在對各種社會黨和修正主義激烈的批判中產生的。它的一個主要
特徵是建黨，即建立一支有鐵的紀律的、全黨服從中央的、以職
業革命家為核心和領導所組成的隊伍。陳獨秀在國內、蔡和森在
國外不約而同地達到了「在中國建立共產黨」這一結論。
　　以後的一切不必再詳加敘述。在共產黨的黨旗下，一大批知

---

45 〈馬克思學說與中國無產階級〉，《新青年》第 9 卷第 4 號。

識青年領導工農取得了中國革命的勝利。在這個歷盡艱難的勝利鬥爭中，從建黨一開始到抗日戰爭勝利前夕的延安整風，都不斷地在理論上和實踐中徹底否定了無政府主義鼓吹的那種種絕對個人主義，也否定了自由主義所倡導所追求的種種個體自由、個性解放等屬於資本主義啟蒙思想體系中的許多東西。而這些否定和批判主要都是救亡——革命——戰爭的現實要求，而並非真正學理上的選擇。總之，對馬克思列寧主義的接受、傳播和發展，主要是當時中國現實鬥爭的需要，而不是在書齋中透徹分析研究了西方自由主義理論學術所得的結果。這是因為建黨以後，面臨的便是十分緊迫激烈的政治軍事鬥爭和革命戰爭，使人們來不及作任何理論思想上的深入研究，便走上行動舞臺。反對帝國主義和反動軍閥的長期的革命戰爭，把其他一切都擠在非常次要和從屬的地位；更不用說從理論上和實際中對個體自由個性解放之類問題的研究和宣傳了。五四時期啟蒙與救亡並行不悖相得益彰的局面並沒有延續多久，時代的危亡局勢和劇烈的現實鬥爭，迫使政治救亡的主題又一次全面壓倒了思想啟蒙的主題。

之所以說「又一次」，是因為如前所說，這一直是近代中國歷史上的老問題，是曾多次出現過的現象。

有些事例是相當典型而意味深長的。戊戌前王照曾勸康有為先辦教育培養人才再搞變法改革，康有為回答說，局勢嚴重，來不及了。辛亥前嚴復在倫敦遇到孫中山，嚴也勸孫先辦教育，孫的回答也是「俟河之清，人壽幾何」[46]，一萬年太久，來不及了。康有為是主張興民權開議院的，但在戊戌變法的當口，卻相反地

強調要尊君權，要求光緒皇帝獨攬大權實行變法。孫中山是提倡自由平等博愛的，但他晚年卻反覆強調，「……歐洲當時是為個人爭自由，到了今天……萬不可再用到個人身上去，要用到國家身上去。個人不可太自由，國家要得到完全自由。到了國家能將行動自由，中國便是強盛國家。再這樣做去，便要大家犧牲自己」[47]，「如果是拿自由平等去提倡民氣，便是離事實太遠，和人民沒有切膚之痛。他們便沒有感覺，沒有感覺，一定不來附和。」[48]

所有這些，都表明救亡的局勢、國家的利益、人民的飢餓痛苦，壓倒了一切，壓倒了知識者或知識群對自由、平等、民主、民權和各種美妙理想的追求和需要，壓倒了對個體尊嚴、個人權利的注視和尊重。國家獨立富強，人民吃飽穿暖，不再受外國侵略者的欺壓侮辱，這個頭號主旋律總是那樣地刺激人心，縈繞人耳，使五四前後所謂「從宇宙觀到人生觀，從個人理想到人類的未來」這種種啟蒙所特有的思索、困惑、煩惱，使所謂「從孔教問題、婦女問題一直到勞動問題、社會改造問題；從文字上的文學問題一直到人生觀的改造問題，都在這一時期興起，縈繞著新時代的中國社會思想」，都很快地被擱置在一旁，已經沒有閒暇沒

---

46 王遽常：《嚴幾道年譜》。

47 《民權主義》第 3 講。

48 瞿秋白：〈俄鄉紀程〉，《瞿秋白選集》，人民出版社，北京，1959 年，第 20～21 頁。

有工夫來仔細思考、研究、討論它們了。五卅運動、北伐戰爭，然後是十年內戰、抗日戰爭，好幾代知識青年紛紛投入這個救亡的革命潮流中，都在由愛國而革命這條道路上貢獻出自己，並且長期是處在軍事鬥爭和戰爭形勢下。

在如此嚴峻、艱苦、長期的政治、軍事鬥爭中，在所謂你死我活的階級、民族大搏鬥中，它要求的當然不是自由民主等啟蒙宣傳[49]，也不會鼓勵或提倡個人自由人格尊嚴之類的思想，相反，它突出的是一切服從於反帝的革命鬥爭，是鋼鐵的紀律、統一的意志和集體的力量。任何個人的權利、個性的自由、個體的獨立尊嚴等等，相形之下，都變得渺小而不切實際。個體的我在這裡是渺小的，它消失了。斯諾曾記述說：

事實是因為他們許多人實在都不記得這些私人的細情。當我開始搜集傳記材料的時候，我屢次發現：共產黨員能夠說出一切在青年時代所發生的事情，但只要他和紅軍一接觸之後，他把他自己丟開了。如果你不重覆地問他，你不會聽見任何關於他自己

---

49 在理論上也遭到了批判，如瞿秋白說：「五四的新文化運動，對於民眾彷彿是白費了似的，五四式的新文言（所謂白話）的文學，只是替歐化的紳商換換口胃的魚翅酒席，勞動民眾是沒有福氣吃了」（《大眾文藝問題》），「智識階級及學生群眾早早脫棄那曾光輝絢爛於一時的『五四』衣衫！而現在，則是需要——應當——集合在反帝國主義的戰旗之下從事於反帝的文化鬥爭」（文藝新聞社〈請脫棄「五四」的衣衫〉），均見蘇汶編《自由文學論辯集》，現代書局，上海，1933年，第333、306頁。

的事情的。他們能夠無限制地談論每次戰鬥的日期和情形，以及幾百幾千個曾經來往過，而從未聽見說過的地方；但這些事情好像只集體地對他們有意義。不是因為當做個人的他們，在那裡做成了歷史，而只是因為他們的紅軍到過了那裡。在這紅軍後面，有一種意識形態的整個的有機的力量，而為著這種意識形態，他們是在鬥爭著。這是一個有興趣的發現，但因此使我的報告更加困難了。[50]

這的確是一個重要的有趣的發現。從進步的青年學生到紅軍指戰員，從北京、上海、長沙等大中城市到井岡山、鄂豫西、延安的窮鄉僻壤，從知識者追求真理的個體主義到浴血戰鬥的工農兵集體主義；並且，長期地緊密地處在農民出身的指戰員和農民群眾所包圍所簇擁所共同戰鬥的環境中，這一轉變不也是很自然的嗎？

中國共產黨在 1927 年便指出，「國民革命應該首先是一個農民革命」[51]，毛澤東、史達林也再三說過，民族問題實質上是農民問題，中國革命實質上是一場以農民為主力的革命戰爭。這場戰爭經過千辛萬苦勝利了，而作為這些戰爭的好些領導者、參加者的知識分子們，也在現實中為這場戰爭所征服。具有長久傳統

---

50 斯諾：《西行漫記》。

51 〈中國共產黨為蔣介石屠殺革命民眾宣言〉，轉引自丁守和書，第484 頁。

的農民小生產者的意識形態和心理結構，不但擠走了原有那一點可憐的民主、啟蒙觀念，而且這種農民意識和傳統的文化心理結構還自覺不自覺地滲進了剛學來的馬克思主義思想中。特別是現實鬥爭任務要求馬克思主義中國化，和在各種方面（包括文化和文藝領域）強調民族形式的形勢之下。所以，無論是北伐初期或抗戰初期的民主啟蒙之類的運動，就都未能持久，而很快被以農民戰爭為主體的革命要求和現實鬥爭所掩蓋和淹沒了。

　　1949 年中國革命的成功，曾經帶來整個社會和整個民族的文化心理結構的大震盪，某些沿襲千百年之久的陳規陋習被滌除。例如，男女在經濟上、政治上、觀念上和家務勞動上的空前平等，至少在知識界和機關幹部中，已相當現實地實現。這當然是對數千年陳舊傳統的大突破，同時甚至超過了好些發達的資本主義國家。「解放」一詞在掃蕩種種舊社會的和觀念上的污泥濁水中，確曾有過豐富的心理涵義。但是，就在當時，當以社會發展史的必然規律和馬克思主義的集體主義的世界觀和行為規約來取代傳統的舊意識形態時，封建主義的「集體主義」卻又已經在改頭換面地悄悄地開始滲入。否定差異、泯滅個性的平均主義，權限不清、一切都管的家長制，發號施令、唯我獨尊的「一言堂」，嚴格注意尊卑秩序的等級制，對現代科技教育的忽視和低估，對西方資本主義文化的排拒，隨著這場「實質上是農民革命」的巨人勝利，在馬克思主義的社會主義或無產階級集體主義名義下，被自覺不自覺地在整個社會以及知識者中延漫開來，統治了人們的生活和意識。[52] 以「批判資產階級小資產階級個人主義」為特徵之一的

整風或思想改造運動，在革命戰爭時期曾大收實效；在和平建設時期的一再進行，就反而阻礙或放鬆了對比資本主義更落後的封建主義的警惕和反對。特別從一九五〇年代中後期到文化大革命，封建主義越來越凶猛地假藉著社會主義的名義來大反資本主義，高揚虛偽的道德旗幟，大講犧牲精神，宣稱「個人主義乃萬惡之源」，要求人人「鬥私批修」作舜堯，這便終於把中國意識推到封建傳統全面復活的絕境。以至「四人幫」倒臺之後，「人的發現」、「人的覺醒」、「人的哲學」的吶喊又聲震一時。五四的啟蒙要求、科學與民主、人權和真理，似乎仍然具有那麼大的吸引力量而重新被人發現和呼籲，「拿來主義」甚至「全盤西化」又一次被提出來。

---

52 夏衍有一段回憶，具體生動，有典型性：

「除了思想感情上的問題外，也還有一個生活方式的問題，出門得帶警衛員，到很近的地方去開會，也不讓步行，非坐汽車不可，特別是在重慶、香港、丹陽，還是稱兄道弟的老朋友，都不再叫我的名字，而叫我部長、局長了。有一次總政的馬寒冰從北京到上海，我約他談話，他一進門就立正敬禮，高聲地喊：『報告，馬寒冰奉命來到』，這又使我吃了一驚。這一類使我感到拘束和不安的事情很多，據老區來的同志說，這是『制度』，目的是為了『安全』、『保密』和『上下有別』。難道這都是新社會的新風尚麼？對這一類事，我也疑『惑』了很久。

黨的制度和社會風尚是難於違抗的，我努力克制自己，適應新風，後來也就漸漸地習慣了。我學會了寫應景和表態文章，學會了在大庭廣眾之間作『報告』，久而久之，習以為常，也就惑而『不惑』了。」（夏衍：《懶尋舊夢錄》，三聯書店，北京，1985年，第639～640頁）

這不是悲哀滑稽的歷史惡作劇麼?繞了一個圈,過了七十年,提出了同樣的課題?

我在《中國近代思想史論》和《中國古代思想史論》中曾說:

五四運動提出科學和民主,正是補舊民主主義革命的思想課,又是開新民主主義革命的啟蒙篇。然而,由於中國近代始終處在強鄰四逼外侮日深的救亡形勢下,反帝任務異常突出,由愛國而革命的這條道路又為後來好幾代人所反覆不斷地走,又特別是長期處在軍事鬥爭和戰爭形勢下,封建意識和小生產意識始終未認真清算,鄒容呼喚的資產階級民主觀念也始終居於次要地位。[53]

資產階級民主思潮並未在中國生根,在中國有深厚基礎的是封建統治傳統和小生產者的狹隘意識。正是這兩者結合起來,構成了阻礙中國前進、發展的巨大思想障礙。它與近代民主主義格格不入,蒙昧、等級、專制、封閉、因循、世襲,從自給自足的經濟到帝王權術的「政治」,倒成為習以為常的思想狀態和正統力量。[54]

在思想觀念上,我們現在某些方面甚至比五四時代還落後,消除農民革命帶來的後遺症候,的確還需要衝決網羅式的勇敢和

---

53 參看拙作 《中國近代思想史論》,人民出版社,北京,1979年,第311頁。

54 同上。

自覺。[55]

　　馬克思主義本來誕生在西方近代民主主義和個人主義高度發展了的資本主義社會中，它吸取了資本主義自由、平等、民主、人道等一切優良的傳統和思想。它的三個來源便充分表現了這一點。正是在這個歷史基地上，才產生和發展了共產主義的理想和社會革命的主張，成為無產階級進行自身解放和全人類解放的武器。它揭露、批判、抨擊資產階級自由民主的虛偽性質，也仍然是以接受和消化了資本主義帶來的整個文明的進步（其中就包括自由、民主等政治、文化、思想意識各方面）為前提和基礎的。所以《共產黨宣言》也才有「每個人的自由發展是一切人的自由發展的條件」這樣鮮明而深刻的基本命題。

　　但是，中國近代卻沒有這個資本主義歷史前提，漫長的封建社會和半封建半殖民地社會之後，緊接著便是社會主義。無論在社會的政治經濟結構上和人們的文化心理結構上，都並沒有經過資本主義的洗禮。也就是說，長久封建社會產生的社會結構和心理結構並未遭受資本社會的民主主義和個人主義的衝毀，舊的習慣勢力和觀念思想仍然頑固地存在著，甚至滲透了人們意識和無意識的底層深處。這就不難怪它們可以藉著社會主義的集體主義衣裝，在反對資本主義自由民主和個人主義的旗幟下，在文化大革命中甚至以前，輕車熟路地進行各種復辟了。於是，「文革」之

---

55 《中國古代思想史論》，人民出版社，北京，1985 年，第 325 頁。

後人們便空前地懷念起五四，紀念起五四來。

在 1939 年紀念五四二十周年時，毛澤東說：

五四運動的成為文化革新運動，不過是中國反帝反封建的資產階級民主革命的一種表現形式。……中國資產階級民主革命的過程，……已經經過了鴉片戰爭、太平天國戰爭、甲午中日戰爭、戊戌維新、義和團運動、辛亥革命、五四運動、北伐戰爭、土地革命戰爭等幾個發展階段。今天的抗日戰爭是其發展的又一個新的階段。……這種民主革命是為了建立一個在中國歷史上所沒有過的社會制度。[56]

在同年紀念一二九運動時，毛又指出：

五四運動為北伐戰爭作了準備。如果沒有五四運動，北伐戰爭是不可想像的……。五四運動以後，產生了中國共產黨，促成了第一次國共合作，掀起了五卅運動，發動了北伐戰爭，造成了第一次大革命。那麼，很明顯，沒有五四運動，第一次大革命是沒有可能的。五四運動的的確確給第一次大革命準備了輿論，準備了人心，準備了思想，準備了幹部。

至於一二九運動，它是偉大抗日戰爭的準備，這同五四運動是第一次大革命的準備一樣。一二九推動了七七抗戰，準備了七

---

56 〈五四運動〉，見《毛澤東選集》，第 545～546 頁。

七抗戰。[57]

顯然，這突出的是五四運動的政治救亡方面。當 1979 年紀念五四運動時，各方面人士突出的卻都是它的思想啟蒙方面：

偉大的五四運動到今天整整六十年了。五四運動不僅是反帝反封建的政治運動，同時也是空前未有的思想解放運動。……中國有史以來，還不曾有過這樣一個敢於向舊勢力挑戰的思想運動，來打破已經存在了幾千年的舊傳統，推動社會的進步……。沒有民主思想的覺醒，不可能有民族意識的高漲，也不可能接受馬克思主義的思想，把社會主義當作徹底改造中國的道路。[58]

應該承認，在那時，人們提出個人主義，是有一定積極意義的。他們把個人主義作為反封建戰鬥武器。……打破封建的枷鎖，爭取個性的發展和個人獨立自主權利的號召；表達了他們的要求，激起了他們的共鳴，對他們起了巨大鼓舞作用。[59]

這幾年來，對胡適以及所謂「胡適派」的論述或評價，對幾十年來那些實業家、教育家、文藝家、學者、教授們在傳播、教

---

57 毛澤東：〈一二九運動的偉大意義〉，《人民日報》，1985 年 12 月 1 日。

58 周揚：〈三次偉大的思想解放運動〉，《紀念五四運動六十周年學術討論論文選》，中國社會科學出版社，北京，1979 年，第 6～9 頁。

59 胡繩：〈論五四新文化運動中的民主與科學〉，同上書，第 305 頁。

授現代自然科學和人文社會科學，對他們在培養人才和在各自專業領域內的教學、科學工作包括深受胡適影響的文史領域的「整理國故」、考證、編纂以及安陽挖掘等等，都作了與前頗不相同的高度肯定。「絕大多數知識分子走的是這樣兩條道路：或者是在共產黨領導下走與工農相結合的道路，參加革命鬥爭，或者是在反動政權下從事他們自稱是『工業救國』『抗日救國』『教育救國』『衛生救國』的一類工作。……這樣一類知識分子的大量出現，是五四運動以後的現象。這些知識分子一般都在當時感受過科學和民主精神的影響，抱有資產階級民主思想。所謂『工業救國』『科學救國』等等實際上也是對封建傳統思想的一種否定。」[60]

　　這就是說，五四之後，除了接受馬克思列寧主義參加救亡——革命這條道路之外，另一條繼續從事教育、科學、文化等工作的啟蒙方面，也應該得到積極的評價。[61]因為它們對中國社會的現代化發展是起促進作用的。

　　不過，應該公平地說，這條道路不但也坎坷不平，抗日戰爭

---

60 黎澍：〈關於五四運動的幾個問題〉，同上書，第 282 頁。

61 「學生方面有兩種大的傾向……一種傾向是代表哲學文學一方面，另一種傾向是代表政治社會的問題方面。前者是新潮雜誌社，後者是國民雜誌社，……五四運動之後，這一群傾向越發分明了，他們顯然是社會主義、尤其是布爾什維克主義的仰慕者了。……新潮社一派，隱然以胡適之先生為首領，……漸漸傾向於國故整理運動」（黃日葵：〈在中國近代思想史演進中的北大〉，見 《北大廿五周年紀念刊》，1927 年 12 月 17 日，轉引自彭明書，第 227 頁）。

中西南聯大的名教授們連衣食都難以維持，而且，它們對整個社
會的經濟、政治，也不能起什麼重要影響。中國根本沒有提供自
由主義者以政治活動舞臺的機會。胡適等人一九二〇年代盼望的
好人政府仍然只能從屬和依附於封建軍閥，毫無作為。從一九二
〇年代起，自由派們的研究、討論也只能是書齋中不起實際作用
的空議論。

　　……由一些曾留學英美的資產階級知識分子組織的《太平洋》
雜誌，在五四運動以前就在研究一些諸如「大總統的權限」「地方
自治制度」之類的問題。……1920 年在上海出版的《新人》雜誌
曾專門出版了研究賣淫問題的《淫業問題專號》，並且發起廢娼大
同盟；北京出版的《新中國》也發表了人力車夫生活狀況的調查
和關於如何解決人力車夫問題的討論。這一些可以說是胡適提倡
的所謂「多研究些問題」的實踐。……都根本不能解決問題。[62]

　　人力車夫如故，賣淫如故，「大總統的權限」無限如故。「多
研究些問題」所取得的成就，最多只能限於學術、文化、科學、
教育等領域中的非常有限的課題了。
　　這就是現代中國的歷史諷刺劇。封建主義加上危亡局勢不可
能給自由主義以平和漸進的穩步發展，解決社會問題，需要「根

---

62 丁守和、殷敍彝：《從五四啟蒙運動到馬克思主義的傳播》，三聯書店，
　　北京，1979 年，第 296 頁。

本解決」的革命戰爭。革命戰爭卻又擠壓了啟蒙運動和自由理想，
而使封建主義乘機復活，這使許多根本問題並未解決，卻籠蓋在
「根本解決」了的帷幕下被視而不見。啟蒙與救亡（革命）的雙
重主題的關係在五四以後並沒有得到合理的解決，甚至在理論上
也沒有予以真正的探討和足夠的重視。特別是近三十年的不應該
有的忽略，終於帶來了巨大的苦果。

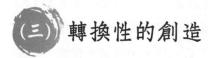

（三）　轉換性的創造

　　那麼，今天流行的「人道主義」、「思想解放」和啟蒙運動是
歷史的再一次重複嗎？使人驚異的是，包括本文一開頭引述的陳
獨秀七十年前《新青年》中的那些主張，如提倡人的自主、勇敢
進取、反對鎖國、主張功利主義、要真正民主、不要為民作主的
清官，等等，卻可以在今天好些政治、學術論著和好些青年的思
想、主張中看到。五四時期魯迅的「不讀中國書」，錢玄同的「廢
除漢字」等等激烈的徹底的反傳統、批儒家的要求，在今天許多
青年的思想和論著中，也是「似曾相識燕歸來」。……這確乎令人
驚嘆，但又完全可以理解。

　　不過，重複五四那種激烈的批判和全盤西化就能解決問題嗎？
我們今天的確要繼承五四，但不能重複五四或停留在五四的水平

上。對待傳統的態度也如此。[63]不是像五四那樣，拋棄傳統，而是要使傳統作某種轉換性的創造。

這是因為，如前指出，真正的傳統是已經積澱在人們的行為模式、思想方法、情感態度中的文化心理結構。儒家孔學的重要性正在於它已不僅僅是一種學說、理論、思想，而是溶化浸透在人們生活和心理之中了，成了這一民族心理國民性格的重要因素。廣大農民並不熟悉甚至不知道孔子，但孔子開創的那一套通由長期的宗法制度，從長幼尊卑的秩序到「天地君親師」的牌位，早已浸透在他們遵循的生活方式、風俗習慣、觀念意識、思想感情之中。其他理論、學派、思想如老子、莊子、道家、佛教，都未能有這種作用和這種影響。

傳統既然是活的現實存在，而不只是某種表層的思想衣裝，它便不是你想拋掉就能拋掉、想保存就能保存的身外之物。所以只有從傳統中去發現自己、認識自己從而改換自己。如拙著《中國古代思想史論》所強調，傳統常常是集好壞於一身、優劣點很

---

63 當年否定傳統主張西化的主張之激烈徹底，恐怕今天的激進者也不及。如：「欲廢孔子，不可不先廢漢字」。「二千年來用漢字寫的書籍，無論哪部，打開一看，不到半頁，必有廢昏做夢的話」（錢玄同），「只有一條出路，必須承認自己百事不如人，不但物質機械上不如人，不但政治制度上不如人，並且道德不如人，知識不如人，文學不如人，音樂不如人，藝術不如人，身體不如人」（胡適）。理論深度上，今天的徹底否定傳統論者似也未能在實質上超過陳獨秀、李大釗當年的水平，如李、陳曾指出「宗法家庭本位」、農業小生產經濟基礎和為專制政治服務等等。

難截然分割。這就不是片面的批判和籠統的反對所能解決，而首先是要有具體歷史的分析。只有將集優劣於一身、合強弱為一體的傳統本身加以多方面的解剖和了解，取得一種「清醒的自我覺識」，以圖進行某種轉換性的創造，才真正是當務之急。《中國古代思想史論》中對孔學、墨家的長處與弱點、對早熟型系統論世界觀的優劣兩面、對宋明理學的理論成就和歷史禍害等等的分析，便是企圖避免脫離總體來作片面肯定或否定。無論是肯定或否定，脫離總體歷史即成為片面的抽象的論證。任何理解都有理解者本身的歷史性因素在內。歷史離不開歷史解釋者本身的歷史性。也正因為如此，理解傳統亦即是理解自身，理解自己也只有通過理解傳統而具體實現。這正是我們今天的任務。

傳統既是拐不掉守不住的，按照唯物史觀，它有其產生發展和改革變化的經濟根基。《中國古代思想史論》一書中強調指出，農業小生產的家族宗法制度是儒墨兩家生存延續的根本基石。正是由於後者沒有根本的變動，才使「中國近代這種站在小生產立場上反對現代文明的思想或思潮，經常以不同方式表現或爆發出來，具有強烈的力量。得到了廣泛的響應，在好些人頭腦中引起共鳴。」[64]所以文化大革命儘管批孔，卻仍然使封建主義大泛濫。前幾年小有風吹草動，便一窩蜂自上至下地反長髮、剪褲腿、禁迪斯科……，使人很容易想起前面引述過的五四時期反剪頭反男女同校的故事。相距已經六、七十年，仍如此相似，關鍵正在這

---

64 參看拙作〈墨家初探本〉，《中國古代思想史論》。

裡。只有社會存在這個本體隨著科技引入和大工業生產的發達而造成人們生產方式、生活方式、行為模式的巨大改變，才能真正強有力地作用於人們的觀念意識、思想情感、人生觀和宇宙觀。

不過如果以為僅憑經濟的發展就會自動地更新一切，那是懶漢的幻想。蘇聯、日本、港臺、中東都可以有較先進的經濟水平，而上層建築和意識形態，卻可以具有保守、封閉、維護陳舊秩序的一面。特別如前所說，中國以至東方缺少西方資本主義整個歷史時期，在社會體制結構上，在文化心理結構上，都有著中世紀傳統的巨大陰影。

可見，意識形態和批判的武器並不能坐等基礎的改變，而仍然需要自我革新。當前主要反對的還應是封建主義。封建主義的東西往往披著反資本主義的外衣出現。譬如，迄至今日，在理解兩性關係上，封建意識就非常嚴重。重要的是，這種反對和批判應該遠比五四時代深刻、具體、細緻和富有分析的科學性。它們的目的在於有意識的自覺地進行轉換性的創造。

至少有兩個層面的轉換的創造。一個層面是社會體制結構方面的，如前所一再指出，與西方工業化資本主義的時代相適應的近代自由、獨立、人權、民主等等，在五四及以後並沒能得到真正深入的研究,並沒有對它們作過馬克思主義的深入的分析探討，而是在救亡——革命的浪潮下，一骨腦作為資產階級的破爛被簡單地否定了。今天便應該繼承和發展五四的傳統，除了重新提出它們之外，更應該對它們作進一步具體的分析、細緻的研究和理論的建設。對待中國傳統中的一切，也應如此。不能只是停留在

五四時期的激情的吶喊或五四以後革命時期的抽象的否定上。目前已經基本贏得較長期的和平環境，國家的富強（現代化）雖然仍是中國人的首要課題，但啟蒙與救亡的關係畢竟可以不同於軍事形勢下和革命時期中，今天已不應再是強調統帥意志和絕對服從的戰爭年月，而是社會主義民主提上迫切日程的建設時代。重視個體的權益和要求，重視個性的自由、獨立、平等，發揮個體的自動性、創造性，使之不再只是某種馴服的工具和被動的螺釘，並進而徹底消解傳統在這方面的強大惰性，在今天比在近代任何時期，便更加緊要。國外一些學者認為中國有個人主義的傳統，其實這種個人主義特徵是消極的，最多是不合作的批判現實態度，它以莊禪為代表。中國傳統中缺少那種積極進取的個體主義，如一切依靠個體自己的獨立奮鬥、冒險精神，等等。民主問題也如此。中國的傳統民主，是「為民作主」，而不是人民作主；是清官、好皇帝去「貴民」，而不是民本身自貴。直到今天，也仍然經常看到這種不應有的思想混淆。把人民作主當成為民作主，這就混淆了古代和近代。近代的自由民主，正如馬克思主義一樣，是在大工業生產基地上逐漸成熟的成果，它與中國傳統並不相侔，而是自西方輸入的。但輸入之後如何結合中國固有的重民的集體觀念加以發展，是值得從理論和實踐上重視的，但首先不能把二者混淆起來，要看到它們在根本性質並不相同。

　　西方自由主義的大量文獻[65]表明，自由、民主都不是無限制

---

65 現代可參考 K. Popper、F. A. Hayek 等人論著。

的隨心所欲，也並不是什麼非常好的理想事物。它們本質上是對
人、己權限的一種明確限定和法律規範。嚴復當年譯約翰穆勒的
《自由論》為《群己權界論》，是頗有道理的。民主、自由的特點
正在於防止最壞的情境發生，如軍事獨裁、法西斯主義、無政府
狀況、「肅反擴大化」等等。因之，其中關鍵一環便是眾多法律、
規約、條例的嚴密制定和嚴格執行。就民主說，幾十年中國革命
的政治甚至軍事生活中，也並非沒有民主協商、集體討論以及群
眾路線等優良辦法和傳統；但它們並沒能以規範化的法律形式固
定下來，推及社會和全國，長期穩定不變。相反，在戰爭環境、
革命情勢下所形成，由個別或少數人制定、掌握、施行的靈活性
很大、變異度甚高的所謂「方針政策」，帶來了許多對人民民主的
曲解和損失。就自由說，中國傳統中有無嚴格規定的、寬泛的無
限制的自由，缺乏有法律有限制的自由，所以常常是強凌弱、眾
欺寡、上壓下，同時又是「一盤散沙」或「一袋馬鈴薯」式的互
不相干的「自由」。這不是真正的自由，它只能導致少數人專制和
無政府狀態。只有建立嚴格的法制，明確分散各種權力，使之相
互牽制，彼此監督，以徹底結束「和尚打傘，無法無天」或黨委
高於憲法、黨紀代替國法之類，才能實現近代的具體的社會主義
民主和自由。這不是靠思想教育，不是靠什麼正心修身，而是靠
制定法律和執行法律，才能達到的。這方面，西方資本社會積累
了數百年經驗的一些政法理論及實踐，如三權分立、司法獨立、
議會制度等等，應該視作人類的共同財富，是值得借鑒的。想以
道德說教解決思想問題來替代政法體制上的進步和改革，不符合

唯物史觀的基本原理。

　　第二個層面是文化心理結構的方面。五四新文化運動的巨大功績正在於它從深處震撼了、影響了中國人的這個層面。今天還應該繼承這個震撼。還有許多事情要作，任務還很艱鉅。例如，中國人似乎很重團體，國家、民族常常被置諸首位，但傳統道德要求卻是「內聖」之學，即強調個體的正心誠意修身齊家。西方似乎把個體的權利、尊嚴作為基礎，但它的道德要求倒恰恰著重於社會利益和公共法規。中國的這種「內聖」之學對個人提出的標準是作聖賢的道德最高要求，其普遍可行性甚少。西方對個體提出的則是作一個遵循法律的合格公民的社會最低要求，其普遍可行性卻大得多。從中西文化形態的這些比較中，便可看出，以人性本善的理論為基礎的儒家孔孟的倫理主義，已完全不能適應以契約為特徵的近代社會的政法體制。它曲高和寡造成的虛偽，變成了歷史前進的阻力。現代社會不能靠道德而只有靠法律來要求和規範個體的行為。因此真正吸收和消化西方現代某些東西，來進一步改造學校教育、社會觀念和民俗風尚，以使傳統的文化心理結構也進行轉換性的創造，便是一個巨大課題。之所以巨大，正是因為這種創造既必須與傳統相衝突（如歷史主義與倫理主義的矛盾），又必須與傳統相接承（吸收倫理主義中的優良東西）。五四以來到今天，以文學在這方面作得最好；從五四到今天，人們通過以白話文為形式的中國現代新文學（也包括電影、歌曲和某些美術作品），在掃除封建陳垢刷新民族心靈上，起了重要作用。而這種掃除和刷新又自然承續了中國傳統中的積極成分。例

如新文學中愛國主義感情和批判現實主義精神與關心國事民瘼、以天下為己任的士大夫歷史傳統便不能說毫無關係。但它又確乎是在對傳統中封建主義內容的否定和批判中，來承接這傳統心理，這就正是對傳統進行轉換的創造。

總起來看，歷史的解釋者自身應站在現時代的基地上意識到自身的歷史性，突破陳舊傳統的束縛，搬進來或創造出新的語言、詞彙、概念、思維模式、表達方法、懷疑精神、批判態度，來「重新估定一切價值」，只有這樣，才可能真正去繼承、解釋、批判和發展傳統。

可以舉一些例子。例如，對待傳統中占有突出位置的所謂「孝」道，便不能再是如五四時期那樣簡單地罵倒，更不能是盲目地提倡，而是應分析傳統孝道產生的社會經濟政治基礎（農業小生產、家長制下人格的依附性）。今天的親子關係當然不同，這是在經濟、政治完全獨立、彼此平等的基礎上的稠密人際的情感態度。從而它不能再是傳統的「父父子子」，也不是重複五四時期的「我不再認你作父親，我們都是朋友，互相平等」，而是既在朋友平等基礎上，又仍然認作父親，即有不完全等同於朋友的情感態度和相互關係。敬老亦然。它不應再是天經地義式的「論資排輩」的規範、秩序、制度或習慣，而只能是一種純感情上的自願尊敬和親密。思維方式也如此，簡單地斥責中國傳統思維的模糊籠統、一切以「差不多」為滿足，固然不能有真正的轉換性創造，盲目地推崇所謂「東方神祕主義」，更休想轉換傳統。只有在學習、吸收、輸入西方嚴格的邏輯分析和嚴密推理的思維方式（這

並不難做到，中國人能極有成效地學習現代自然科學；中國傳統
的實用理性不但與它不矛盾，而且可以極大地助成它）基礎上，
來重視中國傳統中的創造直觀的思維特點，這才可能有助於科學
和人文，才可能有助於傳統思維方式的轉換性的創造，而不失去
其原有的優點。就情感態度說，酗酒發瘋，大搞同性戀，大概並
無足取；而傳統那種種拘守禮法，行不由徑，恐怕也不行。重要
的是在樹立現代個體人格的前提下，不是以理（社會）壓情，也
不是一味縱情破理，而是使理融化在情感中。只有這樣，傳統才
能有轉換的創造，並在這過程中得到承繼和發揚。這也就是我在
《中國古代思想史論》中所解釋的「西體中用」即中國式的社會
主義現代化道路。

　　陳獨秀在 1915 和 1916 年創刊發行《新青年》，吹響了五四運
動的啟蒙號角，毛澤東曾高聲讚譽過陳獨秀說：「他是五四運動的
總司令，整個運動實際上是他領導的。」[66] 直到晚年，陳獨秀從
國民黨監獄內出來獨居四川江津時，也仍在集中思索民主問題。
今年是 1986 年，離 1916 年整七十年，離「文化大革命」開始時
二十年，離「四人幫」垮臺也已十年，願以此文來紀念這些重要
的年頭和這位了不起的「總司令」。

（原載：《走向未來》1986 年創刊號）

---

66 轉引自彭明書，第 526 頁。

二、記中國現代三次學術論戰

（一）一九二〇年代科玄論戰

　　一切都得從「五四」講起。中國現代史好些基本問題都得追溯到「五四」，在思想文化、意識形態領域內，尤其如此。

　　「五四」新文化運動最明顯的成功和確定不移的果實是白話文的勝利。儘管有林紓、胡先驌等人的反對，但它勢如破竹，銳不可擋，席捲全國，上取得教育部的承認與肯定，下獲有廣大學生和青年的擁護、支持。儘管直到 1949 年以前，某些官方文告、政論以及某些人仍用文言，但畢竟已屬部分現象，白話文的統治地位不可搖動。

　　書面語言的變革不只是文學形式問題，它在強有力地動搖著傳統的文化－心理結構。

　　「傅斯年為了說明文言文的僵化沒落，說了一句外行話。他認為中國人思考用白話，表達時才翻譯成文言。因而遭到吳宓的嘲笑。可是論證文言文不但是表達工具，而且可以是思維工具，那更說明文言文對中國文學發展的巨大障礙。魯迅強調文言文語法不精密，說明中國人思維不嚴密；周作人指出古漢語的晦澀，養成國民籠統的心理；胡適提出研究中國文學套語體現出來的民族心理；錢玄同、劉半農則從漢語的非拼音化傾向探討中國文化的特質……。這一系列見解，不見得都十分準確，但體現一種總

的傾向：五四作家是把語言跟思維聯繫在一起來考慮的，這使得他們有可能超越一般的語言文字改革專家，而直接影響整個民族精神的發展。」[1]

「五四」新文化運動提倡白話文反對舊道德的啟蒙方面，就這樣延續地表現為某種對自己民族文化、心理的追尋和鞭撻，表現為某種科學主義的追求，即要求或企圖把西方的近代科學作為一種基本精神、基本態度、基本方法，來改造中國人，來注入到中國民族的文化心理中。

正是在這樣的背景下，1923 年爆發了「科玄論戰」。

1923 年 2 月北京大學教授張君勱在清華作了題為「人生觀」的講演，發表在《清華週刊》272 期。張強調科學不能解決人生觀的問題：「第一，科學為客觀的，人生觀為主觀的」；「第二，科學為論理的方法所支配，而人生觀則起於直覺」；「第三，科學可以以分析方法下手，而人生觀則為綜合的」；「第四，科學為因果律所支配，而人生觀為自由意志的」；「第五，科學起於對象之相同現象，而人生觀起於人格的單一性。」[2]

張認為有關「人生觀」的是「精神與物質」、「男女之愛」、「個人與社會」、「國家與世界」這樣一些具體問題。關於第一個

1　陳平原、錢理群、黃子平：〈藝術思維〉，《讀書》1986 年第 2 期，第 76～77 頁。

2　〈人生觀〉，《科學與人生觀》，亞東圖書館，上海，1923 年，第 4～8 頁。

問題，張說：「所謂精神與物質者：科學之為用，專注於向外……，朝作夕輟，人生如機械然，精神上之慰安所在，則不可得而知也。……一國偏重工商，是否為正當的人生觀，是否為正當的文化，在歐洲人觀之，已成大疑問矣。……對於物質文明，不勝務外逐物之感。」3 因此，「人生觀既無客觀標準，故惟有返求諸己。」即「人生觀」不能由外在的物質文明、不能由科學所決定或規定。

同年 4 月，地質學家丁文江（丁在君）發表〈玄學與科學〉（北京《努力週報》48～49 期），激烈批評「玄學鬼附在張君勱的身上」，強調同意胡適的意見：「……今日最大的責任與需要，是把科學方法應用到人生問題上去。」他說：

科學不但無所謂向外，而且是教育同修養最好的工具。因為天天求真理，時時想破除成見，不但使學科學的人有求真理的能力，而且有愛真理的誠心。無論遇見什麼事，都能平心靜氣去勇於研究，從複雜中求單簡，從紊亂中求秩序，拿論理來訓練他的意想……，了然於宇宙生物心理種種的關係，才能夠知道生活的樂趣……。4

張君勱對此批評作了長文答辯。一時，思想學術界名流梁啟

---

3 同上，第 10～11 頁。

4 丁文江：〈玄學與科學〉，同上書，第 20～21、22、26 頁。

超、胡適、吳稚暉、張東蓀、林宰平、王星拱、唐鉞、任叔永、孫伏園、朱經農、陸志韋、范壽康等人在《努力週報》、《時事新報》副刊《學燈》上紛紛發表文章，參加討論。同年 11 月上海亞東圖書館編輯出版了《科學與人生觀》一書上、下冊，收集了二十九篇論戰文章，由陳獨秀、胡適作序。12 月上海泰東圖書局出版了內容相同的《人生觀的論戰》文集[5]，由張君勱作序。至此，「六個月的時間，二十五萬字煌煌大文」[6]的科玄論戰大體結束。同年年底及次年，《中國青年》、《新青年》曾發表鄧中夏、瞿秋白、陳獨秀等評論文章，代表了當時共產黨人的看法。

　　這次論戰涉及問題頗多，例如科學的社會效果（歐戰是否應由科學負責）、物質文明與精神文明（如何定義此二者及二者之關係）、科學與價值（二者有無關係或何種關係）、科學與哲學（二者如何限定、二者的來源、異同、範圍）、傳統與現代等等。其中好些還正是今天「文化熱」討論中經常湧現的問題和論點；這次論戰提出問題的敏銳度和討論問題的深度，在某些地方也並不比六十年後的今天遜色，其論爭焦點（能否有科學的人生觀、應該建立什麼樣的人生觀）便是至今並未解決的問題。當代世界哲學中的科學主義與人本主義的分途也展示出這一點。

　　本文不擬描述這一論爭的各個方面，只想抄摘一些論戰材料，

---

5 此文集比《科學與人生觀》少收王星拱一文，多收屠孝實一文，其餘各篇均同。

6 胡適：《科學與人生觀》序，第 16 頁。

來看看這一論戰在當時興起所反襯出來的中國文化心理結構中的某些問題。

雙方的哲學依據並無任何獨創可言。張君勱、張東蓀等人傳達的是歐洲大陸的柏格森、倭鏗、杜里舒以及康德的先驗主義；胡適、丁文江[7]等人則是馬赫、孔德、以及英美經驗主義、實證主義。雙方所爭論的生物學（達爾文學說）、心理學、生計學（經濟學）是否科學，它們有否客觀的因果律可求，已由八十年的事實證實了科學派的勝利。但這卻沒能證明科學可以解決人生觀問題。有如維根斯坦所說，一切科學問題都可能得到解答，但人生之沒有解答卻依然如故。所以玄學派所提出的命題又至今仍有其生命力。

梁啟超當時說：「人生問題，有大部分是可以而且必要用科學方法來解決的，有小部分——或者還是最重要的部分，是超科學的」。「不能說理知包括盡人類生活的全內容……生活的原動力就是情感……，就是愛和美，……絕對的超科學。」[8]

張君勱當年肯定物理學是科學，但對生物學、心理學是否科學表示懷疑，更否認社會歷史領域能屬於科學。他說：

7　「丁文江每次發表文章前，對一些重要爭論點，都與胡適商量過，所以胡適仍是這場論爭的重要角色」（耿云志：《胡適研究論稿》，四川人民出版社，成都，1985 年，第 393 頁），儘管胡適在這次論爭過程中只寫了篇短文。

8　梁啟超：〈人生觀與科學〉，《科學與人生觀》，第 4、8～9 頁。

「生物學家以細胞為基本概念,然細胞之本質為何,非生物學家所能解釋也。推之生物之來源、心理與身體之關係科學家無法解釋,正與此同」[9],「心理狀態變遷之速,故絕對無可量度,無因果可求。」[10]「若夫人生所以變遷之故,則出於純粹心理,故為自由的。伸言之,歷史之新陳代謝,皆人類之自由行為,故無因果可言。」[11]總之,在身、心、社會、歷史領域,科學的因果無用無效,所以,不可能有科學的人生觀。

與此相對立,丁文江、唐鉞、王星拱等人則強調:

「一切心理現象都是有因的,這話可信的程度同『一切物質現象都是有因的』那句話的可信的程度相等。」[12]「我再舉一個鄭重的例。自從德夫利士 (Devries) 重新發現曼德爾 (Mendel) 公例之後,若是我們拿一種黃皮的玉蜀黍和白皮的雜種,新生出來的玉蜀黍上面有幾粒是黃皮的,幾粒是白皮的,都可以預先算得出來。」[13]「我以為美是可以分析的」,「美不是超乎理智的東西,美感是隨著理智的進步而變化的。」[14]「總之,高等動物之智慧

---

9 張君勱:〈再論人生觀與科學並答丁在君〉,同上書,第 19、59、67 頁。

10 同上。

11 同上。

12 唐鉞:〈心理現象與因果律〉,同上書,第 13～14 頁。

13 丁文江:〈玄學與科學答張君勱〉,同上書,第 15 頁。

14 唐鉞:〈一個痴人的說夢〉,同上書,第 3、5 頁。

活動不過是生物活動中之最複雜者，和低等動物之不能活動，並無根本的區別，用不著歸功於靈魂。生物活動也不過是天然活動中之一部分，和無機界之活動也沒有根本的區別，也用不著歸功於生命力。所以凡用以研究無機物質的物理化學也可以應用於生物問題，用以研究生物的生物學也可以應用於人生問題。」[15]「科學是憑藉因果 (Causality) 和齊一 (uniformity) 兩個原理而構造起來的。人生問題無論為生命之觀念或生活之態度，都逃不出這個原理的金剛圈，所以科學可以解決人生問題。」[16]

　　科學派以決定論和還元論反對玄學派的自由意志論和心物二元論。前者相信科學的對象及威力無限，世上一切事物均可用科學解決，因此要求建立「科學的人生觀」。而所謂科學，首先就是自然科學家用之有效的那些科學方法，那種科學態度、科學精神。概括起來，「科學的目的是要摒除個人主觀成見……求人人所能共識的真理。」[17]「依科學態度而整理思想，構造意見，以至於身體力行，可以叫做科學的人生觀。」[18]

　　後者卻堅持 「經驗界之知識為因果的 ， 人生之進化為自由的」，「求現時代之特徵之一，吾必名之曰新玄學時代。此新玄學

---

15 王星拱：〈科學與人生觀〉，《科學與人生觀》，第 12～13 頁。

16 同上，第 16 頁。

17 丁文江：〈玄學與科學〉，同上書，第 20 頁。

18 王星拱：〈科學與人生觀〉，同上書，第 3 頁。

之特點，曰人生之自由自在，不受機械律之支配。」[19]「物和心的問題，好些人自以為要解決他，始終沒有解決」，「就是科學家，往往有非科學的理想」，「不能劃一，無從分析，甚至超出感覺的種種心的作用，科學對於這種地方還有什麼權威？」[20]因之，心理、社會和人生無法還原為科學問題，無法用決定論和因果律來解釋和規定。

對科學派來說，為什麼要批評「玄學鬼」，提倡科學的人生觀呢？這是因為「一班的青年上了他的當，對於宗教、社會、政治、道德一切問題，真以為不受論理方法支配，真正沒有是非真偽，只須拿他的所謂主觀的、綜合的、自由意志的人生觀來解決他。果然如此，我們的社會是要成一種什麼社會？」[21]「君勱反對富強，說『在寡均貧安之狀態下，當必另有他法可想』，中國現在寡到什麼程度，貧到什麼田地，君勱研究過沒有？那一年北方遭旱災，沒有飯吃的人有二千萬人，賣兒女的也有，吃人肉的也有。這種貧安得了麼？……這種寡均得了麼？」[22]

對玄學派來說，為什麼要反對科學的人生觀呢？這是因為：「我所欲言者非科學本身問題，乃科學的結果。西歐之物質文明是科學上最大的成績。……物質有限，人欲無窮。謂如此而可為

---

19 張君勱：〈再論人生觀與科學並答丁在君〉，同上書，第64頁。

20 林宰平：〈讀丁在君先生的玄學與科學〉，同上書，第13、35頁。

21 丁文江：〈玄學與科學〉，同上書，第18頁。

22 丁文江：〈玄學與科學答張君勱〉，同上書，第45頁。

國家之安計，為人類幸福計，吾不信焉。」[23]「吾國自海通以來，物質上以炮利船堅為政策，精神上以科學萬能為信仰，以時考之，亦可謂物極將返矣」，「科學以對待、以因果為本義……，學生腦中裝滿了此種學說，視己身為因果網所纏繞，幾忘人生在宇宙間獨往獨來之價值」。「應將管子之言而顛倒之，曰：知禮節而後衣食足，知榮辱而後倉廩實，吾之所以欲提倡宋學者，其微意在此。」[24]

可見，儘管雙方在什麼是科學、什麼是科學的因果律、內容、材料等等問題上爭論不休，其真正的核心卻在：現時代的中國人（特別是青年一代）應該有什麼樣的人生觀才有助於國家富強社會穩定？這場看來是科學與哲學的關係等純學術問題的論戰，從根本上卻是兩種社會思想的對立。它具有著思想史的意義。

如本書上篇所已指出，清朝專制政體和有關的傳統觀念、舊有價值的崩潰或動搖，使「五四」時期的知識群的注意中心由前代的船堅炮利（物質工具）和「鼎革之際」的改良、革命（政治體制）轉移到思想文化上來。數千年「修齊治平」和「天地君親師」的傳統信仰和標準規範不再能維繫人們，知識者在尋求著新的人生信仰、生活依據和精神支柱。這其實是中國近代知識分子一直在進行著和具有著的心態模式，它也正是實用理性的傳統心理在近現代的延續實現：用理性追求一種信仰以指導人生和現實

---

23 張君勱：〈科學之評價〉，同上書，第6～7頁。

24 張君勱：〈再論人生觀與科學並答丁在君〉，同上書，第66、72、95頁。

活動。康有為早年曾自己構造出一個宇宙觀來作為現實行動的依據；嚴復搬來了《天演論》的進化觀，為廣大青年知識者所歡迎；譚嗣同、章太炎企圖用佛學唯識宗來建造哲學形而上學。但所有這些都被當時的中心課題——實際的革命或改革行動所掩沒和壓倒。也正是由於改革實踐的失敗，「五四」才把思想文化問題提到改造社會決定中國前途的首位，把建立或具有什麼樣的生活態度、人生理想作為要解決的根本問題。從而，不是宇宙論，不是認識論，不是科學的本質、內容、範圍，也不是真正的哲學形而上學，而是具體的人生觀成了時代的焦點、學術的主題，成了人們（特別是青年一代）尋找、追尋以便確定或引導自己的生活道路的現實指針。它形象地反映在當時的新文學中，也理論地表現在這次論戰上。所以，科學派強調科學方法、態度、精神，強調「科學的人生觀」，實際上具有建立信仰的意義。陳獨秀早在 1916 年便大聲疾呼：「……欲建設西洋式之新國家，組織西洋式之新社會，以求適今世之生存」，必須建立「平等人權之新信仰……」[25] 胡適在論戰後期為《科學與人生觀》一書作序中也明確提出：「叫人知道，『為了全種萬世而生活』就是宗教」，「我們信仰的科學的人生觀將來靠教育與宣傳的功效……要使今日少數人的信仰變成將是大多數人的信仰。」[26] 海外有研究者在論科玄論爭時也指出：「胡適這些科學主義的誇張觀念帶著一種準宗教的音調，他似乎企圖

---

25 陳獨秀：〈憲法與禮教〉，《新青年》第 2 卷第 3 號，1916 年 11 月。

26 《科學與人生觀》，胡適序，第 27、24 頁。

構建一種科學的自然主義的宗教。」[27]科學派以所謂科學方法、態度、精神作為信仰，認為它能解決一切身心、社會和人生觀諸問題。玄學派則企圖回到宋明理學（「宋學」）和現代西方柏格森、倭鏗的形而上學中去追求和建立信仰以指導人生。

C. Geertz 曾指出，當社會和政治危機伴隨著原有文化根基失落時，便迫切需要意識形態。[28]意識形態不是科學，而是包括著某種要求支配人們觀念和行動的信仰。所以，科玄論戰的真實內涵並不真正在對科學的認識、評價或科學方法的講求探討，而主要仍在爭辯建立何種意識形態的觀念或信仰。是用科學還是用形而上學來指導人生和社會？所以這次學術討論，思想意義大於學術意義，思想影響大於學術成果，它實質上仍然是某種意識形態之爭。科學派實際上是主張科學來成為意識形態，玄學派則主張非科學的形而上學來作為意識形態。因而這是一場信仰科學主義的決定論還是信仰自由意志的形而上學的爭論。它的確是一場關於「人生觀」的爭論，這種人生觀的爭論又是與選擇何種社會改造方案聯繫在一起的。儘管論戰中似乎爭辯了那麼多的科學哲學和宇宙觀、認識論問題，但真正的重點和要害並不在那裡。

如果純從學術角度看，玄學派所提出的問題和所作的某些（只

---

27 Lin Yu-sheng, *The Origin and Implications of Modern Chinese Scientism in Early Republican China*: A Case Study—The Debate on "Science vs. Metaphysics in 1923," 1984，臺北。

28 參看 C. Geertz, *The Interpretation of Cultures*, Ch. 8.

是某些）基本論斷，例如認為科學並不能解決人生問題，價值判斷與事實判斷有根本區別，心理、生物特別是歷史、社會領域與無機世界的因果領域有性質的不同，以及對非理性因素的重視和強調等等，比起科學派雖樂觀卻簡單的決定論的論點論證要遠為深刻，它更是符合於二十世紀的思潮。

　　但是，這場論戰卻很明顯地是以「玄學鬼」被人唾罵，廣大知識青年支持或同情科學派而告終。科學的、理性的人生觀更符合當時變革中國社會的需要，更符合嚮往未來、追求進步的人們的要求。承認身、心、社會、國家、歷史均有可確定可預測的決定論和因果律，從而可以用以反省過去，預想未來，這種科學主義的精神、態度、方法，更適合於當時中國年輕人的選擇。不願再「返求諸己」回到修心養性的「宋學」，也不能漫無把握不著邊際地空喊「意志自由」、「直覺綜合」；處在個體命運與社會前途休戚攸關的危機時代，傾向於信仰一種有規律可循、有因果可尋從而可以具體指導自己行動的宇宙——歷史——人生觀，是容易理解的事。十八、十九世紀西方近代的科學及其精神和方法，對落後的中國，還是新鮮的和先進的東西，人們歡欣鼓舞地去接受它，是很自然的。同時，這在某種意義上恰恰又是中國傳統哲學精神在現代的展現，是以人（人生）為中心的「究天人之際，通古今之變」，將「天道」（宇宙普遍規律，現在是科學）與「人道」（社會人生道路即人生觀）聯結溝通起來的傳統思維—行為模式的現代翻版仍然是傳統的「實用理性」在現代的延續，即人們更願意去選擇企望解決現實社會問題的理性（現在是科學），來作為信仰

和準則以指導生活。

可見，儘管爭論雙方都承認事實判斷（科學）與價值判斷（人生觀）不應混為一談，林宰平說：「科學的本身，他原沒有什麼好壞的問題。」[29]唐鉞說：「我們論事實的時候，不能羼入價值問題。」[30]但事實上，這兩者的混同卻正是討論的主題和特色。特別是科學派強調建立科學的人生觀，想用科學來支配或適用於人生，並把它當作一個事實兼價值判斷，就更是如此。所以一向比較敏銳的梁啟超曾說：「人生觀的統一，非惟不可能，而且不必要。非惟不必要，而且有害。要把人生觀統一，結果豈不是『別黑白而定於一尊』，不許異己者跳梁反側？」[31]科學派的回答卻是：「人生觀雖不能統一，但是人生觀由於遺傳與教育而定這一個原理是統一的。若能將各人的遺傳與教育明白的知道了，他的人生觀也可以一索而得。」[32]科學派強調人生觀以及一切精神文明都可以通過科學分析得到說明和了解，都可以作出因果律的決定論的「科學」解釋，這就預告著以一種建立在科學的宇宙觀、歷史觀基礎上的決定論的「科學的人生觀」來作為信仰指導人們生活、行動的可能。而這，後來不就正是馬克思主義麼？人們後來接受馬克思主義的世界觀、歷史觀來作為人生的嚮導，不也正符

29 林宰平：〈讀丁在君先生的玄學與科學〉，《科學與人生觀》，第 38 頁。

30 唐鉞：〈一個痴人的說夢〉，同上書，第 2 頁。

31 梁啟超：〈人生觀與科學〉，同上書，第 7 頁。

32 王星拱：〈科學與人生觀〉，同上書，第 16 頁。

合「科學派」的主張麼？這，大概是出於「科學派」的意料的。因為他們大都是反對馬克思主義的。然而，歷史的邏輯卻必然導致這種思維的邏輯。當時歷史的邏輯是「救亡」，是反抗侵略，尋求國家富強、社會解放。「玄學派」強調的是個體自由、意志自由、個性獨立，比較起來，後者的重要性迫切性顯然遠遜於前者。而救亡課題是更容易接受一種有客觀規律可尋的「科學」解釋和指導的。

於是「救亡」又一次壓倒了一切，個體自由得謙遜地犧牲自己以從屬於集體，國家富強畢竟是更重要的事情。胡適在討論中，便尖銳地指出過：

歐洲的科學已經到了根深蒂固的地位，不怕玄學鬼來攻擊了。幾個反動的哲學家，平素飽饜了科學的滋味，偶爾對科學發幾句牢騷話，就像富貴人家吃厭了魚肉……，一到中國，便不同了，中國此時還不曾享著科學的賜福，更談不上科學帶來的「災難」。我們試睜開眼看看：這遍地的乩壇道院，這遍地的仙方鬼照相，這樣不發達的交通，這樣不發達的實業——我們哪裡配排斥科學？[33]

從落後的中國需要科學，胡適便推出中國人需要「科學的人生觀」，在學術上，這種推理並不符合邏輯，但在當時卻是完全合

---

33 胡適：《科學與人生觀》序，第 7 頁。

理的。但「科學的人生觀」是什麼，胡適認為這次爭論並未討論，是一個「共同的錯誤」。從而，這裡便生發出一個問題：如何可能用物理、生物甚至心理等科學因果律和決定論來解釋種種不同的人生觀，從而判斷和建立「正確的」、「科學的」人生觀呢？

顯然，科學派於此無能為力。他們不可能用自然科學包括達爾文的進化論來解釋人生觀。胡適提出來的所謂「新人生觀」的十項要點，也並不能真正證明它為何是「科學」的？即他們不能用因果律和決定論來說明解釋各種人生觀之所由來和「科學人生觀」之所依據。到底如何才能解說人類社會的行為、道德、理想和「人生觀」呢？

於是，已經接受了馬克思主義唯物史觀的陳獨秀出場了。在他看來，丁文江、胡適等人的科學派由於並沒有或未能解釋「科學何以能支配人生觀」，從而他們對玄學派的批評便只能是「以五十步笑百步」。陳指出，只說「科學的人生觀」如何完滿美好，並不能解決問題；更重要的是，只有科學地具體解釋為玄學派強調的「良知」、「直覺」、「自由意志」也仍有其具體的歷史社會的根源，即這些反決定論的、非理性的東西也仍遵循著科學的因果規律，即「需客觀上對於一切超科學的人生觀加以科學的解釋」，才能「說明科學對於一切人生觀之威權」。這樣，才能真正樹立起科學的權威和科學的人生觀的權威，這樣才能徹底戰勝玄學派。「方能使玄學鬼無路可走。」[34] 這個「科學」，在陳獨秀看來，當然就

---

34 《科學與人生觀》，第 36 頁。

不是自然科學，也不是一般的科學精神、態度、方法，而只能是馬克思主義的唯物史觀。陳獨秀說：

> 什麼先天的形式，什麼良心，什麼直覺，什麼自由意志，一概都是生活狀況不同的各時代各民族之社會的暗示所鑄而成！一個人生在印度婆羅門家，自然不願意殺人；他若生在非洲酋長家，自然以多殺為無上榮譽；一個女子生在中國閥閱之家，自然以貞節為他的義務；他若生在意大利，會以多獲面首誇示其群；西洋人見中國人赤膊對女子則駭然，中國人見西洋人用字紙揩糞則驚訝；匈奴可汗父死遂妻其母，滿人初入中國不知漢人禮俗，皇太后再嫁其夫弟而不以為恥；中國人以厚葬其親為孝，而蠻族有委親屍於山野以被鳥獸所噬為榮幸者；歐美婦女每當稠人廣眾吻其所親，而以為人妾為奇恥大辱，中國婦女每以得為貴人之妾為榮幸，而當眾接吻雖娼妓亦羞為之。……

> 我們相信只有客觀的物質原因可以變動社會，可以解釋歷史，可以支配人生觀，這便是「唯物的歷史觀」。我們現在要請問丁在君先生和胡適之先生：相信「唯物的歷史觀」，為完全真理呢？還是相信唯物以外像張君勱等類人所主張的唯心觀也能夠超科學而存在？[35]

胡適、丁文江鼓吹「科學的人生觀」，陳獨秀進一步要用「唯

---

35 《科學與人生觀》，陳獨秀序，第 9～11 頁。

物的歷史觀」來作為基礎建立科學的人生觀。因為這種歷史觀不
僅能用因果律、決定論解釋一切的人生觀、價值論,解釋為「玄
學鬼」宣揚不已的「直覺」、「自由」,而且還正是建立「科學的人
生觀」的依據。它一方面證明了「科學之威權是萬能的」,另方面
又證明人生觀可以是「科學」的。在這裡,事實判斷(科學)與
價值判斷(人生觀)也就完全混溶在一起了。所以,在論戰中,
馬克思主義者是支持科學派反對玄學派的。當時鄧中夏指出:

　　科學方法派大概都是學過科學的,他們的態度,第一步是懷
疑,第二步是實證(拿證據來);他們的主張,是自然科學的宇宙
觀,機械論的人生觀,進化論的歷史觀,社會化的道德觀(皆見
胡適之上海大學演講辭)……唯物史觀派,他們亦根據科學,亦
應用科學方法,與上一派原無二致。所不同者,只是他們相信物
質變動(老實說,經濟變動),則人類思想都要跟著變動,這是他
們比上一派尤為有識尤為徹底的所在。……總括起來,東方文化
派是假新的,非科學的;科學方法派和唯物史觀派是真新的,科
學的。現在中國思想界的形勢,後兩派是結成聯合戰線,一致向
前一派進攻、痛擊。[36]

　　中國現代思想的歷史邏輯似乎是,張君勱等「玄學派」在一

---

36 鄧中夏:〈中國現在的思想界〉,《中國青年》 第 6 期,1923 年 11 月
　24 日。

九二〇年代便提倡「新宋學」，強調「返求諸己」、內心修養等等，展現了「現代新儒家」的方向路線；而相信「科學派」的青年人則容易走向馬克思主義。「玄學派」這條線上的是熊十力、梁漱溟、馮友蘭、牟宗三。[37]「科學派」這條線則由陳獨秀、瞿秋白等人替代了胡適、丁文江。[38]而用歷史唯物主義解釋人生觀，正是為了指導人們去參與、去進行改造社會的革命行動，去具體安排自己的人生道路。馬克思主義者把這場思想學術論戰與階級政治鬥爭的關連越發拉近了。鄧中夏說：

　　東方文化派可以說代表農業手工業的封建思想（或稱宗法思想），科學方法派可說是代表新式工業的資產階級思想，唯物史觀派可說是代表新式工業的無產階級思想；這些思想都不是偶然發生的，……勞資兩階級尚有攜手聯合向封建階級進攻的必要，換過來說，就是代表勞資兩階級思想的科學方法派和唯物史觀派尚有攜手聯合向代表封建思想的東方文化派進攻的必要。[39]

　　科玄論戰之後，馬克思主義在青年中得到更廣泛的傳播，而五四時期「賽先生」（科學）在這裡和以後日益成了馬克思主義唯

---

37 參看本書〈略論現代新儒家〉。

38 參看本書〈試談馬克思主義在中國〉、〈漫說「西體中用」〉。

39 鄧中夏：〈中國現在的思想界〉，《中國青年》第6期，1923年11月24日。

物主義的代稱；或者說，馬克思主義日益作為科學為人們所理解、
接受和信仰。意識形態（共產主義）與科學（唯物史觀）成了一
個東西。馬克思主義作為意識形態與科學的融合，唯物史觀以決
定論的歷史必然的因果關係來建立對未來共產主義社會的偉大理
想，都非常適應於中國知識分子的實用理性的傳統心態和傳統精
神。[40]馬克思主義在五四運動中和以後不久，便迅速被人們特別
是年輕一代所歡迎。它取代了上代人所崇奉、信仰的進化論。

　　人們在接受馬克思主義以後，就立即運用起它來[41]，很快取
得了許多成功。在學術領域中也如此。這一點在相距不到十年的
下一場學術論戰中便極清楚地展現出來了。

（二）一九三〇年代中國社會性質論戰

　　如果說，緊接著「五四」的一九二〇年代初期的科玄論戰還
是春天裡的風雨，儘管雨狂風驟，卻依然明媚宜人的話；那麼，
一九三〇年代初期的中國社會性質問題的論戰，卻已是炎炎夏日
的暴風雨了。那嚴峻的無情的批判音調比起科玄論戰時的學者朋

---

40 參看本書〈試談馬克思主義在中國〉、〈漫說「西體中用」〉。
41 參看本書〈試談馬克思主義在中國〉。

友間溫情脈脈的討論，簡直是換了人間。也的確是換了人間，人間正在進行著你死我活的階級搏鬥。

1927 年大革命失敗後，共產黨領導的紅軍仍在作戰，並開始建立蘇維埃政權。從莫斯科的共產國際到中國共產黨的中央，有關方針、路線、政策、戰略，有關革命的性質、對象、任務、動力，有過多次激烈爭論。托洛茨基與史達林、布哈林，陳獨秀與瞿秋白、李立三、蔡和森……。這種論爭遠遠超出思想學術的範圍，主要是場政治鬥爭。

正是在這個背景下，一九二〇年代底三〇年代初掀起了中國究竟是什麼社會的激烈的學術爭論。參加論戰的有以陶希聖為代表的「《新生命》派」（以《新生命》雜誌為代表基地）；有以《新思潮》雜誌為基地的中共主力如王學文、潘東周、吳黎平的「《新思潮》派」；有托派陣地的動力派如嚴靈峰、任曙等人；還有其他一些自稱不屬於任何一派的討論文章。這些討論延續數年（大體約自 1929 年至 1934 年），發表文章約一百四十餘篇，出版書籍三十餘種。[42]參加討論發表文章的有數十人，絕大部分是當時年輕一代的知識分子。其規模、內容、影響大大超過了科玄論戰。

本文也不擬對這一論戰作專題的細緻研究，不擬涉及論戰的多方面的內容和情況。仍只想作一點資料摘抄，從現代思想史的角度省視一下論戰的實際主題及其方式。

---

42 參看高軍編《中國社會性質問題論戰（資料選輯）》，人民出版社，北京，1984 年，下簡稱《選輯》。

　　主題集中在中國當時社會究竟是資本主義社會還是封建社會這一焦點上。不管是托陳派還是陶希聖派，強調的是中國社會的資本主義性質、因素和發展趨勢。新思潮派則反覆論證中國社會的封建性。有如當時有人概括的：

　　現在討論的，就在封建關係和資本主義制度在中國經濟中究竟誰占優勢？他們發展的程度和性質，究竟是怎樣？[43]

　　陶希聖是研究中國思想史和中國經濟史的專家。他提出中國封建制度早已瓦解，地主階級（通過士大夫）雖仍是中國社會的支配勢力，但由於商業資本主義的向來發達（「周的末年，……商業資本主義已發達起來」[44]），「商人資本卻成了中國經濟的重心。」[45]「中國農民問題是資本問題的一面」[46]，「我認為中國農業是以資本為中心的，雖然有封建剝削的存在，不能因此就斷定中國的社會形式是封建制度」[47]，「因此，中國社會是金融商業資本之下的地主階級支配的社會，而不是封建制度的社會。」[48]

　　與陶希聖強調中國土生土長的商業資本主義從而中國近代社

---

43 伯虎：〈中國經濟的性質〉，《選輯》，第 486 頁。

44 陶希聖：《中國社會的史的分析》，第 32 頁。

45 陶希聖：〈中國之商人資本及地主與農民〉，見《選輯》，第 93、114 頁。

46 同上。

47 陶希聖：《中國社會經濟之現在》，第 4 頁。

48 陶希聖：〈中國之商人資本及地主與農民〉，見《選輯》，第 115 頁。

會與古代並無重大變化[49]不同，嚴靈峰、任曙等人強調的是近代
中國社會在帝國主義的侵略下，已經成為資本主義社會：

> 「中國社會經濟結構雖是複雜，但資本主義的生產方法和生
> 產關係是居領導（亦即支配）的地位；整個社會的再生產行程要
> 依賴於資本主義生產方式的經濟部門之再行程的。中國社會內部
> 主要的統治者是資產階級，……換言之，中國目前是個資本主義
> 社會。」[50]「中國毫無疑義的是資本主義關係占領導的地位」[51]，
> 「在土地占有的關係上很普遍地是以貨幣購買土地的新式地主占
> 絕對優越的地位，……而農民向這種地主出賣和租佃土地多半帶
> 有『自願』的性質。……他們對於農民的剝削，不外把地租當作
> 投資的利潤和利息來看待的……，其本質不外占取農民的剩餘價
> 值罷了……，充分地表現了農業經濟的生產很廣泛地都是為市場
> 而生產，也就是說農業生產都普遍的建立在商品生產的基礎上
> 的。」[52]「結論：即中國資本主義也發展到了代替封建經濟而支
> 配中國經濟生活的地步。」[53]

---

49 陶希聖：「最奇怪的就是雖然和西洋通商將近百年，政治上經濟上受了很
　　大影響，而中國的社會的經濟的構造，依然沒有根本改變。」（《中國社
　　會的史的分析》，第 32 頁）

50 嚴靈峰：〈中國經濟問題研究〉序言，《選輯》，第 8 頁。

51 嚴靈峰：〈中國是資本主義的經濟還是封建制度的經濟？〉，同上書，第
　　360 頁。

52 嚴靈峰：〈再論中國經濟問題〉，同上書，第 391～392 頁。

　　與上述相反，新思潮派強調中國社會的封建性質：

　　所謂十八行省或二十一行省地方，多數鄉村間，尤其內地的
行省的多數鄉村間的所謂農村經濟的，大體仍是以自給自足為原
則，農家自己需要的物質的生活資料由自家生產自家消費……商
品生產無論其在農村與都市，都只是單純商品的生產，前資本主
義生產方式的，尤其是封建的半封建的生產方式的生產。……[54]

　　至於資本主義經濟，資本家的生產方式，除去沿海大都市或
少數地方外，我們在廣大的中國土地中，很難看見。[55]

　　「三種納租形式中，最普遍的為產物納租形式。中國大部土
地，都是採用這種形式……。地主對佃農的剝削……，至少也要
占百分之四五十……佃農甚至把全部產物徵納地租還不夠，可是
地主有巨大的政治權力及多種壓迫手段來強制佃農償付」。「總之，
在封建剝削制之下，農民因『經濟以外的壓制』，強迫地需把全部
剩餘產品甚至超過這數量以上的部分，交納於地主，並受許多附
加的剝削」[56]，「用超經濟的壓迫，以榨取剩餘勞動。凡維護此種
剝削方法的制度便是封建制度。」[57]

---

53 任曙：〈中國經濟研究緒論〉，同上書，第 455 頁。

54 王昂（王學文）：〈中國資本主義在中國經濟中的地位其發展及其前途〉，
　　同上書，第 187、188、191、257 頁。

55 同上。

56 同上。

從這裡，引出的結論當然是：「所以土地革命是數萬萬農民群眾的切身的急迫的要求，是中國革命目前階段上的中心問題，是中國資產階級民主革命的關鍵。」[58]

但對於作出中國是資本主義社會性質結論的人來說，中國革命便主要革資產階級或資本主義的命。「中國資產階級的民主革命之完成，應走俄國十月革命的道路。中國的資產階級，在城市及鄉村中都與帝國主義經濟及現在的土地關係有很密切的不可分離的聯繫……，無產階級沒有與他們合作的可能。……無產階級在取得政權的第二日即應進行沒收中外銀行及大工廠工業，打破私有財產制」[59]，「大可以作非資本主義的革命運動，追隨先進的歐洲以馳驅於打倒資產階級的戰線之上。」[60]

論戰中另一個與此密切聯繫、至關緊要的問題是帝國主義。正如論戰各方都承認中國社會仍有「封建殘餘」，只是對這種「殘餘」所占地位估計很不一樣，從而對社會性質的見地大相徑庭一樣，論戰各方也都承認帝國主義的殖民經濟已滲入中國以及中國農村，但對它的作用估計卻很不相同。其中關鍵一點在於，帝國主義的入侵是阻礙中國民族資本主義的發展，還是在客觀上刺激著或促進中國走向資本主義。

---

57 吳黎平：〈中國土地問題〉，《選輯》，第 239、240、243 頁。

58 丘旭：〈中國的社會到底是什麼社會──陶希聖錯誤意見的批評〉，同上書，第 121 頁。

59 陳獨秀等：〈我們的政治意見書〉，同上書，第 91 頁。

60 任曙：〈中國經濟研究緒論〉，同上書，第 455 頁。

　　「中國本國的工業，不僅是由帝國主義所引起，而且是受帝國主義所支配。……帝國主義偉大的財政資本勢力，卻支配了中國經濟，而且阻止中國資本主義的發展」[61]，「中國民族資本決沒有發展的可能。」[62]因此結論便是，要區別對待帝國主義與民族資本，主要要反對帝國主義。

　　但論戰對方卻認為，「中國自辛亥以來，沒有一個軍閥不勾結帝國主義，然而中國資本主義經濟不斷地向前發展，不但帝國主義的工業發展，即民族資產階級工業也是發展」，「資本輸出的結果，使許多後進國也踏進了國際資本主義的領域，確定了工業發展的根本諸條件。」[63]從而，結論便是無產階級要反國內外一切資產階級，即既反帝又反資。「無論中外資本主義，洋土資產階級……應加以同一的看待，無所用其區別。」[64]

　　對於帝國主義與封建主義的關係，一方認為，「帝國主義在中國經過買辦（或者不經過），利用地主、商人、高利貸者對中國農民實行封建式的剝削，同這些鄉村中的封建勢力結成同盟，擁護他們的統治，同他們共同宰割中國的民眾」[65]；另方卻認為「帝國主義本身是代表高度的資本主義勢力，他對於封建的經濟制度完全處於不可調和的矛盾地位。……在資本主義發展過程之中，

---

61 伯虎：〈中國經濟的性質〉，《選輯》，第 495～496 頁。

62 杜魯人：〈中國經濟讀本〉，同上書，第 855 頁。

63 嚴靈峰：〈再論中國經濟問題〉，同上書，第 404、373 頁。

64 孫倬章：〈中國經濟的分析〉，同上書，第 614 頁。

65 劉夢雲：〈中國經濟之性質問題的研究〉，同上書，第 559 頁。

封建勢力只是起了消極的抵抗作用，而日趨於衰落。」[66]從而前
者主張把反帝與反封建聯繫起來，後者卻主要強調反帝反資。

　　很明顯，這場論戰具有尖銳的政治性質和政治內容，並直接
為各自的政治綱領政治鬥爭服務，顯示著極其強烈的黨性，然而
又仍然能夠保持了一定高度的學術性和科學性。儘管論戰中各方
都有許多充滿感情愛惡的抨擊斥責，但仍然盡可能通過嚴格的邏
輯推論和各種經驗材料及統計數字來作出維護或攻擊。論戰各方
對中國經濟的許多方面、因素、成分作了相當具體的揭示和描述，
並把這些材料提到馬克思主義的理論高度來討論。所謂「理論聯
繫實際」的特徵，在這次論戰中很突出，學術討論（科學）的現
實目的性（意識形態和政治）異常明確。正如一位討論者所說：
「……美國顧問當研究中國鐵路經濟的時候，他注意的是：中國
鐵路有多少，怎樣不敷應用，從那一城市到那一省必需鐵路，這
許多鐵路需要若干時間與若干金錢，訂什麼合同便可以得著這些
金錢等等。而我們研究中國鐵路經濟的時候便是要注意：中國這
些鐵路是誰人的，負債多少，怎樣收回鐵路的主權，什麼是帝國
主義及中國軍閥對鐵路發展的障礙，怎樣才能取消這些障礙，
等等。」[67]

　　非常自覺地把科學研究、學術探討與政治任務聯繫起來，非
常自覺地著眼於生產關係又特別是所有權與政治的聯繫等等，而

---

66 嚴靈峰：〈再論中國經濟問題〉，《選輯》，第 403 頁。

67 潘東周：〈中國國民經濟的改造問題〉，同上書，第 308 頁。

不是重視生產力的研究……，這些都相當典型地呈現了當時人文學科的思想學術界左翼思潮的特徵。「救亡」在一九三〇年代初愈趨急迫，日本帝國主義侵占東三省後正虎視眈眈地窺伺華北，一切閑情逸致和悠散的時刻，一切學院派的「純正」科學和「無利害關係」的學術探討，在家國危亡之際，似乎都有玩物喪志之嫌。正因為整個局勢的這種狀況，有著一整套完備理論又能切實行動的馬克思主義不僅沒有因1927年共產黨的失敗而淹沒退縮，剛好相反，它在青年一代中反而更加熱烈地被接受、被傳播、被歡迎。反射到思想學術領域，從歷史學、經濟學、哲學到文學藝術，馬克思主義的影響和聲勢從一九二〇年代末到一九三〇年代，愈益擴大。這次論戰也正是在這樣一種思想背景下展開的。所以，論戰各方，即使不屬於中共或托派，甚至是共產黨的反對者，都大體接受了馬克思主義基本學說，並以之作為論證的理論依據。包括胡秋原、方亦如等人也如此。論戰中各方共同使用如「帝國主義」、「封建制度」、「階級關係」、「商品經濟」等概念、詞彙，也基本上屬於或遵循著馬克思主義理論學說的範圍。

　　可見，馬克思主義在中國的傳播，不僅表現在紅軍的現實鬥爭領域，而且也的確呈現在思想文化領域中。如果說，在科玄論戰中，陳獨秀還在呼喊要用唯物史觀來解釋人生問題和樹立「物質一元論」亦即唯物史觀的「科學人生觀」，要求把信仰建立在馬克思主義基礎之上，在同輩學人中還相當孤立。那麼，這次社會性質論戰中，年輕一代卻已把馬克思主義作為他們的信念，並用它來解釋有關「社會」、「人生」——被當年張君勱認為不可能用

科學於其上的「生計學」（經濟學）和歷史學問題了。

　　論戰中的各方顯然以中國共產黨《新思潮》派的論點論證最符合當時中國的現實。中國社會基本上建立在農村經濟的基地上，而農村基本上仍是封建的土地制度即以地主對農民的超經濟的地租剝削為主體；帝國主義開始侵蝕但並未瓦解更未消滅廣大農村的自然經濟；中國是那麼大的國家，農村地域如此廣闊，帝國主義和資本主義的經濟影響和滲透畢竟還局限在沿海和大中城市的周圍農村，還沒有取得全部統治或主宰、支配地位。所以，半封建半殖民的社會性質的再次科學（學術）地被肯定[68]，從而反帝反封建的革命任務也就明確無疑了。這確乎是馬克思主義原理結合中國當年實際的創造性的理論產物，也是這場論戰的特大收穫。這收穫不僅是學術的，而且同時是意識形態性的。因為這一理論收穫為當年蘇區的土地革命和工農紅軍的存在發展，提供了科學論據，反過來也從上述革命實踐中驗證了這理論的真理性質。它為日後的中國革命奠定了「科學」的理論基礎和信念依據。

　　從中國現代革命思想看，五四運動後期陳獨秀、蔡和森提出建立共產黨高揚救亡行動於思想啟蒙之上，是第一個思想史的重要契機；而這次論戰明確社會性質革命任務則是這一契機的繼續發展，是納啟蒙於救亡軌道的現代思想史的第二個里程。如果說，科玄論戰是號召人們建立「科學的人生觀」以指導生活和有

---

68 一九二〇年代中共政策文件中已肯定了中國的這種社會性質及革命內容。

益於社會,那麼這次論戰卻把這「人生觀」更加具體化、革命化,即人們應為土地革命、為反帝反封建而生活而鬥爭了。「救亡」、「革命」的主題的音響在這裡是更加急切強大了。它將支配、主宰一切。

幾乎與這次論戰平行,在歷史學領域,郭沫若 1930 年發表了《中國古代社會研究》一書,開始了馬克思主義在中國歷史學界的勝利進軍。一九二○年代享響中國風行不歇的梁啟超的歷史研究法從此被擠到次要位置。用唯物史觀來研究、解說中國古代歷史和思想史的論著迅速不斷湧現。相比於學院派(也就是胡適等「科學派」)的微觀考據和細緻研究的著作,它們顯得很粗糙簡陋。但它們在整體宏觀把握上,在提出理論解釋上,在主題的深入分析上,卻顯示了無可辯駁的吸引力和優勝處。其中像呂振羽的《史前期中國社會研究》以及後來的侯外廬的《中國古典社會史論》、《中國古代思想學說史》等等,便是在當時學術界別開生面、頗有水平的開創性著作。侯外廬晚年回憶說:

大革命失敗以後,革命處於低潮時期,馬克思主義者為了探索革命的前途,解決中國向何處去的問題,開始了對中國社會性質問題的研究。……理論界對中國現階段究竟是資本主義社會、封建社會還是半殖民地半封建社會的問題展開了爭論。既然要爭論這樣一個涉及中國國情的問題,就不能不回過頭去了解幾千年來的中國歷史。於是問題又從現實轉向歷史,引起了大規模的中國社會史論戰。

這場論戰範圍很廣，持續時間很長，爭論的問題很多。我記得，大家爭得最熱鬧的問題有這樣幾個：一是亞細亞生產方式問題；二是中國歷史是否經過奴隸制階段問題；三是何謂「封建社會」以及中國封建社會的歷史斷限和特徵問題；四是所謂「商業資本主義社會」問題……。經過論戰，有些問題解決了，有些問題並沒有得到比較一致的認識，至今仍在爭論。[69]

所謂「至今」，是指一九八〇年代的今天，關於「亞細亞生產方式」，關於古史分期（即中國歷史是否經過奴隸制階段、中國封建社會的歷史斷限和特徵）目前仍在爭論。只是現在的爭論已經完全脫去當年論爭的政治色彩和意識形態的意義，而成為純學術的了。

在當年，這種純學術卻沒有或不能存在。古史討論也與討論者的政治立場、背景、與現實政治鬥爭聯在一起，而具有非學術性的意義。

本文不擬對古史分期討論作具體介紹，而只想指出上述由時代所給予它的這一思想史的特徵罷了。

也正因為此，儘管由於討論者態度的嚴肅基本保證了這些討論的學術水平和科學性質，但又畢竟不能不使這一性質和水平受到局限和影響。不但因為由於它們沒有真正獲得獨立的「無利害關係」的學術（科學）地位，從而經常成為政治結論的從屬物，

---

69 侯外廬：《韌的追求》，三聯書店，北京，1985 年，第 222 頁。

而且也極容易以不公平或主觀情感來抹殺和忽視了論敵中的合理
成分和因素。就以《新思潮》派的論敵來說，陶希聖的商業資本
主義說是完全錯誤的，它不符合中國的歷史和現實，但他強調了
商業資本在中國社會的長久的活躍傳統，強調了士大夫階級在中
國地主社會中的極為重要的統治地位和統治功能，卻顯然是值得
重視，需要進一步加以分析研究，而不能一筆抹殺的。[70] 又例如
嚴靈峰、任曙等人否認中國社會占統治地位的封建性，極大地誇
張了資本主義在中國經濟中的地位和作用，顯然是極其荒謬、錯
誤和有害的，它完全不符合中國的現實。但他們強調帝國主義不
是阻礙民族資本的發展，而是在客觀上促進中國的資本主義化，
強調即使在軍閥和國民黨統治下民族資本主義仍將不斷發展，卻
又是不容忽視的。相反，過分集中於論證土地革命，忽視資本主
義因素（包括資本主義文化和知識分子群）在中國社會中的先進
位置和不斷增長，把一切論證集中在作為革命動力的農民身上，
輕略了農民群體的落後性、封建性，以及因反對帝國主義而論證
一切外國投資為經濟侵略，都在理論上和實踐上帶來了缺陷。雖
然這一切在當時的情況是正常的、完全可以理解的，但後來並未
加以認真總結，以至在現實情況完全改變後，仍然肯定和「發揚」

---

70 中國數千年來以自給自足的自然經濟為基礎，同時，商業（商品經濟）
也非常發達，特別是北宋以來，國內市場相當可觀。這便是中國經濟史
上的重要問題，研究它對了解中國社會至關重要。陶希聖創辦《食貨》
等在這方面作了一些很有價值的學術工作。

這種缺陷，這就在實踐上和理論上帶來了很大的弊病。同時，因為論敵在政治上的徹底錯誤和失敗從而否定其學術上的一切，也阻礙了學術討論和研究的正常開展，以至連當年這種激烈的學術討論也不可能存在了。例如歷史的五階段論（原始社會、奴隸社會、封建社會、資本社會、共產社會）也是通過這次論戰和中國古史爭論在思想學術界被接受和傳播的，直到近幾年，才有微弱的異議呼聲。這個公式之長期不容許懷疑，也正是因為它被政治的強光籠罩著。因為當年托派有人不承認中國古代有奴隸制階段，於是任何否認中國奴隸制的學術觀點便似乎是政治上的別有用心。亞細亞生產方式問題，也有類似的遭遇。也正因為這種種原因，一些學術上的基本科學要求，包括主要概念的嚴格涵義分析（如「封建主義」、「奴隸制度」、「支配」、「領導」等詞彙的確定意義）便做得很不夠。例如所謂「半封建半殖民地」的「半」，究竟是什麼意義，如何規定，有多少數量統計材料來作為根據，便從來沒有進一步的研究、闡明，並且由於以後成為不容懷疑的政治結論，也就似乎不需要科學證明了。這些，顯然並不符合科學精神，並不利於科學發展。但由於革命戰爭中意識形態在當時的重要性遠遠超過了科學，於是科學逐漸成了意識形態的恭順僕從，甚至有時成為犧牲品。解放前後數十年，社會科學（經濟學、法律學、政治學）較之人文學科（文、史、哲）遠欠發達，作出的成果最少，也與此有關。社會科學的落後標誌著也作用於中國現代史的進程特點，而這，恰恰又是傳統的實用理性的再次表現。強調理論、知識、智慧為現實事務服務，一向缺乏並反對「為科

學而科學、為藝術而藝術」的獨立意識，本就是中國人的傳統文化心理，這無疑在現代接受和造成上述狀態中，也起了重要作用。

(三) 一九四〇年代文藝民族形式論戰

　　這裡要談的所謂第三次論戰，很少有人論議，因為它並未形成如上述兩次那樣規模的論戰局面。但在這個問題上的意見分歧和爭論，由於富有深意和影響久遠，需要特別把它提出來。

　　要談的主要是表現在胡風的《論民族形式問題》一書中的論爭。這本書大概是胡風著作中最有理論成就的一種。它的特點就在堅決維護五四的啟蒙傳統，反對簡單地服從於救亡鬥爭；強調應把啟蒙注入救亡之中，使救亡具有民主性的新的時代特徵和世界性水平。儘管提出是在文藝領域，卻具有廣泛的思想文化意義。

　　胡風在書中批評了許多人，從郭沫若到周揚，從潘梓年、艾思奇、胡繩到光未然、何其芳、張庚，等等。其主要批評目標，則以向林冰（趙紀彬）為對手。書中摘引了向的許多論斷。

　　胡風所要反對的是向林冰以「民間形式」為創造中國文藝的民族形式的「中心源泉」論。胡所摘引的向文如下：

　　新的民族形式的創造，不以民間形式的批判的運用為起點，

不從舊形式的內的自己否定中來發現新形式的萌芽，這完全是純主觀性的騰雲駕霧的文藝發展中的空想主義路線……

民間形式……如果和革命的思想結合起來，則是有力的革命武器。因此，我們便看見了由低級形態向高級形態轉化的具體化的具體路徑及前者與後者的關連性。這就是說，民間形式的批判的運用，是創造民族形式的起點；而民族形式的完成，則是運用民間形式的歸宿；換言之，現實主義者應該在民間形式中發現民族形式的中心源泉。[71]

胡風是堅決反對這種論斷的。他強調指出，「民間形式」作為傳統民間文藝的形式，不能作為新的文藝的民族形式所據以革新、發展的基礎或起點，民族形式的創造只有適應於當代中國民族的現實鬥爭的內容時才湧現出來，「民間形式」在這裡只能起借鑒或「幫助」的作用。胡風說：

特定主義形式的崩潰就遠遠地落在產生它的特定社會存在的崩潰後面。如果文藝創作是為了真實地反映現實生活，並不能拋掉這原則去意識地發展某一固有形式。那麼，文藝的發展就不是用「形式本身固有的」內的辯證法平行地去對應存在的發展，而要採用「跳的路線」（向林冰語）。新的文藝要求和先它存在的形式

---

71 胡風：〈論民族形式問題〉，見《胡風評論集》（中），人民文學出版社，北京，1984 年，第 221～222 頁。

截然異質的突起的「飛躍」……

　　……新的文藝運動就有在世界觀、內容一般的鬥爭之外，還得和作為形式本身的舊形式作鬥爭的必要，尤其是當舊的勢力裝出一個好像只反對新的形式，並不反對新的內容似的面孔的時候。[72]

　　更具體一點說，就是向林冰等人強調：流行在民間的傳統形式，如章回體小說、舊戲、民歌等等不但可以「舊瓶裝新酒」，成為新文藝的民族形式，而且它們本身還正是中國新文學一脈相承的民族傳統：

　　今日所謂舊形式與五四時代的所謂舊形式，並非一物，當五四新文學革命時候所否定的舊形式，是「選學妖孽」「桐城謬種」，其作為新形式而提倡者，如《水滸傳》《西遊記》《紅樓夢》《儒林外史》《三國演義》等章回小說以及作為民俗學、格言學、歷史學資料而搜集的，如歌謠、諺語、土腔、小調、民間傳說等，正是今日「舊瓶裝新酒」的通俗讀物創作上所要應用的「舊形式」。[73]

　　胡風還列舉了一些認為「五四運動以來的新文學是舊文學的正當的發展」（何其芳），「把章回小說改造成了更自由更經濟的現

---

72 同上，第 227～228、229 頁。
73 同上，第 232 頁。

代小說體裁，從舊白話詩詞蛻化出了自由詩」（周揚），以及認為五四新文藝「割斷了歷史的優秀傳統，割斷了人民大眾的聯繫」等論點，而加以反對。胡風堅決反對「民間文藝為中國文學的正宗」（向林冰）[74] 的說法，認為五四新文藝在實踐和理論上「不但和古文相對立，而且也和民間文藝相對立」[75]，不能僅僅看在同樣使用「白話」這樣一種純粹外在形式上。「因為，所謂『白話』，不過是構成文藝形式的基本材料，當沒有通過創作者的一定的觀點、看法之前，只能是自然狀態的言語，一旦和創作者的一定的觀點看法、五四精神的民主的科學的立場結合了以後，就必然要成為一種新形式了。」[76]

這就是說，只有在「民主」與「科學」的五四精神的「觀點看法」相結合後的白話，才湧現出新的民族形式。這種結合不是「舊瓶裝新酒」，不是直接繼承或運用固有的民間形式或民族形式，而是搬進來了西方（胡風用的是「國際」一詞）文藝的內容和形式的結果。胡風強調的是，「使國際的東西變成民族的東西，後者被貫穿在前者裡面」。「國際革命文藝形式之應該被接受，民間形式之不能被機械地搬用」[77]，成為他的主要論點。

總起來說，胡風認為應該內容（現階段的現實鬥爭和革命性

---

74 同上。

75 同上。

76 同上。

77 同上，第 258～261 頁。

質）決定形式，而這內容，從五四以來，卻是現代的、「國際的」。
因此，文藝形式便不能是簡單搬用和強調傳統的或民間的「民族
形式」：

　　民族形式不能是獨立發展的形式，而是反映了民族現實的新
民主主義內容所要求的、所包含的形式。……它的實際的過程也
非得通過五四的革命文藝傳統，把這個傳統當作基礎不可……把
這個本質的方法上的內容看做「在中國文藝傳統的發展上」的「異
民族（！）的外來影響」（光未然），只能是「中學為體，西學為
用」主義的再演。

　　……

　　民間形式的中心源泉論或舊瓶新酒主義本質上是反抗現實主
義的，因為它違反了「內容決定形式」的原則，把藝術的構造看
成了外部的機械結構，使它變成了毫無有機內容的東西，使形式
（體裁）轉成了實體。[78]

　　這就是說，應該繼承五四新文藝的傳統，不僅在內容上，而
且在形式上。因為五四新文藝的形式恰恰正是掌握了科學與民主
的時代精神，即充滿了新內容的民族形式。胡風明顯地是在反對
各種認為五四新文藝「歐化」、「西化」、「脫離群眾」等等論點

---

78 同上。

論調。

　　本來，即使今日，在廣大的農村和農民大眾特別是中老年人中，對《楊家將》、《水滸傳》、《三國演義》的熟悉、喜愛和欣賞，恐怕也遠遠超過了魯迅、巴金、茅盾。就是在廣大中老年知識群中，對京劇、國畫、舊體詩詞的興味也可能高於歌劇、西畫、新詩、交響樂。今天還如此，更何況四十年前？所以，胡風要維護五四文藝傳統，看來似乎是一件簡單明瞭的事，其實卻未必然。在實際中從而在理論上，所遇到的阻力異常強大。直至今天，不是還有這個問題嗎？五四時期已經接受了的某些觀念、思想、道德規範、行為準則以及審美趣味，不是在今天還被人們批評指責為資產階級嗎？被人們習以為常而加以讚揚肯定的多半不正是傳統的東西嗎？特別是躲在列寧關於一個民族有兩種文化的理論框架中，反對外來文化，大捧民間文藝，不是至今還可見麼？……

　　那麼，究竟如何看待傳統的民間文藝呢？向林冰認為：

　　民間文藝既不是純粹的封建意識形態，又不是純粹的大眾的前進意識形態，而是在自己的內部存在著兩個對立的契機或兩個可能的前途的矛盾的統一物。民間文藝的出現是封建社會自己矛盾的產物，民間文藝在抬頭是封建社會自己炸裂的指標。總之，他是封建文藝的對立物。[79]

---

79 同上，第 238 頁。

當然，如胡風所摘引，向林冰以及其他強調民間形式的諸論者也都承認、揭示甚至強調民間文藝有其落後面、陰暗面，如宿命論的大團圓，維護封建權威、歌頌封建道德，缺乏戰鬥性革命性等等，但基本都肯定了民間文藝的形式本身，如故事化、情節化等等。胡風卻認為，就連這種文藝的外形式本身，也烙上了封建社會的內容印記。他說：

……這種「故事化」正是由於……封建的認識方法（對於歷史和人的認識方法）的觀念性結果：「敘述一件事物，必先照事物的原有順序，依次敘述……而且每件事實，都要有因有果，有首有尾……如新形式中的突然而來戛然而止的筆法，是絕無僅有的」，這種「直敘法」也正是在封建農村的社會基礎上所形成的認識方法的限界，看人從生看到死，看事從發生到結束，宿命論或因果報應的思想就是它的根源。[80]

甚至包括語言。「……疊字格、重句格、雙關語看成了至寶，說這些……『是中國語言文字的特殊性之特殊的發展』，『運用這樣的語言，是會使文章增加民族性和藝術性的』，他不懂，這樣的語言正是封建生活情調的反映。」[81] 因之，胡風主張，「我們所要求的『歐化』，正是新生的『民族』語言的成分，能夠而且應該成

---

80 同上，第 242、265、270 頁。

81 同上。

為創造民族形式的活的語言的性格之一。」[82]

那麼又如何看待人民大眾的「喜見樂聞」呢？

向林冰說：

喜見樂聞應以習見常聞為基礎。……當我們以自己作風上自己氣派上的民間形式為中國作風與中國氣派的民族形式的中心源泉的場合，是意味著文藝脫離大眾的偏向的徹底克服……，徹首徹尾在習見常聞與喜見樂聞的統一形式之下，配合著以大眾為主體的抗戰建國的政治實踐的發展，創造出大眾文藝的民族形式來。[83]

向林冰等人認為五四新文學和「五四以來的新興文藝形式」脫離廣大群眾，「未能普遍地走入大眾」，「完全變成了少數近代化知識分子的專利品」，「所以在創造民族形式的起點上，只應置於副次的地位。」[84]

胡風則強調人民大眾的「喜見樂聞」和「習見常聞」應該是「生活存在裡的隱藏著甚至是原來常常被大眾自己拒絕的、戰鬥的欲求。前者必須服從後者。進步的文藝所評價的、所要求的、所應高揚的，正是後者而不是前者。對於大眾的欣賞力，應該服

---

82 同上。

83 同上，第 248 頁。

84 同上，第 249、250、251、252、254 頁。

從反映生活真理的原則。」[85]「只看見『農民占絕對多數』，就以為它會在文藝創造上『起著決定的作用』，因而向自然生長的民間形式或農民的欣賞力納表投降，⋯⋯絕對無從完成什麼重要的任務。」[86]

一個強調大眾化、通俗化，強調文藝形式要適應廣大農民的「習見常聞」和「喜見樂聞」；一個強調「習見常聞」或「喜見樂聞」也必須建築在新時代（抗日民族解放戰爭）內容的需要和欲求上。從而前者把「民間形式」作為源泉，而置五四新文藝形式於「副次」地位；後者則強調五四新文藝從內容到形式都是正宗，民間文藝及形式只能起「幫助」的次要作用，「不能同意把民族形式還原為大眾化或通俗化」。[87]

分歧是明顯而尖銳的。也如胡風所說，這次關於民族形式問題的討論，「不是一個單純的形式問題」[88]，實質上是關係到整個「新民主主義文化」的具體發展途徑。胡風強調的是應從現實鬥爭的內容出發來與大眾結合，「為提高大眾的認識能力而鬥爭」。

胡風從其所了解和堅持的魯迅傳統，一貫強調文藝不但要與敵人作鬥爭，而且也要不斷揭發中國「國民性」的弱點和病態，即揭出人民群眾中的「精神奴役的創傷」。他的整個理論的重點的

---

85 同上。

86 同上。

87 同上，第 274、276 頁。

88 同上。

確是「啟蒙」，是「化大眾」，而不是「大眾化」。由此出發，他對
「民間形式」採取了忽略、排斥以至虛無主義態度，對中國文藝
的歷史傳統，也有類似的態度或傾向。他過分強調「內容決定形
式」，抹殺了形式本身所具有的相對獨立的性質，作出中國文藝傳
統的「故事化」形式本身也有其封建主義「宿命論或因果報應」
的根源之類的論斷。對通俗化、大眾化、習見常聞或喜見樂聞，
採取了輕視的態度。

　　但是，從整體說，胡風確是五四新文藝傳統的捍衛者，是著
重於繼續吸收外來文化的營養包括歐化語言和形式，結合中國現
實社會鬥爭來創造民族文藝及其形式的代表。他注意「啟蒙」，注
意暴露「國民性」，注意文藝的形式也必須具有新的時代的性質和
特徵。他無疑在理論上是更為正確的一方。

　　但關鍵卻在於當時中國的政治鬥爭形勢。解放區在迅速地擴
大，八路軍新四軍的力量飛速加強，中共領導下的廣大農民和農
村在開始進行著翻天覆地的變化。如何進一步動員、組織、領導
農民進行鬥爭，成了整個中國革命的關鍵。從而，文藝如何走出
知識分子的圈子，自覺地直接地為廣大農民、士兵及他們的幹部
服務，便成了當時焦點所在。要領導、提高他們，就首先有如何
適應他們（包括適應他們的文化水平和欣賞習慣）的巨大問題。
從民歌、快報、說書到舊戲、章回小說，「民間形式」本身在這裡
具有了某種遠非文藝本身（特別是非審美本身）所必然要求的社
會功能、文化效應和政治價值。從當時的政治角度看，要進行革
命的宣傳和鼓勵，「舊瓶裝新酒」和通俗化、大眾化便是十分重要

甚至是首要問題。

　　只有在這具體的歷史背景下，才可能理解胡風所反對或批評的對方，為何絕大多數是中國共產黨的文藝家、理論家，才可能理解胡風所希圖維護的五四新文藝傳統及其「啟蒙」精神再一次必需為「救亡」主題所戰勝，也才可能理解毛澤東《在延安文藝座談會上的講話》的歷史性的意義和地位。

　　毛的講話在 1942 年，是胡著初版發表後一年半。顯然延安也有類似的論爭。據後來一些人的回憶，當年由上海等大中城市去延安的知識分子所帶去的高級文藝，包括托爾斯泰、契訶夫、易卜生等等，根本不受包括紅軍戰士、幹部在內的廣大農民大眾的歡迎，不適合他們的理解、口味、興趣和欣賞習慣。文藝究竟要創作些什麼，如何創作和為什麼創作……，成為當時的尖銳問題。於是，終於有座談會的召開，有毛的講話和結論。這個講話一錘定音，從此成了中國革命文藝的理論經典。

　　毛的講話可說實際是這次論戰的結論。儘管目標並不一定是胡風，也遠遠不只是論「民族形式」，但其精神實質和基本傾向，卻與胡風恰好是對立面。

　　毛指出討論文藝工作必須從當時抗日現實鬥爭的實際出發，所以他首先是以一個政治家的立場，從領導革命、指揮社會現實鬥爭的全局角度出發，來規範和要求文藝的內容和形式的。講話的「引言」中首先提出文化和文藝的目的性，明確規定革命文藝是「團結自己、戰勝敵人」的「文化的軍隊」，有著與「拿槍的軍隊」同樣的目的和功能。從而提出了「文藝工作者的立場問題，

態度問題，工作對象問題，工作問題和學習問題」。文藝「為什麼人」是中心主題。「為什麼人的問題，是一個根本的問題，原則的問題。」毛澤東指出，當時的革命文藝工作者「都有某種程度的輕視工農兵、脫離群眾的傾向」。毛批評一些文藝工作者，「不愛他們（指工農兵）的感情，不愛他們的姿態，不愛他們的萌芽狀態的文藝（牆報、壁畫、民歌、民間故事等）……。」毛說，「在教育工農兵的任務之前，就先有一個學習工農兵的任務。提高的問題更是如此。……只能是從工農兵群眾的基礎上去提高……。」

現在工農兵面前的問題，是他們正在和敵人作殘酷的流血鬥爭……，迫切要求得到他們所急需的和容易接受的文化知識和文藝作品，去提高他們的鬥爭熱情和勝利信心，加強他們的團結，便於他們同心同德地去和敵人作鬥爭。對於他們，第一步需要還不是「錦上添花」，而是「雪中送炭」。……

毛也講了提高的必要和重要，但指出畢竟「普及工作的任務更為迫切」。顯然，這都不是從文藝特別不是從審美出發，而完全是從政治需要出發，從當前的軍事、政治鬥爭要求出發。所以毛接著強調了文藝的功利性、政治標準第一，批評了「人性論」、「人類之愛」、「暴露」人民大眾的黑暗等等觀點。

這是站在比文藝本身規律「更高」一層的社會政治角度來談文藝。之所以說「更高」，是因為就當時的社會現實和人民生活說，無論如何，有比文藝更根本更重要更緊迫的任務和工作。這

就是「救亡」——趕走日本帝國主義。一切「啟蒙」也必需服從和服務於這個頭號主題。因此，文藝應該為此服務而別無目的，便很自然地提了出來；並以此為標準，結合解放區鬥爭的實際，必然要求文藝為工農兵及其幹部服務，要求文藝工作者「深入現實鬥爭」、「改造世界觀」、「學習馬列主義」來「歌頌人民」、「團結人民」、「打擊敵人」。「對於人民，這個人類世界歷史的創造者，為什麼不應該歌頌呢」？

胡風並不也沒有反對這些。但是，既然如此，就不能夠有任何忽略、輕視、貶低工農兵大眾所「習見常聞」、「喜見樂聞」的傳統文藝形式和民間形式，就不能強調去揭示人民群眾的「精神奴役的創傷」，而是要發掘、揭示人民大眾創造歷史、奮勇鬥爭的「本質」力量，並通過他們所喜見樂聞的形式表達出來，為他們所接受所歡迎，才能起上述革命功利性的戰鬥作用。

比起來，胡風雖然強調現實主義，強調生活、鬥爭，強調從內容出發，但他多半是從文藝自身特殊規律（包括審美規律在內）來談論的。因此在毛的講話面前，便顯得遠為單薄、迂闊、空洞而不切於事情了。胡風這些理論，如「精神奴役創傷」論、「反民間形式」論在當時緊張的政治、軍事鬥爭形勢下，並不為很多人所重視；除了在小圈子內，基本上沒有發生什麼重要作用或影響。

毛的講話則統治了中國現代文藝實踐和理論三、四十年。截至前幾年，還幾乎一字未可更易。所以，1949 年以來的三十年，強調民間形式和傳統形式，在中國大陸，便成為占統治地位的理論。毛自己便具體說過新詩應以傳統的舊詩和民歌為基礎。以致

有人以為凡「民族形式」就是指某些具體的傳統形式和民間形式，就是大屋頂、故事化、格律詩、民族唱法、民間舞蹈。戲曲、國畫、舊體詩詞、傳統手工藝空前繁榮，盛極一時。與此相映對，油畫、自由體詩歌、國際美聲唱法、交響樂、爵士音樂、芭蕾、現代派造型藝術和文學……，卻處在或排斥、或輕視、或貶低、或相形見絀的位置。一九五〇年代初演出《和平鴿》舞蹈時，便有「大腿滿臺跑，工農兵受不了」的批評，同時也就有對所謂「小資產階級思想」的批判。這一切都與一九四〇年代開始流行的「中國化」的理論主張與上述「民間形式」問題的討論，是有直接間接的聯繫的。強調與工農兵的一致和結合，包括對民間形式以及傳統的高度評價，構成了這個「中國化」的有機組成部分。它隨著 1949 年革命的勝利而日益鞏固化、定形化和偶像化。並一直延續了下來。以至今天我們對待西方文化的某些態度和觀念，比之「五四」和一九三〇年代，似乎還要保守。

歷史就是這樣的殘酷無情，總要以犧牲來換取前進。中國革命的道路既然是農民為主體的土地革命，一切就得服從於它，並為此服從而付出代價。值得注意的倒是，傳統實用理性的文化心理構架使廣大知識群安然地接受了和付出了這一代價。

抄錄三次論戰的一些資料是為了從思想文化角度看看「五四」課題的延續。三次論戰倒恰好包括了哲學（科玄）、歷史（中國現代和古代社會性質）和文藝（民族形式）等基本人文領域。從以上材料，可以看出，上篇中提出的「救亡」主題壓倒「啟蒙」主題在思想文化學術領域內的一些具體過程和情況。與這三次學術

論戰大體平行或略先，中國的革命知識分子由二〇年代尋找和建立唯物史觀的「科學的人生觀」，到三〇年代明確以反帝反封建為任務，到四〇年代與工農兵相結合，人生觀和人生道路是一步步地具體化和深化了。這三次論戰倒恰好象徵性地在學術上反映了這條人生的道路和心靈的歷程。這條人生道路的確取得了巨大的成功，也付出了深重的代價，其中便包括付出沒能自由地、及時地在學術上繼續深入思考和討論這些問題的代價。這三次論戰的基本主題或相關問題，如科學是否或如何作為人生觀，中國古代和現代社會性質究竟如何，它將往何處去，以及如何對待「民間形式」，如何對待傳統與外來文化，如何正確理解與工農相結合等等，仍然是人們所面臨所考慮所爭論的問題。因此，在今天完全嶄新的條件下，如果能獲得對歷史和現實的清醒的自我意識，認識它的成就和缺陷，也許能使五四的交響樂章重新奏起，重新開展為全新的雄偉樂曲。這，不正是我們走向明天所應該認真思考的思想史的課題麼？

（原載：《走向未來》1986 年第 2 期）

三、胡適 陳獨秀 魯迅

　　「五四」是一個群星明燦、人才噴湧的時期，許多人在歷史上留下了名字，不僅在當時而且在以後還有持久影響的也不少。其中，胡適、陳獨秀、魯迅，無疑是屈指先數的前三名。

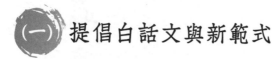

（一）提倡白話文與新範式

　　胡適以 26 歲的青年，在《新青年》首倡白話文學，同年歸國任北京大學教授，積極參加和領導了當時新文化啟蒙運動，「暴得大名」並終身顯赫。

　　1916 年他從美國寄回的〈文學改良芻議〉所提出的八項主張是：「(一) 須言之有物；(二) 不模仿古人；(三) 須講求文法；(四) 不作無病之呻吟；(五) 務去濫調套語；(六) 不用典；(七) 不講對仗；(八) 不避俗字俗語。」這個非常平淡的「八不主義」，卻居然成為五四時期掀起巨浪狂風的白話文運動的第一炮。

　　胡適當然不止於提出「八不」，而且也在一片嘲諷譏笑中努力提倡了白話詩的創作。他自己率先「嘗試」，不顧成敗，儘管作品的確很不成功 [1]，卻畢竟帶了頭。接著便湧現了康白情、沈尹默、

---

1 如他自己多次徵引以為「可稱得我自己的新詩進化的最高一步」的如「熱

俞平伯、冰心、郭沫若等第一批新詩作者。

　　所以，胡適是開風氣者。開風氣者經常自己並不成功，膚淺浮泛，卻具有思想史上的意義。胡適當時給白話文運動的思想理論依據便是一種相當浮淺的「歷史的」觀念：「一言以蔽之，一時代有一時代之文學。……古人已造就古人之文學，今人當造就今人之文學。……觀古今文學變遷之趨勢，以為白話之文學種子已伏於唐人之小詩短詞。……自宋以來，雖見摒於古文家，而終一線相承，至今不絕。」[2] 這大概便是他後來寫《白話文學史》的張本，即為白話文學找一個傳統的基礎和依據。但是，形勢超過意想，現實的要求比歷史的依據更有力量。一年之後，胡適便提出「要替中國創造一種國語的文學」。明確要以能「表情達意」即表達現在人們的思想情感的白話文學，來與「死文字」的文言文學相對立相對抗：

　　我並不曾說凡是用白話做的書都是有價值有生命的。我說的是，用死了的文言決不能做出有生命有價值的文學來。為什麼死文字不能產生活文學呢？……一切語言文學，作用在於達意表情，達意達得妙，表情表得好，便是文學。那些用死文言的人，有了意思，卻須把這意思翻成幾千年前的典故；有了感情，卻須把這

極了／更沒有一點風／那又輕又細的馬櫻花鬚／動也不動一動／」（《胡適文存・嘗試集再版自序》第 1 集第 1 卷，第 288 頁）。

2　〈歷史的文學觀念論〉，《胡適文存》第 1 集第 1 卷，第 48 頁。

感情譯為幾千年的文言。……請問這樣做文章如何能達意表情呢?
既不能達意,又不能表情,那裡還有文學呢? [3]

　　到 1919 年,胡適總結白話文的勝利時,便更加明確了文字形
式與文學內容的辯證關係,由「八不」的形式改革進到「新精神」
的內容聯繫:

　　文學革命的運動,不論古今中外,大概都是從「文的形式」
一方面下手,大概都是先要求語言文字文體等方面的大解放。歐
洲三百年前各國國語的文學起來代替拉丁文學時,是語言文字的
大解放;十八世紀法國囂俄、英國華次活等人所提倡的文學改革,
是詩的語言文字的解放;近幾十年來西洋詩界的革命,是語言文
字和文體的解放。這一次中國文學的革命運動,也是先要求語言
文字和文體的解放。新文學的語言是白話文,新文學的文體是自
由的,是不拘格律的。初看起來,這都是「文的形式」一方面的
問題,算不得重要,卻不知形式和內容有密切的關係。形式上的
束縛,使精神不能自由發展,使良好的內容不能充分表現。若想
有一種新內容和新精神,不能不先打破那些束縛精神的枷鎖
鐐銬……[4]

3　〈建設的文學革命論〉,同上書,第 82 頁。
4　〈談新詩〉,同上書,第 233～234 頁。

胡適反駁了那些故意貶低白話文運動的論調，那些論調認為這只是形式改革，即不過是文言改白話，文學革命重要的是內容，等等。胡適說：

> ……說文學革命決不是形式上的革命，決不是文言、白話的問題，等別人問他們所主張的革命大道是什麼，他們可回答不出了。……我們認定文字是文學的基礎，故文學革命的第一步就是文字問題的解決……先要做到文字體裁的大解放，方才可以用新思想新精神的運輸品。[5]

這比較清晰地講出了形式變革和形式解放的巨大意義。白話文運動帶來的確乎遠不只是文學形式、甚至也不只是文學新精神的問題，它反映和標誌著中國現代的民族覺醒。的確有如歐洲書面語言從拉丁文解放出來，而發展成各國文字一樣；五四時期的白話文運動，把書面語言從少數人壟斷下的陳陳相因的局面下解放出來，成為能迅速反映和代表廣大人民說理抒情的有力工具。所以，立刻就受到了廣大學生、青年和知識界多數人的擁護、贊同和支持。白話文被激情地接受和熱烈地傳播開來，它一往無前，勢如破竹，一切腐舊勢力均無可抵擋，即使由留學歐美深通西文的教授學者出馬阻擋，也無濟於事。1919 年一年之中就有四百種白話報刊如雨後春筍似地出現，1920 年北京的教育部終於決定中

---

5 〈嘗試集自序〉，同上書，第 284 頁。

小學開始使用白話的語文教材。過了幾年，當上教育總長的章士釗也不得不承認「天下悅胡君之言而響之者眾」！「舉國趨之若狂」[6]，以至痛斥當時青年們「以適之為大帝，績溪為上京，遂乃一味於《胡適文存》中求文章義法，於《嘗試集》中求詩歌律令，目無旁騖，筆不暫停，以至釀成今日的底他它嗎呢吧咧之文變。」[7]

　　這表明胡適在當時風靡中國的情況。以《胡適文存》為例，初版於 1921 年，八年之中印行十二版，四萬七千部，1930 年又重排第 13 版。《嘗試集》1920 年出版，兩年之內，增訂四版。胡適還翻譯了好些短篇小說，情文並茂，也一直暢銷。章士釗把「的底他它嗎呢吧咧之文變」歸罪胡適，其實不知道這是當時整個局勢才使白話文運動能發展得這樣迅速和順利。胡適曾指出過陳獨秀在提倡白話文運動中的重要作用。但更重要的是，當時整個新文化啟蒙運動和愛國救亡運動攜手同行的時代新內容，需要白話文作為它的必要形式。白話文作為工具和武器，極大地加速了啟蒙新文化運動的宣傳鼓動力量和社會影響局面，也極大地幫助了學生愛國救亡運動與民眾的大聯合。當時大量的具有政治性質的宣傳鼓動文章便如此。青年一代有了這個文字形式的新武器和使用這種武器的範例，於是大家大膽破舊，勇於創新，達意表情，

---

6 章士釗：〈評新文字運動〉，見張若英編《中國新文字運動史資料》，光明
　書店，上海，1934 年，第 237 頁。
7 同上，第 229 頁。

痛抒胸臆。[8] 正是當時中國的這種政治形勢和思想文化形勢，使五四的白話文運動不像晚清小說和白話文那樣影響很小，更沒有如嚴復所預測的那樣，將如「春鳥秋蟬」，「自鳴自息」，無人響應。中國近現代歷史以政治為核心和車輪的特徵，即使在文學形式的變遷上也起了主宰作用。沒有五四學生運動，白話文不會如此迅速地取得決定性的勝利；而沒有白話文運動，五四也不會有那樣的規模、聲勢和影響；它們相輔相成地造成了現代史的新序幕。但是，在這個以喜劇形式出現的戲劇中，實際卻蘊藏著無可逃脫的深刻悲劇：形式沒有取得應有的現代獨立性。胡適曾想分開啟蒙與救亡，這不但根本沒辦到和辦不到，而且也說明他並不了解白話文運動及其倡導者自己之所以能在思想史上擁有如此地位的真實歷史原因。歷史向來就這樣嘲弄著人們。

胡適在中國現代思想史上的第二個主要貢獻，是給當時學術界以破舊創新的空前衝擊。這主要是他 1919 年 2 月出版的《中國哲學史大綱》上卷和以《紅樓夢考證》為代表作的一系列歷史考證和研究論著文章。

哲學是時代的精華，哲學史是民族的魂靈。儘管胡適在舊學根柢、新（西）學知識、思想深度、理論突破等各方面都屬中等水平，並不高明，甚至還遠遜其同輩、先輩、後輩中的好些人 [9]，

---

8 參看本書〈啟蒙與救亡的雙重變奏〉。

9 中國現代曾出現王國維、陳寅恪等史學巨匠以及如顧頡剛、湯用彤、錢穆、金岳霖等等，在學術上，都非胡適所能比擬。但他們在思想史上的

但他卻又是出來打頭炮的。胡適的《中國哲學史大綱》第一次突破了千百年來中國傳統的歷史和思想史的原有觀念、標準、規範和通則，成為一次範式性 (Paradigm) 的變革。[10]但這種範式性的變革，與其說是學術性的，毋寧說是思想性的。因為在真正學術意義上，有如金岳霖所說，胡適的書好像是「一個研究中國思想的美國人」寫的，「兼論中西學說的時候，就不免牽強附會」[11]，在學術上並沒有真正新的開創，並沒有建立能為後人繼續擴展開拓的理論範式或基本範例，甚至這本書很快便已不堪卒讀。但是，在思想變革上，在與當時政治休戚相關的思想意義上，它卻與白話文運動在文學形式上所發動的衝擊一樣，的確起了典範的意義和前驅的作用。所以，經歷了六十年的風風雨雨，今天這一點仍然被承認著：

　　五四前夕，胡適出版了《中國哲學史大綱》（上卷），這本書得到了當時提倡新文化的進步人士蔡元培的賞識，隨後又得到社會上的廣泛重視……。胡適打破了封建學者不敢觸及的禁區，即經學。「經」是聖賢垂訓的典籍，封建社會的一切成員，只能宣傳它，解釋它，信奉它，不能懷疑它，不准議論它，更不能批判它。

　　地位卻遠不能與胡適相比。這就是思想史與學術史的區別。

10 參看余英時《中國近代思想史上的胡適》，聯經出版事業公司，臺北，1984 年。余書強調了胡適所作出的學術上的範式變革。

11 金岳霖：《馮友蘭中國哲學史審查報告》。

堯、舜、禹、湯、文、武、周公、孔子都是聖人，只能膜拜，不能非議，這是封建社會的總規矩（西方中世紀對《聖經》也是如此）。據當時人的印象，讀了胡適的《中國哲學史大綱》，使人耳目一新。……當時人認為「新」的地方，主要在於它不同於封建時代哲學史書代聖賢立言，為經傳作注解，而敢於打破封建時代沿襲下來的不准議論古代聖賢的禁例。他把孔丘和其他哲學家擺在同樣的地位，供人們評論，這是一個大變革。[12]

胡適後來曾總結此書，其中兩條是：一是從老、孔講起，一是將孔子與諸子平列。正是這兩點從思想上，而不一定在學術上，對當時起了震撼的作用。純從學術講，老、孔前的思想包括周公「制禮作樂」的研究考證（如王國維在《殷周制度論》）便仍然重要；但從思想上，甩開堯、舜、禹、湯、文、武、周公，在當時思想文化界卻的確是一件驚天動地的事。而這種思想又是通過學術，通過大學講堂上傳達出來的，便具有某種「科學」的形式。儘管胡適這本書在今天已完全過時，遠不及王國維那些古董更有學術價值，但它所具有的上述思想史的價值，卻是王國維等人的著作所沒有的。胡適在這裡，正如梁啟超在晚清一樣。梁的思想極不深刻，也毫無創見，但他在晚清宣傳了輸入了西方資本主義的新空氣，使人們思想得到了極大的啟發和解放。胡適把這種新空氣具體地吹進了學術殿堂。於是，緊接著跟上來了一批學人。

---

12 任繼愈：〈學習中國哲學史的三十年〉，《哲學研究》1979 年第 9 期。

梁啟超老將一馬當先，支持胡適。他跟在比自己小二十歲的胡適之後，不僅作白話文，而且積極參與這種胡適稱之為「整理國故」的新的學術活動，發表、出版了許多學術著作，與胡適進行廣泛的學術討論，梁啟超由晚清的著名政治家、宣傳家，成為一九二〇年代有廣泛影響的學術人物。

當然，受胡適直接指導和影響、崛然興起的是年輕一代，特別是以顧頡剛為代表的「疑古派」的歷史研究工作。顧在《古史辨》自序中回憶他在胡適上述中國哲學史的講堂上所受到的思想震動：「這一改把我們一班人充滿著三皇五帝的腦筋驟然作一個重大的打擊，駭得一堂中舌撟而不能下。許多同學都不以為然，只因班中沒有激烈分子，還沒有鬧風潮。我聽了幾堂，聽出一個道理來了。對同學說，他雖然沒有伯弢（即陳漢章）先生讀書多，但在裁斷上是足以自立的。」[13]

1921 年，胡適給顧頡剛信說：「大概我的古史觀是：現在先把古史縮短二、三千年，從《詩》三百篇做起，將來等到金石學、考古學發達上了軌道以後，然後用地底下掘出的史料，慢慢地拉長東周以前的古史。至於東周以下的史料，亦須嚴密評判，『寧疑古而失之，不可信古而失之』。」[14]

在史書成千上萬、資料極端豐富的中國，要開始新的近代科學研究，首先採取懷疑的態度和方法，來仔細甄審材料，並以地

---

13 《古史辨》第 1 冊，樸社，北京，1926 年，第 36 頁。

14 胡適：〈自述古史觀書〉，《古史辨》第 1 冊，第 22～23 頁。

下的實物與文獻來印證，這在當時不但是嶄新的見解，而且也不失平穩的學術態度。但是，在當時，這種態度，其思想意義卻大於學術意義。激進的錢玄同曾主張廢姓，他強調「研究國學的第一步便是棄偽」[15]，這主要就是要對千百年來被看作神聖典籍的「六經」發動攻擊：「我以為推倒『群經』比疑偽『諸子』尤為重要」[16]，因為「『經』則自來為學者所尊崇，無論講什麼，都要徵引它，信仰它。」[17]並且，即使「六經」中不全偽，我們也「不能因其為真書，就來一味的相信它。」[18]「以前的人們總受著許多舊東西的束縛……時時要奔赴腕下，驅之不肯去，所以無論發揮怎樣的新思想，而結果總不免有一部分做了前人的話匣子。」[19]可見，學術的「疑古」是為了思想的解放。學術與意識形態在現代中國一開始不但糾纏在一起，而且後者總是要求和驅使前者服務和服從自己。

顧頡剛正是在胡適、錢玄同等人的這種思想引導下來搞古史辨偽工作的。他說：「要是不遇見孟真（傅斯年）和胡適之先生，不逢到《新青年》的思想革命的鼓吹，……要是適之、玄同兩先生不提起我的編集辨偽材料的興趣，獎勵我的大膽假設，我對於

---

15 《古史辨》第 1 冊，第 52、103 頁。
16 同上。
17 同上，第 41 頁。
18 同上，第 232 頁。
19 同上。

研究古史的進行也不會這般的快速。」[20]

　　《古史辨》成績斐然，在七大冊中提出了一大堆中國古代史的重要問題，這是學術成就，並不只是意識形態的工作。儘管許多具體結論、觀念今天都已過時，但它畢竟替中國現代史學脫開舊模式舊觀念打下了基礎。儘管以後不一定再疑古再辨偽了，但那近代學院式的細密考訂的科學精神、實證態度和微觀方法，卻日益豐富發展了。它的學術的和意識形態的雙重影響，一直延續到以郭沫若為代表的馬克思主義史學逐步進入史壇之後。

　　胡適在中國現代思想史的第三個但並不成功的貢獻，是他企圖在哲學上介紹和提倡一種認為能普遍適用的方法論，這就是杜威的實用主義。胡適對杜威哲學並不很了解，他所提出並且影響最大的，是他從內容到形式都予以中國化的「實驗主義」。這實驗主義又以他概括的所謂「十字真言」（「大膽的假設，小心的求證」）為最通俗、最著名：

　　　　實驗主義只是一種方法，只是研究問題的方法。他的方法是：細心搜求事實，大膽提出假設，再細心求實證。[21]

　　胡適認為這種方法，清儒考據學家便已具有：

　　　　……我想上文舉例很可以使讀者懂得清代學者的治學方法

---

20 同上，第 80 頁。

21 〈我的歧路〉，《胡適文存》第 2 集第 3 卷，第 99 頁。

了。他們用的方法，總括起來，只是兩點：(1) 大膽的假設；(2) 小心的求證。假設不大膽，不能有新發明；證據不充足，不能使人信仰。[22]

胡適雖然竭力介紹了一些杜威的真理論、思維術等等，但真正在中國學術界留下了思想痕跡的，卻仍是他這簡要的「十字真言」。甚至包括熊十力在內，也認為：「在五四運動前後，適之先生提倡科學方法，此甚緊要。」[23]

那麼，這個方法到底給中國學術界留下了些什麼呢？是否對自然科學家從丁文江到楊振寧有所影響呢？似乎還沒有人認真研究過。對同時巨匠王國維、陳寅恪的關係，也並不很清楚。杜威對中國教育界的影響則另有途徑，並非來自胡適。胡適的學術影響主要在文史領域。在這個領域，胡適自己以及所謂「胡適派」的許多人的工作，卻多半表現為一些細枝末節的考證、翻案、辨偽等等。例如胡適寫的〈井田辨〉、〈爾汝篇〉、〈吾我篇〉，給王莽翻案、給李覯立案、疑屈原、崇費密等等，當然還有那著名的《紅樓夢考證》開一代新紅學。但就總體來說，胡適以及「胡適派」的學者們對中國通史、斷代史、或思想史、哲學史，都少有具有概括意義的宏觀論點、論證或論著。這倒正如胡適自己所標榜的：

---

22 〈清代學者的治學方法〉，同上書，第 2 卷，第 575 頁。

23 《十力語要初續》。

　　實驗主義注重在具體的事實與問題，故不承認根本的解決。
他只承認那一點一滴做到的進步……[24]

　　胡適不僅在政治上拒絕和反對談「主義」，談「根本解決」，
而且在學術上也如此。他之所以永遠不能完成他的《中國哲學
史》，而花幾十年去搞《水經注》的小考證，都反映了、代表了、
呈現了他的這種方法論[25]，而且這不止是方法論，同時是他的世
界觀和個性特點。梁啟超在《清代學術概論》中把胡適說成「亦
用清儒方法治學」，是乾嘉漢學的尾聲，也就不奇怪了。從而，這
裡的所謂「新方法」、「科學方法」，如果真作為方法看，也就並不
怎麼新了。
　　胡適是既決心當學者，自稱「已在中國哲學史的研究上尋著
我的終身事業」[26]，但又「是一個注意政治的人」。[27]《胡適文
存》2 集裡便有一大本是政治短論。胡自稱是「我的歧路」。其實
這也是中國近現代知識分子、特別是搞文科的知識分子所普遍遭
遇到的「歧路」。一些人如陳獨秀、李大釗專心去搞政治了，就是
一些純學者教授如魯迅、周作人、聞一多、朱自清、傅斯年等人，
也不得不多多少少地捲入政治，只是各人選擇的政治立場和政治

24 《胡適文存》。
25 余英時在上引書中論證了胡適不能作宏觀概括的特點，可參考。
26 〈我的歧路〉，《胡適文存》第 2 集第 3 卷，第 95 頁。
27 同上。

態度不相同罷了。

　　中國現代兩軍對壘的尖銳的階級鬥爭和民族危機，迫使即使是學術界的上層知識者也無法保持其超然和獨立。這當然給整個中國現代學術思想，從文藝到歷史和哲學，都打上了各種特殊的痕跡。人物更是如此。

　　胡適在政治上或政治思想上毫無可言。他的政治見解、主張和觀念都極其淺薄（如所謂「五鬼——貧窮、疾病、愚昧、貪污、擾亂鬧中華」之類）、無聊和渺小到可以不予理會。唯一值得注意的是，胡適由一個主張西方民主的自由主義者，為何會最終走向了蔣介石的獨裁政權。在整個一九二〇年代，胡適是比較明朗地反對北洋軍閥政府的。1923 年毛澤東把胡適劃為「非革命的民主派」，1925 年瞿秋白認為「從五四運動前後直到如今，胡適之總算還是社會上公認的民治主義者」。1929 年胡適還著文批評國民黨的統治，如〈人權與約法〉、〈我們什麼時候才有憲法〉等都強調人權、法律、自由，並曾遭到國民黨的文字圍攻和文章查禁。但從一九三〇年代起，胡適卻迅速地倒向蔣政權，在「攘外必先安內」（剿共）等立場上與蔣基本一致，甚至不惜與蔡元培、宋慶齡等人的民權保障同盟相決裂，而這一切又仍然是在強調「法律」等自由主義口號下進行的。所以，如瞿秋白所嘲諷：「文化班頭博士銜，人權拋卻說王權，朝廷自古多屠戮，此理今從實驗傳。」[28]胡適在青年中於是迅速失去地位和影響，日益成為官方或半官方

---

28 魯迅：〈王道詩話〉，《偽自由書》。

的學者了。

　　自由主義的民主派不是向左就是向右。他們在中國政治舞臺上（甚至某種程度在學術舞臺上）始終沒能扮演一個獨立的角色，作出自己的獨立演出。這是中國現代的特點，也是它的悲劇。

 革命戰士

　　與胡適相比，陳獨秀在中國現代史（不只是現代思想史）上的地位重要得多，他的歷史作用也大得多。然而，他的遭遇和待遇卻不幸得多。在國民黨統治時期，他的名字因為是「共黨頭目」而遭扼殺查禁；在 1949 年後，因為他是「右傾機會主義者」和「托派」，又遭徹底冷遇。其實，如果沒有陳獨秀創辦《新青年》，沒有陳獨秀那麼早地積極搞建黨活動，即使中國現代史的面貌可能不會大變，但恐怕也將有許多的不同。

　　與胡適一生基本上是學者不同，陳獨秀一生是革命家和政治活動家。他的主要興趣是在政治，是在「挽救祖國，喚起人民」。從「康黨」到「革黨」，從辦《甲寅》到辦《新青年》，從領導五四到領導五卅到大革命，他總是站在時代和鬥爭的主流和急流中[29]，儘管他最後被急流沖刷到岸邊，但他仍然在思考著流速和方向。

　　所以，如果說胡適在五四新文化運動中企圖以文字形式的革新來闖開新路的話；那麼，陳獨秀則以思想內容的主題為大炮，猛烈轟炸著舊營壘。主要是他而不是胡適，以其勇猛堅決的態度和明確急進的思想，率領著千軍萬馬奪取了勝利。僅就文學方面說，有如胡適自己所論述：

　　「第一篇胡適的〈文學改良芻議〉還是很和平的討論，……他的歷史癖太深，故不配作革命的事業。文學革命的進行，最重要的急先鋒是他的朋友陳獨秀。……陳獨秀的特別性質是他的一往直前的定力。……（胡）態度太和平了，若照他這個態度做去，文學革命至少還須經過十年的討論與嘗試。但陳獨秀的勇氣恰好補救了這個太持重的缺點……。當日若沒有陳獨秀『必不容反對者有討論之餘地』的精神，文學革命的運動決不能引起那樣大的注意」。[30] 這所謂「不容反對者有討論之餘地之精神」，指的就是陳獨秀那種不是要求進行學術商討而是要求打倒傳統的革命勁頭。緊接著胡適〈芻議〉，陳獨秀發表了著名的〈文學革命論〉：

　　余甘冒全國學究之敵，高張「文學革命軍」大旗，……旗上

---

29 1903 年陳組織「安徽愛國會」、1904 年辦《安徽俗話報》、1905 年組織成立「岳王會」祕密革命組織、1912 年任安徽都督祕書長、1913 年反袁、1914 年與章士釗辦《甲寅》雜誌、五卅時「成天忙著到工廠演講寫文章，……深入工運前親自戰鬥和指揮」，儘管其中也有頹唐、有失誤（如曾對袁世凱有過幻想、如托派活動），但就整體來說是積極向前的。

30 〈五十年來之文學〉，《胡適文存》第 2 集第 2 卷，第 194〜198 頁。

大書特書吾革命軍三大主義：曰推倒雕琢的阿諛的貴族文學，建
設平易的抒情的國民文學；曰推倒陳腐的鋪張的古典文學，建設
新鮮的立誠的寫實文學；曰推倒迂晦的艱澀的山林文學，建設明
瞭的通俗的社會文學。[31]

陳獨秀把文學形式的變革創新，與題材內容的變革創新緊緊
連在一起，與改造國民性和「革新政治」緊緊連在一起，從根本
上突破了胡適的「八不主義」。陳獨秀是從政治角度來看待這次文
學革新的，所以此文一開頭便開章明義：

……政治界雖經三次革命，而黑暗未嘗稍減……盤踞吾人精
神界根深蒂固之倫理道德文學藝術諸端，莫不黑幕層張，垢污深
積……，此單獨政治革命所以於吾之社會，不生若何變化，不收
若何效果也……

今日吾國文學，悉承前代之敝……，其形體則陳陳相因，有
肉無骨，有形無神，乃裝飾品而非實用品；其內容則目光不越帝
王權貴神仙鬼怪及其個人之窮通利達。所謂宇宙所謂人生所謂社
會，舉非其構思所及，……此種文學蓋與吾阿諛誇張、虛偽迂闊
之國民性，互為因果。今欲革新政治，勢不得不革新盤踞於運用
此政治界精神界之文學。[32]

---

31 〈文學革命論〉，《獨秀文存》1，亞東圖書館，1922 年，第 136 頁。

32 〈文學革命論〉，《獨秀文存》1，第 137～139 頁。

　　所以儘管在創辦《新青年》時，陳獨秀曾聲稱：「改造青年的思想，輔導青年之修養，為本志之天職，批評時政，非其旨也。」[33] 但實際陳獨秀是一直關注政治的，只是這政治是國民政治，而不是「政黨政治」，即是喚醒人民參與政治，而不是當時少數人把握控制的國會中的黨派政治。在陳看來，中國需要有一種新的民主政治。

　　憲政實施有二要素，一曰庶政公諸輿論，一曰人民尊重自由，否則雖由優秀政黨掌握政權，號稱政黨政治則可，號稱立憲政治則猶未可，以其與多數國民無交涉也。[34]

　　必須要廣大人民真正參與政治，而不是通由代言人的政黨來安排，因此就需要啟蒙。陳獨秀當時之所以集全力於倫理、於文學、於「最後覺悟之覺悟」，其原因和理由均在此。與文學革命並行而略先的「倫理道德革命」之以「打倒孔家店」為旗號（1916年11月《新青年》開始發表了一系列全面批孔的文章），直接的和根本的原因也在此：

　　若夫別尊卑，重階級，主張人治，反對民權之思想之學說，實為製造專制帝王之根本原因。吾國思想界不將此根本惡因鏟除

---

33 〈通信〉，《新青年》第 1 卷第 1 號。

34 《獨秀文存》4，第 12 頁。

淨盡，則有因必有果，無數廢共和復帝制之袁世凱，當然接踵應運而生，毫不足怪。[35]

分明掛了共和招牌，而國會議員居然大聲疾呼，定要尊重孔教。按孔教的教義，乃是教人忠君、孝父、從夫。無論政治、倫理，都不外這種重階級尊卑的三綱主義。……

分明掛了共和招牌，而學士小人，對於頌揚功德、鋪張宮殿田獵的漢賦和那思君、明道的韓文、杜詩，還是照舊推崇。偶然有人提倡近代通俗的國民文學，就是被人笑罵……。

這腐舊思想布滿國中，所以我們要誠心鞏固共和國體，非將這班反對共和的倫理、文學等等舊思想，完全洗刷得乾乾淨淨不可。否則不但共和政治不能進行，就是這塊共和招牌也是掛不住的。[36]

這也就是陳獨秀當年的邏輯：「欲圖根本之救亡，所需乎國民性質行為之改善」[37]，「一國之民精神上物質上如此墮落，即人不伐我，亦有何顏面有何權利生存於世界。」[38]所以要集全力來批傳統，批孔批儒，「建設必先之以破壞」。[39]在陳獨秀批孔批儒反

35　〈袁世凱復活〉，《獨秀文存》4，第127～128頁。
36　〈舊思想與國體問題〉，同上書，第150～151頁。
37　〈我之愛國主義〉，同上書，第87、88頁。
38　同上。

傳統中，有兩點值得注意。一是陳獨秀反對把原始儒學（孔孟）
與後世儒學（宋明理學）截然劃開，把罪惡歸諸後者，而認為兩
者實一脈相承，這樣就徹底堵住了尊孔者的辯護：

　　足下分漢宋儒者以及今之孔教孔道諸會之孔教，與真正孔學
之教為二，且謂孔教為後人所壞。愚今所欲問者：漢唐以來諸儒，
何以不依傍道、法、楊、墨，人亦不以道、法、楊、墨稱之？何
以獨與孔子為緣而復敗壞之也？……今之尊孔者多醜詆宋儒，猶
之足下謂孔教為後人所壞……。孔門文史，由漢儒傳之；孔門倫
理道德，由宋儒傳之，此事彰著，不可謂誣。[40]

　　……顧實君謂宋以後之孔教，為君權化之偽孔教；原始孔教
為民間化之真孔教。三綱五常屬於偽孔教範疇。取司馬遷之說，以
四教（文、行、忠、信），四絕（母意、母必、母固、母我），三慎
（齋、戰、疾）為原始孔教之真孔教範疇……。愚以為三綱說不
徒宋儒所偽造，且應為孔教之根本教義，何以言之？儒教之精華
曰禮。禮者何？……〈曲禮〉曰，夫禮者所以定親疏，決嫌疑，
別同異，明是非也。又曰，君臣上下，父子兄弟，非禮不定。〈禮
運〉曰，禮者，君之大柄也。……是皆禮之精義，尊卑貴賤之所
由分，即三綱之說之所由起也……不必諱為原始禮教之所無。[41]

---

39 《獨秀文存》4，第 55 頁。

40 《獨秀文存》4，第 25 頁。

41 〈憲政與孔教〉，《獨秀文存》1，第 107～110 頁。

第二點是，陳獨秀強調指出了孔教儒學中的民本主義與近代西方的民主主義是根本不同的兩回事：

> 夫西洋之民主主義乃以人民為主體……，所謂民視民聽、民貴君輕，所謂民為邦本，皆以君主之社稷——即君主祖遺之家產為本位，此等仁民、愛民、為民之民本主義，皆自根本上取消國民之人格而與以人民為主體，由民主義之民主政治，絕非一物。……以古時之民本主義為現代之民主主義，是所謂蒙馬以虎皮耳。[42]

> 所謂大道之行，天下為公，乃指君主禪讓而言；與民主共和，絕非一物。[43]

> 現代生活以經濟為之命脈，而個人獨立之義乃經濟學生產之大則，其影響遂及於倫理學，故現代倫理學上之個人人格獨立，與經濟學上之個人財產獨立，互相證明，其說遂至不可動搖。而社會風紀、物質文明，因此大進。中土儒者，以綱常立教，為人子為人妻者，既失個人獨立之人格，復無個人獨立之財產，父兄畜其子弟……，子弟養其父兄……，此甚非個人獨立之道也。康先生（指康有為）……謂……個人獨立主義，孔子早已有之，此

---

42 〈再質問東方雜誌記者〉，同上書，2，第 328～329 頁。

43 《獨秀文存》4，第 39 頁。

言真如夢囈。[44]

　　有趣的是，所有這兩點在今天仍有其意義。七十年過去了，海內外仍有好些論者硬要把中國古典的「為民作主」的民本主義混同為近代西方「人民作主」的民主主義，把原始儒學與後世儒學、把「道統」與「政統」、私學與官學……截然劃開。當然這兩者是有區別的，但它們的共同點，它們所憑藉生長的共同土壤和基本性質卻是主要的方面。肯定和繼承、吸取傳統中包括孔門儒學中的某些東西，這是不成問題的[45]，但當時甚至今天，更重要的是，應該著重指出建立在宗法封建社會基地上的孔學儒家在中國走向現代化中巨大的阻礙作用。陳獨秀當年正是這樣，他以「新舊之間絕無調和兩存之餘地」[46]的勇猛精神，堅決地指出「本志詆孔，以為宗法社會之道德，不適於現代生活」，從各個方面論證了儒學不適應現代的社會、家庭和學術。[47]陳獨秀用從西方搬來

---

44 〈孔子之道與現代生活〉，同上書，1，第 117 頁。

45 包括當年反孔高潮中的陳獨秀也曾再三說：「所謂君道臣節名教綱常，不過儒家之主要部分，而亦非其全體。」（《獨秀文存》2，第 329 頁）「孔學優點，僕未嘗不服膺。」（《文存》4，第 38 頁）「記者非謂孔教一無可取……」（同上書，第 48 頁）「記者之非孔，非謂其溫良恭儉讓信義廉恥諸德及忠恕之道不足取，士若私淑孔子立身行己忠恕有恥，固不失為一鄉之善士，記者敢不敬其為人？」等等。

46 《獨秀文存》4，第 48 頁。

47 如：「吾國大家族合居制度，根據於儒家孔教之倫理見解，倘欲建設新式

的「人權」、「進化」和「社會主義」[48] 來作為反傳統的武器，並號召建立起新時代的人生觀。這人生觀有如他所概括的：

（一）人生在世，個人是生滅無常的，社會是真實存在的。

（二）社會的文明幸福，是個人造成的，也是個人應該享

的小家庭，則親去其子為不慈，子去其親為不孝，兄去其弟為不友，弟去其兄為不恭，此種倫理見解倘不破壞，新式的小家庭勢難生存於社會酷評之下」（《獨秀文存》4，第 55 頁）。「中國學術不發達之最大原因，莫如學者自身不知學術獨立之神聖。譬如文學自有其獨立之價值也，而文學家自身不承認之，必欲攀附六經，妄稱文以載道，代聖賢立言，以自貶抑。史學亦自有其獨立之價值也，而史學家自身不承認之，必欲攀附春秋，著眼大義名分，甘以史學為倫理學之附屬品。音樂亦自有其獨立之價值也，而音樂家自身不承認之，必欲攀附聖功王道，甘以音樂學為政治學之附屬品……」（《獨秀文存》3，第 58 頁）「忠、孝、貞操三樣，卻是中國固有的舊道德，中國的禮教（祭祀教孝、男女防閑是禮教的大精神）、綱常、風俗、政治、法律，都是從這三樣道德演繹出來的，中國人的虛偽（喪禮最甚）、利己、缺乏公共心、平等觀，就是這三樣舊道德助長成功的。中國人分裂的生活（男女最甚）偏枯的現象（君對於臣的絕對權、政府官吏對於人民的絕對權、父母對於子女的絕對權、夫對於妻男對於女的絕對權、主人對於奴婢的絕對權）一方無理壓制，一方盲目服從的社會，也都是這三樣道德教訓出來的，中國歷史上社會上種種悲慘不安的狀態，也都是這三樣道德在那裡作怪」（〈調和論之舊道德〉，《獨秀文存》4，第 71 頁）。

48 見〈法蘭西人與近世文明〉，《獨秀文存》1，第 11～12 頁。

受的。

（三）社會是個人集成的。除去個人，便沒有社會；所以個人的意義和快樂，是應該尊重的。

（四）社會是個人的總壽命，社會解散，個人死後便沒有連續的記憶和知覺，所以社會的組織和秩序，是應該尊重的。

（五）執行意態，滿足欲望（自食色以至道德名譽，都是欲望）是個人生存的根本理由，始終不變的。（此處可以說「天不變，道亦不變」）

（六）一切宗教、法律、道德、政治，不過是維持社會不得已的方法，非個人樂生的原意，可以隨著時勢變更的。

（七）人生幸福，是人生自身出力造成的，非是上帝所賜，也不是聽其自然所能成就的。若是上帝所賜，何以厚於今人而薄於古人？若是聽其自然所能成就，何以世界各民族的幸福不能夠一樣呢？

（八）個人之在社會，好像細胞之在人身；生滅無常，新陳代謝，本是理所當然，絲毫不是恐怖。

（九）要享幸福，莫怕痛苦。現在個人的痛苦，有時可以造成未來個人的幸福。有主義的戰爭所流的血往往洗去人類或民族的污點。極大的瘟疫，往往促成科學的發達。

　　總而言之：人生在世究竟為的什麼？究竟應該怎樣？我敢說
道：個人生存的時候，當努力造成幸福，享受幸福，並且留在社
會上，後來的個人也將能享受，遞相授受，以至無窮。[49]

　　這是何等理性、樂觀、平易、清晰，這是標準的十八、九世
紀的啟蒙思潮。它的確集中地全面地表達了五四時期中國進步知
識分子群所尋求的宇宙觀和人生觀，即西方近代的理性主義、樂
觀主義和懷疑精神，以生活進步和個人幸福為基礎的社會改革便
是所追求的目標。胡適以自由主義的姿態，陳獨秀以急進民主主
義的姿態表述了這一要求和理想。他們並未像魯迅那樣，深刻地
感染和表述了二十世紀更深刻的思緒心潮（詳下）。但在五四，
陳、胡卻更有代表性。就是魯迅，他在《吶喊》中的好些小說、
《熱風》中的許多雜感，也是在陳獨秀這種思想「將令」下的創
作。陳獨秀就以這樣的世界觀、人生觀發動、領導和傳播了新文
化運動。

　　不過，就在上述陳獨秀的思想中，便也可看到救亡（政治）
與啟蒙這個潛藏著的矛盾。陳獨秀是為救亡、為政治、為徹底改
造國家而高喊啟蒙，極力反孔。啟蒙與反孔必須以西方近代個人
主義為武器、為理論、為基礎。因此，當他列舉「人權說」（資產
階級個人主義）與「社會主義」（階級的或國家的集體主義），作
為理論依據時，他沒有也不可能發現二者之間、特別這二者在中

49　〈人生真義〉，《獨秀文存》1，第184頁。

國追求實現時所必然產生的矛盾。這是〈救亡與啟蒙的雙重變奏〉一文中所講過的問題。

　　陳獨秀在其同代人中的另一特徵，是在組織、行動上的突出貢獻[50]和與青年一代密切聯繫，同步前進。他迅速地繼李大釗[51]之後接受了馬克思列寧主義。他追求理論上的徹底性和實踐性，使他在接受、宣傳和捍衛馬克思列寧主義、批判各種無政府主義、社會改良主義以及社會民主黨時，表現出是一位勇冠三軍、不愧群雄之首的真正戰士。而這，卻又仍然是他那毫不衰退的政治激情和一貫頑強的個性表現。

　　本文不擬評述陳獨秀作為馬克思列寧主義者的後半生。需要指出的是，自陳獨秀全面接受了唯物史觀、剩餘價值論、建黨理論、無產階級專政論以後，便告別了他過去崇奉的「德謨克拉西」。他再三強調西方民主是「資產階級的專政」：

　　他們（指「修正主義」）天天跪在資產階級特權專政下歌功頌德，一聽說勞動階級專政，馬上就抬出德謨克拉西來抵制，德謨克拉西倒成了資產階級護身符了。我敢說：若不經過階級戰爭，

---

50 陳獨秀促成了胡適〈文學改良芻議〉的寫作和發表，他拉來了吳虞、劉半農等批孔健將，他鼓勵催促著魯迅寫小說：「這裡我必須紀念陳獨秀先生，他是催促我做小說最著力的一個。」（魯迅：〈我怎樣做起小說來〉，《南腔北調集》）

51 李大釗較之陳、胡，思想更深刻，但當時影響卻遠不及。當在另文中論述。

若不經過勞動階級占領權力階級地位的時代，德謨克拉西必然是資產階級的專有物，也就是資產階級永遠把持政權抵制勞動階級的機器。[52]

民主主義是什麼？乃是資本階級在從前拿他來打倒封建制度的武器，在現在拿來欺騙世人、把持政權的詭計。……資本和勞動兩階級未消滅以前，他兩階級的感情利害全然不同，從哪裡去找全民意？[53]

自此以後，陳獨秀與歐美自由主義民主主義告別，邁開了一條艱難、漫長、曲折和痛苦的革命道路。建黨、總書記、五卅、北伐、武漢時期、開除黨籍、托派、監獄、出獄、貧病交加死於江津。

不容諱言，陳作為政治領袖，在中國不可能成功。他遠遠缺乏與中國社會極其複雜的各個階級、階層打交道的豐富經驗，也缺乏中國政治需要的靈活性極強的各式策略和權術，更缺乏具有人身依附特徵的實力基礎（如軍隊、幹部）。正因為中國不是資本主義的近代社會，中國沒有近代民主制度和民主觀念，在實踐上成功的中國政治領袖不是靠演說、靠文章、靠選票，而是靠實力、權術、政治上的「得人心」、組織上「三教九流」和五湖四海。這位書生氣頗重的教授是注定要失敗的。並且，在政治綱領上，陳

---

52 〈談政治〉，《獨秀文存》3，第 555 頁。
53 〈民主黨與共產黨〉，同上書，第 110 頁。

獨秀也確有嚴重錯誤。這主要是忽視了農民作為中國革命主力的
地位（所以反對蘇區和紅軍），認為中國革命既然是資產階級革
命，便應由國民黨（代表資產階級）去領導和完成，這便從理論
上取消了自己。以後他又誇大了中國社會的資本主義性質，繼續
否認中共的革命路線。

　　中共領導的革命的勝利似乎證明了陳獨秀在理論上和實踐上
的「錯誤」。如果陳獨秀在抗戰時期還說「現在亂哄哄的時代，誰
有過誰無過還在未定之天」，「回黨工作固我所願，惟悔改之事確
難從命」，拒不承認錯誤；那麼，是非對錯，不久之後便被認為是
非常清楚的了。

　　但是，歷史並不如此簡單。相反，值得特別注意的是，他晚
年由史達林肅反擴大化事件再次思考了民主問題，提出了他的「最
後見解」：

　　蘇聯實行無產階級專政，專政到反動派，我舉雙手贊成。但
專政到人民，甚至專政到黨內，難道是馬克思、列寧始料所及嗎？
此無他，賤視民主故也。[54] 10 月後的蘇俄，明明是獨裁制產生了
史達林……，10 月以來，輕率的把民主制與資產階級的統治一同
推翻……[55]

---

54 轉引自〈試論陳獨秀與托派的關係〉，《歷史研究》1981 年第 6 期。
55 同上。

　　似乎經過了一個否定之否定，又回到五四時期的「德謨克拉西」。其實這些並不是「托派思想」[56]，特別經過文化大革命後，更不應該再去責備陳獨秀的這些思考了。此外，陳獨秀當時把國民黨政權看作資本主義的政權，否認中國當時是半封建半殖民地社會，儘管有錯誤[57]，但如果聯繫今天的臺灣（基本上是資本主義社會）看，也是可以進一步作不同探討的學術問題。

　　總之，陳獨秀是一位有熱血有良知的急進民主主義者和馬克思主義者。儘管他在政治上的徹底失敗以至被人們故意遺忘，但歷史將公正地證明他的歷史地位和思想影響。

　　毛澤東從早年到後來曾多次肯定陳獨秀。1919 年 7 月，毛在〈陳獨秀之被捕及營救〉一文中高聲呼喊「我祝君至堅至高的精神萬歲」，「陳君萬歲」。在與斯諾談話中，一再講「他影響上比任何人更大」[58]。在《七大工作方針》中，毛也再次講到，「史達林

---

56 陳獨秀出獄後的一些基本事實：「胡適拉他去美國，他不為所動；後又勸他參加國防參議會，他又拒絕。張國燾叛黨後，要陳再組織一個偽字號的共產黨，他不予理睬；蔣介石派朱家驊找，要陳組織一個『新共黨』，並答應供給十萬元經費，他堅決不幹，蔣又派人勸陳當勞動部長，他斷然拒絕，並斥蔣是『異想天開』，還說他與蔣『不共戴天』。高語罕見了一下蔣介石，陳罵他是『無恥之徒』，就連譚平山先生要他組織第三黨，他也無意於此。他又派羅漢與中國共產黨聯繫，表示他要去延安，他本人也與黨的領導人發生接觸，這些確乎都是事實。」（任振河：〈論陳獨秀出獄後的托派問題〉，《黨史研究》1985 年第 1 期）

57 參看本書〈記中國現代三次學術論戰〉。

58 《西行漫記》，第 133、135 頁。

在一篇演說裡把列寧、普列漢諾夫放在一起，聯共黨史也說到他（指普）。關於陳獨秀，將來修黨史的時候，還是要講到他」[59]等等。

這已經足夠說明問題了。

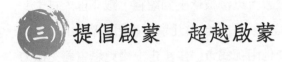

（三）　提倡啟蒙　超越啟蒙

比較起胡適和陳獨秀以及其他五四時期的風雲人物來，魯迅是完全不同的人物。和陳獨秀一樣，魯迅參加過辛亥革命；和胡適一樣，魯迅搞過專門的學術研究；但是他仍迥然不同於他們。在中國近代思想史上，只有他才是真正深刻的。他在發掘古典傳統和現代心靈的驚人深度上，幾乎前無古人，後少來者。

魯迅自度過其熱情昂奮的青年期之後，在辛亥前便有點消沈，辛亥後更是如此。即使在五四時期，他也不是那麼積極。他的名氣不僅遠在陳、胡而且也在他的弟弟周作人之下，以致當時喜歡訪賢問道的毛澤東在拜訪京華名人時，卻偏偏把他給遺漏了。

魯迅儘管 1918 年起在《新青年》發表了《狂人日記》等一系

---

59 轉引自王洪模〈關於陳獨秀一生活動的評價〉，《中國社會科學》1985 年第 5 期。

列小說、隨感，猛烈地抨擊著舊道德舊文學，但他所吶喊的所鼓吹的所反對的，如果從思想角度說，儘管深度遠超眾人，但在基本思想、主張上，卻與當時他的朋友和戰友們大體相同，並沒有什麼獨特之處。

魯迅真正日益激動和積極起來，是他一九二〇年代捲入女師大風潮，目擊劉和珍被殺，以後被章士釗罷官，跟「正人君子」筆戰，以及和許廣平的戀愛，這使他由北京而廈門而廣州而上海，現實生活和政治鬥爭使他由孤獨者一步步走上馬克思主義左派的道路。但是，魯迅後期基本上並沒有成功的小說，他的力扛九鼎叱吒千軍的著名雜文，儘管在狠揭爛瘡的思想深度和嘻笑怒罵的文學風采上，始終是鶴立雞群、無與倫比；但在思想實質和根本理論上，與當時瞿秋白、馮雪峰等人也基本相同，也並無特殊。

然而，魯迅卻始終是那樣獨特地閃爍著光輝，至今仍然有著強大的吸引力，原因在哪裡呢？除了他對舊中國和傳統文化的鞭撻入裡沁人心脾外，我以為最值得注意的是，魯迅一貫具有的孤獨和悲涼所展示的現代內涵和人生意義。關於魯迅，人們已經寫得夠多了，本文作者十年前也發表過一篇。[60]因此這裡只想繼續論胡、陳之後補充一小點。胡適說過：「世界上最強有力的人就是那個最孤立的人」，但自稱為「不可救藥的樂觀主義者」的浮淺的胡適並不理解這句話。只有魯迅，才真正身體力行地窺見了、探求了、呈現了這種強有力的孤獨。

60　〈略論魯迅思想的發展〉，見拙作《中國近代思想史論》。

　　這當然與他早期接受尼采哲學作為人生觀有關。貶視庸俗，抨擊傳統，勇猛入世，呼喚超人，不但是魯迅一生不斷揭露和痛斥國民性麻木的思想武器（從〈示眾〉到〈鏟共大觀〉、〈太平歌訣〉），而且也是他的孤獨和悲涼的生活依據（從〈孤獨者〉到〈鑄劍〉到晚年的一些心境）。魯迅那種背負因襲重擔，肩住黑暗閘門所具有的極其深刻沈重的社會歷史內容的孤獨悲涼，已經有好些論著反覆講過了。本文覺得重要的是，這種孤獨悲涼感由於與他對整個人生荒謬的形上感受中的孤獨、悲涼糾纏融合在一起，才更使它具有了那強有力的深刻度和生命力。魯迅也因此而成為中國近現代真正最先獲有現代意識的思想家和文學家。

　　尼采說，上帝死了。陀斯妥也夫斯基說，如果沒有上帝，便什麼事情都可以幹了。並且上帝死了，也就沒有什麼事情必然發生，一切都是偶然的。總之，是沒有什麼客觀規律、法則、倫理、道德可以遵循了。個體已經從所有這些束縛中解脫出來醒覺出來。於是，面對著的便是一個充滿了偶然從而荒謬的世界，所深切感受的，只是自己感性真實的此刻生存，和自己必將走向死亡。

　　……我常覺到一種輕微的緊怯，宛然目睹了「死」的襲來，但同時也深切地感著「生」的存在。

　　……也許有人死傷了吧，然而天下卻似乎更顯得太平。窗外的白楊樹的嫩葉 ，在日光下發烏金光 ；榆葉梅也比昨日開得更爛漫……。61

---

61 〈一覺〉，《野草》。

　　托爾斯泰《戰爭與和平》描述過安德烈死亡前對天空等大自然的生的感受，左拉《潰滅》也有類似的描寫，其中似乎都有某種宗教意緒，某種對永恆寧靜的本體讚頌，然而魯迅這裡卻是意識到「死」時所感受到的「生」的光彩，仍然是中國式的剛健情調。正因為這，魯迅才蔑視那「超然無事地逍遙」，而熱愛那「被風沙打擊得粗暴」的青年們的「人的魂靈」：「我愛這些流血和隱痛的魂靈，因為他使我覺得是在人間，是在人間活著。」[62]

　　這是魯迅在比較高昂的情緒中（1926 年 4 月）寫的。在《野草》的這些抒情散文中，多次描寫到死。在這裡，展示了魯迅這個「生」的魂靈總是在對「死亡」的意識中，在對人生極大的悲觀中，加深了存在的「強力意志」(Will to Power)[63]：

　　……窺見死屍，胸腹具破，中無心肝。而臉上卻絕不顯哀樂之狀，但蒙蒙如煙然。

　　……挖心自食，欲知本味。創痛酷烈，本味何能知？

　　……痛定之後，徐徐食之。然其心已陳舊，本味又何由知？……[64]

62　〈一覺〉，《野草》。

63　舊譯《權力意志》，此從周國平譯，或譯「衝力意志」亦可。

64　〈墓碣文〉，《野草》。

這不正是向「絕不顯哀樂之狀，但蒙蒙如煙然」的活著的死亡去追問本體麼？但本體（也即是「本味」）是不可知的，如果創痛酷烈的人生搏鬥不是「本味」，那「痛定之後」的人生已經陳腐麻木，更不會是「本味」了。於是只能「於浩歌狂熱之際中寒，於天上看見深淵，於一切眼中看見無所有，於無所希望中得救。」[65] 於是，「這是死火，有炎炎的形，但毫不動搖，全體冰結，像珊瑚林……使這冰谷，成紅珊瑚色。」[66]

這裡遭遇的遠不是個體的死亡意識，而且是那死亡似的人生冰谷。生的火焰在這冰谷裡凍僵、死滅，卻並不甘心，它使紅影無數映照在這昔日冰冷的死谷之中……。

……我的心也曾充滿過血腥的歌聲，血和鐵，火焰和毒，恢復和報仇，而忽而這些都空虛了，但有時故意地填以沒奈何的自欺的希望。希望，希望，用這希望的盾，抗拒那空虛中的暗夜的襲來，雖然盾後面也依然是空虛中的暗夜……

……悲哉死也，然而更可悲的是他的詩至今沒有死。

但是，可慘的人生！……

我只得由我來肉搏這空虛的暗夜了……但暗夜又在那裡呢？現在沒有星，沒有月光以至笑的渺茫和愛的翔舞……，竟至於並

---

65 同上。

66 〈死火〉，《野草》。

且沒有真的暗夜。

　　絕望之為虛妄，正與希望相同。[67]

　　多麼慘淡深重的悲哀，連可以搏鬥的對象（「暗夜」）和可以為之搏鬥的「身外的青春」（「星」、「月光」、「笑的渺茫和愛的翔舞」），也可以至於沒有。那麼，人還值得活麼？人生道路和生存意義究竟何在呢？於是：

　　我不過一個影，要別你而沈沒在黑暗裡了。然而黑暗又會吞併我，然而光明又會使我消失。然而，我不願徬徨於明暗之間，我不如在黑暗裡沈沒。

　　然而我終於徬徨於明暗之間，我不知道是黃昏還是黎明。我姑且舉灰黑的手裝作喝乾一杯酒，我將在不知道時候的時候獨自遠行。

　　……

　　我獨自遠行，不但沒有你，並且再沒有別的影在黑暗裡。只有我被黑暗淹沒，那世界會屬於我自己。[68]

67　〈希望〉，《野草》。

68　〈影的告別〉，《野草》。

　　一切都值得懷疑，一切都可能虛妄，一切都並無意義和價值，連絕望本身也虛妄得好笑……，但人卻還得活著，還得徬徨於明暗是非之間。於是我奮然前進，孤獨地前行，沒有伙伴，沒有歌哭，面對慘淡的人生，向死亡突進。

　　所以，魯迅喜歡安特也夫，喜歡迦爾洵，也喜歡廚川白村。魯迅對世界的荒謬、怪誕、陰冷感，對死和生的強烈感受是那樣的銳敏和深刻，不僅使魯迅在創作和欣賞的文藝特色和審美興味（例如對繪畫）上，有著明顯的現代特徵，既不同於郭沫若那種浮泛叫喊、自我擴張的浪漫主義，也不同於茅盾那種刻意描繪卻同樣浮淺的寫實主義，而且也使魯迅終其一生的孤獨和悲涼具有形而上學的哲理風味。可惜加繆晚生，否則加繆將西西福斯（Sisyphus）徒勞無益卻必須不停歇的勞動（向山上推石頭，石頭剛推到山頂就滾下來，又重新開始向上推）比作人生，大概是會得到魯迅欣賞的吧？魯迅雖悲觀卻仍然憤激，雖無所希冀卻仍奮力前行。但正因為有這種深刻的形上人生感受，使魯迅的愛愛憎憎，使魯迅的現實戰鬥便具有格外的深沈力量。魯迅的悲觀主義比陳獨秀、胡適的樂觀主義更有韌性的生命強力。

　　事實上，這裡有兩種不同的因素或方面的融合，構成了魯迅獨有的孤獨和悲愴（悲涼）。一個方面是形上的人生意義的感受和尋求，魯迅認真鑽研過佛學，魯迅從尼采到安特也夫的現代西方文藝中感受到現代意識，可能還包括日本文學所表達的人生悲哀無託的影響，都使魯迅的孤獨與悲涼具有某種超越的哲理意味。另方面，由於日益捲入實際的戰鬥歷程，與舊文化戰，與舊勢力

戰，與章士釗、楊蔭榆、陳西瀅戰，與創造社、太陽社、新月派
戰，與「革命陣營裡的蛀蟲」戰，與「四條漢子」戰……，他所
感受、承擔和認識的現實的黑暗、苦難的深重、戰鬥的艱難、前
景的渺茫、道路的漫長、人民大眾的不覺醒、惡勢力的虛偽凶殘
以及他屢次被革命者和一些青年所誤解、反對和攻擊，受著「來
自同一陣營」的冷槍暗箭……，都使他感到孤獨和悲愴。這是一
種具有非常具體的社會歷史內容的孤獨與悲愴。

　　然而，正是這兩者結合交融才構成了魯迅的個性特色。因為
有後一方面，魯迅才不會走向純粹個人主義的超人幻想，才不是
那種純粹個人的失落感、荒謬感、無聊厭倦和脫離現實。因為有
前一方面，魯迅才沒有陷入膚淺的「人道主義」、「集體主義」以
及科學主義、理性主義中，而忘卻對個體「此在」的深沈把握。
魯迅後期的政治色彩異常確定鮮明，幾乎壓倒其他一切，但他卻
並沒有完全政治化。魯迅是偉大的啟蒙者，他不停地向各種陳舊
傳統作韌性的長期的尖銳鬥爭；但同時卻又超越了啟蒙，他有著
對人生意義的超越尋求。他早年所說「向上之民，欲離是有限相
對之現世，以超無限絕對之至上」[69]的精神、觀念並未完全消失，
儘管他不再認為「迷信可存」，宗教當興。魯迅是啟蒙者又超越了
啟蒙，這就使他的啟蒙比陳、胡具有更深沈的力量、激情和智慧。

　　有如一些研究者所注意，魯迅熱愛某些鬼魂。夏濟安曾說：

69　〈破惡聲論〉，《集外集拾遺》。

魯迅無疑背負著某些鬼魂，……甚至隱藏著一種祕密的愛戀。他對目連戲鬼魂形象的態度就是一種偏愛。很少有作家能以這樣大的熱忱來討論這些令人毛骨悚然的主題……

目連戲中最突出的形象是無常和女吊。他們嚇人的外貌在魯迅一生中都保持著魅力。……表現了更深一層的涵義：死的美和恐怖，透過濃厚的白粉胭脂的假面，窺探著生命的奧祕。魯迅並未完成對這一奧祕更深的探究，他談得更多的是對社會罪惡憤怒的抗議。然而，使他區別於他的同時代人的，正是他承認這種祕密，而且從不否認它的威力，他甚至可以被生活中存在的這種黑暗的威力所鎮懾。他同情那些脫離了他們的社會環境而處於孤獨時刻的個人。[70]

這可能說得有點過分，但魯迅的特點卻確乎在於：他把具有具體現實內容的對「社會罪惡憤怒的抗議」，與具有超越社會的形上人生孤獨感融合在一起。魯迅當時還沒有，後來他也不知道歐洲的存在主義思潮。但即使知道了，他也仍然不會是現代存在主義者。魯迅畢竟置根在中國社會的現實土地上，對「社會罪惡憤怒的抗議」和人道主義的歷史使命感，要遠遠大於個體存在的意義尋求。個體的那種現代的荒謬、畏懼、煩厭、孤獨，在民族危亡、搏鬥劇烈的環境和時刻中，畢竟不能占據中心地位。魯迅剛

70　《國外魯迅研究論集》，北京大學出版社，北京，1983年，第375、
　　378頁。

強忠摯、愛憎鮮明，基本上和實質上是積極入世的人格個性，無疑也是使魯迅的形上感受具有著現實戰鬥內容的重要因素。[71]

　　但魯迅即使在激烈的戰鬥中也仍時時撫摸著生和死，驚心目睹著生命的逝去和滅亡的總將來臨。魯迅不像周作人，用麻醉和麻木來抵擋和掩蓋深刻的悲觀，用苦茶和隱士的自我解嘲來解脫人生。魯迅恰恰相反，以愈戰愈強的勇士情懷來紀念著這生和死，讚頌著這生和死。所以，魯迅不僅歌唱復仇的女吊，讚嘆「那怕你鋼牆鐵壁，那怕你皇親國戚」的無常，而且早就歌頌「死火」、暗影、死屍和北方的飛雪：

　　在無邊的曠野上，在凜烈的天宇下，閃閃地旋轉升騰著的是雨的精魂……

　　是的，那是孤獨的雪，是死掉的雨，是雨的精魂。[72]

　　魯迅在自己著作的題記裡，也總記下這是他生命的擲去所贏來的墳墓：

　　現在是一年的盡頭的深夜，深得這夜將盡了。我的生命，至少一部分的生命，已經耗費在寫這些無聊的東西中，而我所獲得的，乃是我自己靈魂的荒涼和粗糙。但是，我並不懼憚這些，也

---

71 參看拙作〈略論魯迅思想的發展〉。

72 〈雪〉，《野草》。

不想遮蓋這些，而且實在有些愛他們了，因為這是我輾轉而生活於風沙中的斑痕。[73]

這總算是生活的一部分的痕跡。所以，雖然明知道過去已經過去，神魂是無法追躡的，但總不能那麼決絕，還想將糟粕收斂起來，造成一座小小的新墳，一面是埋藏，一面也是留戀。至於不遠的踏成平地，那是不想管，也無從管了。[74]

我是很確切地知道一個終點，就是：墳。然而這是大家都知道的，無須誰指引。問題是在從此到那的道路。[75]

正因為「一面是埋藏，一面也是留戀」；正因為死亡之後會希望有「墳」，即使不久它也將被踏平；也正因為「問題是在從此到那的道路」；所以，生命和死亡於魯迅便不完全同於現代派。魯迅把溫暖和愛戀仍然留給了人間，即使寫於「頹唐」中的《野草》諸篇，仍然瀰瀉著生命的力量。〈希望〉、〈死火〉、〈墓碣文〉、〈過客〉、〈影的告別〉，在慘痛和死滅中仍有奮起；而〈秋夜〉、〈風箏〉、〈雪〉、〈臘葉〉、〈淡淡的血痕中〉，在冷峻中便藏著極大的和暖、情愛和溫柔。魯迅在這裡顯然不同於卡夫卡、沙特以及陀斯妥也夫斯基，他更溫暖，他的人間味更強。他不是那永遠折磨著

---

73 〈題記〉，《華蓋集》。

74 〈題記〉，《墳》。

75 〈寫在墳後面〉，《墳》。

人的殘酷的上帝。魯迅把他的情感化為本體，放在他的創作中，留給了人間。

也許，這仍然是儒家「知其不可而為之」，「惟其義盡，所以仁至」的傳統？也許這就是「中國的脊梁」，「民族魂」？它畢竟不同於加繆的西西福斯的無謂勞動。但魯迅已經把傳統精神置放在現代意識的洗禮下深化了，昇華了，具有了超越的形上光彩。

所以，魯迅的孤獨和悲涼才有這強大的力量。

把體驗著生和死、背負著一切苦難和黑暗、面對著歷史的廢墟和荒墳的情感心理，化為形上本體，它就將哺育著人間。他也就是人的主體性，他也就是那「使造物者也羞慚」的人間的猛士。

叛逆的猛士出於人間；他屹立著，洞見一切已改和現有的廢墟和荒墳，記得一切深廣和久遠的苦痛，正視一切重疊淤積的凝血，深知一切已死，方生，將生和未生。他看透了造化的把戲；他將要起來使人類蘇生，或者使人類滅盡，這些造物主的良民們。

造物主，怯弱者，羞慚了，於是伏藏。天地在猛士的眼中於是變色。[76]

這就是現代人的「參天地，贊化育」。這是一種尼采和中國傳統精神的奇異的融合。這是人的主體性的超人式的昂揚，這也就是藝術所呈現的巨大的心理本體。

---

76 〈淡淡的血痕中〉，《野草》。

魯迅思想和文學的潛在力量就在這裡。

如果比較一下，胡適、陳獨秀、魯迅便明顯地區分出三種迥然不同的個性、三個不同的側面和三層不同的境界。

胡適是溫文爾雅的學者。他寧靜、清晰、平和，然而軟弱。他的興趣是在學術，認為考證一個古字和發現一顆新星具有同樣價值。從待人處世到政治傾向，他都儘量照顧周全，平穩妥當。他相信並主張自由主義，提倡「好人政府」，但在中國現代的條件下，卻不得不最終依附在獨裁政權下。他創作了《終身大事》，歌頌自由戀愛，但在中國的條件下，他卻不能也不願與母親包辦的舊式婚姻決裂，而寧可自己忍受一生。「又向蠻方作寒食，強持卮酒對梨花」，他滿足在由成功所帶來的小康舒適的人生境地中。[77]

陳獨秀則不然，他是意志剛烈的革命家，勇敢、堅決、頑強，但是膚淺。他當了一生的反對派。反滿、反袁、反北洋軍閥、反國民黨蔣介石到反共產黨。陳獨秀有比較徹底的理論興趣和概括能力，密切關懷著國事民瘼，積極行動。但他由思想領袖變而為政治領袖，既是中國現代必然會有的歷史誤會，也是他個人的悲慘命運安排。「衣帶漸寬終不悔，為伊消得人憔悴」，陳獨秀一生處在革命的人生境界中。

魯迅與陳、胡迥然不同。魯迅是深沈銳敏的文學家。他的思

---

77 直到晚年與鈴木大拙 (Suzuki) 關於禪宗的辯論中，也表現出自始至終胡未脫離他的科學主義、理性主義，而不能像魯迅那樣有更深刻的非理性的形上感受和觀念。

想充滿了愛憎強烈的情感色彩和活生生的現實氣息，他的情感充滿了思想的力量和哲理的深意。他的作品比起陳、胡來，顯然具有遠為強大長久的生命力。陳、胡的思想和作品（包括思想的、政治的、文藝的和學術的），今天已基本過時而不需重讀了，但魯迅卻至今仍可以激動著人們。「前不見古人，後不見來者」，魯迅的孤獨、悲涼的人生境界也是超越和偉大的。

胡適、陳獨秀、魯迅都開創了思想範式 (Paradigm)，從而都指導、決定和影響了很大一批人。胡適在學術領域內，陳獨秀在革命領域內，魯迅在文學領域內，都各有一大批承繼者、追隨者、景仰者。他們作為先驅，在現代思想史上留下了不可磨滅的痕記。

（原載：《福建論壇》1987 年第 2 期）

四、青年毛澤東

　　不管你是愛是恨，是讚揚還是批判，毛澤東比任何其他人物在中國現代留下了遠為龐大的身影。這身影覆蓋了、主宰了、支配了數億人和幾代人的生活、命運和悲歡[1]，他將是長久被人反覆研究的對象。由於許多主客觀條件，本文只擬摘抄一些成為馬克思主義者以前的青年毛澤東的某些思想資料，作為研究探討的準備，並著重於青年毛澤東思想的某些特徵。這些特徵似乎在其一生的活動和思想中都留下了或濃或淡的痕記。

 # 「動」、「鬥」的宇宙──人生觀

　　已經有好些傳記性的青年毛澤東的思想研究，特別是關於哲學思想方面的著作。[2]哲學，確乎是毛澤東從早歲到晚年一直非常感興趣和非常關注的方面。早在 1917 年，他便大力強調「非普

1　與中國近現代一些政治大人物如孫中山、袁世凱、蔣介石有所不同，毛主要是以其通過政治樹立的思想權威作了這種主宰和支配，所以具有重要的思想史的位置。

2　如湖南哲學社會科學研究所哲學研究室的《毛澤東早期哲學思想研究》，湖南人民出版社，1980 年；汪澍白、張慎恆《毛澤東早期哲學思想探源》，中國社會科學出版社，1983 年；金邦秋〈毛澤東早期哲學思想及其世界觀轉變〉，《復旦學報》1985 年第 1 期，等等。

及哲學不可」：「今日變法……，如議會、憲法、總統、內閣、軍事、實業、教育，一切皆枝節也。……枝節必有本源……夫本源者，宇宙之真理」（〈與黎邵西書〉，1917 年 8 月 23 日）。宇宙真理才是「大本大源」，這「大本大源」也就是「思想道德」，所以，「必先研究哲學倫理學」，「從哲學倫理學入手，改造哲學，改造倫理學，根本上變換全國之思想……則沛乎不可禦矣」（同上）。毛青年時期便致力於哲學，他所理解的哲學是指對宇宙、人生的總的觀點、看法，這種觀點、看法既是「天道」（哲學）也是「人道」（倫理學）。[3] 他的這種哲學世界觀從根本上支配了他的一生的行為、事業和他的其他的思想、觀念和理論。他這個哲學世界觀的一些基本特徵正是在其青年時期開始湧現或形成的。其中，有幾個因素或特徵很值得注意。

　　第一，毛所理解的哲學是一切事物的「大本大源」，這「大本大源」也就是「宇宙真理」。從毛青年時期的《講堂錄》（1914～1915 年）、《倫理學原理批語》（1917～1918 年） 或 〈體育之研究〉（1919 年）等來看，「動」、「鬥」是毛的這個「宇宙真理」中的核心觀念：

　　人者，動物也，則動尚矣。……動以營生也，此淺言之也；動以衛國也，此大言之也；皆非本義。動也者，蓋養乎吾生、樂

---

3 可見毛並未脫出中國傳統哲學和文化心理積澱的根本特色 （「天道」 與「人道」 是同一個 「道」），參看拙作《中國古代思想史論》。

乎吾心而已。⋯⋯愚拙之見，天地蓋惟有動而已。(〈體育之研究〉，
《新青年》1917 年 4 月)

　　這就是說，「動」是天地身心的本性，並非為某種外在的目的
(「營生」、「衛國」)而服務的。因此，「豪傑之士發展其所得於天
之本性，伸張其本性中至偉至大之力，因以成其為豪傑焉。本性
以外的一切外鑠之事，如制裁、束縛之類，彼者以其本性中至大
之動力排除之。此種之動力，乃至堅至真之實體，為成全其人格
之源⋯⋯」(《倫理學原理批語》)

　　「動」是「豪傑之士」的「人格之源」，一切外在的束縛、阻
礙，都將被和應被這「動」的「本性」所排除、摧毀。正因為認
定「動」是宇宙本體和人格本性，所以一方面注意任何現象、事
物、對象的變化性、相對性和二重性，另方面強調自我主體的活
動性、鬥爭性。

　　凡宇宙一切之差別，皆不過其發顯之方面不同，與吾人觀察
及適應之方面有異而已，其本質只是一個形狀也。如陰陽、上下、
大小、高卑、彼此、人己、好惡、正反、潔污、美醜、明暗、勝
負之類皆是。吾人各種精神生活即以此差別相構成之，無此差別
相即不能構成歷史生活進化者，差別陳迭之狀況也。有差別而後
有言語有思慮，無差別即不能有也。(同上)

　　治亂迭乘，平和與戰伐相尋者，自然之例也。伊古以來，一

治即有一亂。吾人恆厭亂而望治，殊不知亂亦歷史生活之一過程，自亦有其實際生活之價值。吾人攬史時，恆讚嘆戰國之時，劉項相爭之時，漢武與匈奴競爭之時，三國競爭之時，事態百變，人才輩出，令人喜讀。至若承平之代，則殊厭惡之，非好亂也，安逸寧境之境不能長處，非人生之所堪；而變化倏忽乃人生所喜也。（同上）

可見，毛澤東對動亂、差異、對立、衝突持完全肯定的態度，自青年時期即如此。當《倫理學原理》原文說及：「……無抵抗則無動力，無障礙則無幸福」時，毛澤東批曰：「至真之理，至徹之言」，並批：

大抵抗對於有大勢力者，其必要乃亦如普遍抵抗之對於普通人。如西大陸新地之對於科倫布，洪水之對於禹，歐洲各邦群起而圍巴黎之對於拿破侖之戰勝也。（《倫理學原理批語》）

河出潼關，因有太華抵抗，而水力蓋增其奔猛；風回三峽，因有巫山之隔，而風力蓋增其怒號。（同上）

而對原書所云「人類勢力之增，與外界抵抗之減其效本同」，卻批道：

此不然。蓋人類勢力增加，外界之抵抗力益增加，有大勢力

者又有大抵抗在前也。(同上)

　　強調運動、對立、衝突、鬥爭,以此作為宇宙規律,強調鬥
爭不會因任何緣故而削減,它將永恆存在,所以是普遍規律。而
這種普遍規律與前段引文中所說「吾人觀察及適應之方面有異」
有密切關係,即是說,這種種運動、鬥爭實際上又是由自我而設
定、而覺察、而實現的。儘管沒有任何系統的論證和完整的表達,
青年毛澤東的這一思想卻相當清晰和強烈。

　　　山河大地,一無可據,而可恃惟我(貴我)。(《講堂錄》)

　　吾從前固主無我論,以為只有宇宙,今知其不然,蓋我即宇
宙也。若除去我,即無宇宙;各我集合,而成宇宙。而各我又以
我而存,苟無我,何有各我哉!是故,宇宙可尊者,惟我也;可
畏者,惟我也;可服從者,惟我也。我以外無可尊,有之亦由我
推之,我以外無可畏,有之亦由我推之,我以外無可服從,有之
亦由我推之也。(《倫理學原理批語》)

　　所以,在強調「動」的兩方面(宇宙及自我)中,主體人格
方面又是其思想中更重要更核心的部分。對宇宙運動、鬥爭的說
明是為了論證人格主體的運動、鬥爭,宇宙觀是為人生觀服務的。
對毛來說,宇宙觀即人生觀,人生觀即宇宙觀,二者是一回事。
　　貴我,勇鬥,「與天奮鬥,其樂無窮!與地奮鬥,其樂無窮!

與人奮鬥，其樂無窮！」[4] 以不斷運動、頑強奮鬥、克服「抵
抗」、實現自我為人生快樂，是青年毛澤東的思想和行為的主要特
徵。這是他經過深思熟慮的自覺意識和理論主張，也是他身體力
行、錘煉意志的行動指南，並日益構成他的個性人格特點。[5] 這
裡，最值得注意的是，毛講的這種「動」，首先是體魄性的活動，
即個體的客觀身體活動，而不是心動，不是心靈性、精神性、思
辨性的活動：

> 欲文明其精神，先自野蠻其體魄，苟野蠻其體魄矣，則文明
> 之精神隨之。……體全則而知識之事以全。（〈體育之研究〉）

> 我現在很想作工，……我現在頗感覺專門用口用腦的生活是
> 苦極了的生活，我想我總要有一個時期專用體力去作工就好。
> （1920年11月26日給羅榮熙信）[6]

> 身體弱就只有讀書人。要矯正這弊病……個人方面須養成工
> 讀並行的習慣，至少也要養成讀書和遊戲並行的習慣。（1920年11
> 月26日給羅家瓚信）[7]

---

4 轉引自汪澍白、張慎恆《毛澤東早期哲學思想探源》，第82頁。

5 Lucian Pye, *Mao Tse-Tung: The Man in the Leader* ，以毛幼年與父母的關
　係、事件來解說毛，提供了一些有趣的發現；但沒著重注意到毛的性格
　形成有自覺意識這一面，從而顯得片面。

6 參看《新民學會資料》，人民出版社，北京，1980年，第72頁。

7 同上，第120頁。

　　我所願做的工作：一教書，一新聞記者。……現覺專用腦力
的工作很苦，想學一宗用體力的工作，如打襪子、製麵包之類……
《《新民學會會務報告第 2 號》1921 年夏刊） [8]

　　這不但與五四運動以後毛極力讚賞和熱心倡導「工讀主義」
即一面勞動一面讀書有關，恐怕與毛在以後一直強調知識分子參
加生產勞動、以及所謂「走五七道路」、青年學生到工廠農村去
「學工、學農」等等，也不無關係。毛在青年時期就痛切認為：
「中學及中學以上宜三育並重，今人則多偏於智，……吾國學制，
課程多如牛毛，……觀其意，教者若特此繁重之課以困學生，蹂
躪其身而殘賊其生……」（〈體育之研究〉）。「弟對於學校，甚多不
滿之處」（〈與黎邵西書〉，1917 年 8 月 23 日），「我一生恨極了學
校，所以我決定不再入學校」（〈與黎邵西書〉，1920 年 6 月 7
日）。毛主張「顏習齋、李剛主文而兼武，與勇士角而勝焉。故其
言曰，文武缺一可乎？顧炎武，南人也，好居於北，不喜乘船而
喜乘馬，此數古人者，皆可師者也」（〈體育之研究〉），從而主張
「另立自修學社，半工半讀」（〈與黎邵西書〉）。

　　在強調運動、鬥爭、相對性和自我精神、意志等等方面，毛
的思想與當時許多人大體相同，與中西好些哲學家相比，也無何
特殊之處，並且連某些語言也脫胎於譚嗣同的《仁學》。但是，特
別著重體魄活動這一點，卻在思想特徵和理論傾向上，與許多人

---

8 同上，第 39 頁。

包括譚嗣同在內有了重要的區別。譚嗣同雖然也重體魄，有武藝，譚曾自稱「弱嫻技擊，身手尚便；長弄弧矢，尤樂馳驟」，但在思想和理論上，譚與中國儒學傳統的哲學家基本一樣，並沒有把它放在重要位置上。在這方面，毛與強調「力」、「強」、體力「勞動」的墨家和顏元哲學倒有更多的相同處。[9] 這一點，很可能與毛出身農家，少年參加過較長時間的體力勞動有關：「從小就參加一些田間勞動。待到澤東停學，就要他整天勞動，學習扶犁、掌耙、拋糧、下種的全套功夫。澤東從小勞動踏實……總是搶重活幹」[10]，「他跟毛春成一起去推土車子，推得和毛春成的速度差不多。但由於氣力不夠，下坡的時候卻翻了車。他爬起來又裝滿一車，繼續往前推，毛春成一再勸止，他都不聽。」[11] 這固然表現了毛從小不認輸的倔強個性，更重要的是，這種「不服輸」的個性可能正由於通過體力活動的錘煉才變成頑強的意志。對毛來說，體力勞動和體力活動已經成為不可缺少的生存需要，以致使他具有不從事體力活動即極不愉快的身心感覺。這一點，很不簡單，值得重視。毛青年時代堅持游泳至老不變的著名事蹟，就不僅是自覺磨練體力、意志的問題，而且還表現了要求在這種體力、意志的展現中，來獲得最高的人生快樂和審美享受。在這裡，體力的舒發、意志的實現、人生的真諦、審美的快樂是融為一體了。

---

9 參看拙著〈墨家初探本〉，《中國古代思想史論》。

10 汪澍白、張慎恆：《毛澤東早期哲學思想探源》，第 9 頁。

11 同上。

「自信人生二百年，會當擊水三千里」（毛詩），不復是讀書人一般的豪言壯語、漂亮文辭，而是具有著體力活動的實在根基，凝聚著意志成果和審美愉快的思想表述以及自我志向。

這是毛的思想、性格與許多知識分子和青年學生有顯著區別的一點。

毛使運動、鬥爭成了他的身心存在的第一需要。

 ## 「貴我」的「道德律」

青年毛的思想特徵構成中，第二個突出因素是獨特的「主觀的道德律」。毛一開始就是把「思想道德」相提並論的。在前引強調哲學的那篇書信中，毛就認為，「夫思想主人之心，道德範人之行，二者不潔，遍地皆污，蓋二者之勢力無在不為所瀰漫也」。所以，「宇宙的真理」、「動」、「鬥」觀念又是與道德行為緊密聯在一起的。與建立宇宙觀並行，青年毛提出了自己作「聖賢」並「彼時天下皆為聖賢」（同上書信）的道德律。

本來，以「聖賢」理想作為追求目標，是中國傳統對知識者所積澱的意識和無意識，青年毛在這裡的特徵，是建築在上述體魄自強基礎上的所謂「貴我」的道德自律。毛強調道德律不能來源於、服從於或建立在任何客觀外在的規定或事物上，而必須建

立在個體（「我」）的基礎上：

> 道德非必待人而有，待人而有者，客觀之道德律；獨立所有者，主觀之道德律也。吾人欲自盡其性，自完其心，自有最可寶貴之道德律。世界固有人有物，然皆因我而有也。我眼一閉，固不見物也，故客觀之道德律亦係主觀之道德律，而即使世界上只有我一人，亦不能因無損於人，而不盡吾之性，完吾之心，仍必盡之完之。此等處非以為人也，乃以為己也。（《倫理學原理批語》）

所以，道德並不來自社會、歷史等任何外在標準、規範或律令，而只來自個體主觀：

> 個人有無上之價值，有百般之價值，使無個人（或個體）則無宇宙，故謂個人之價值大於宇宙之價值可也。（《倫理學原理批語》）

個人的「無上之價值」何在呢？就在「實現自我」。毛說：「人類之目的在實現自我而已。實現自我者，即充分發達自己身體及精神之能力至於最高之謂」（同上）。例如，他之反對自殺，不是別的理由，而是因為自殺不符合「自己的體魄及精神及其努力發展到至高地位而沒有一毫歉咎」（〈非自殺〉，長沙《大公報》，1919 年 11 月 23 日）的緣故，所以「與其自殺而死，寧奮鬥被殺而亡。奮鬥之目的，不存在『欲人殺我』，而存在『庶幾有人格的

得生』」(《倫理學原理批語》)。

　　總之,「實現自我」即人生最高目標,也即是道德的自律。為此目標可被殺而決不自殺,因為自殺就與這目標本身發生矛盾了。因此:

　　或謂人在歷史中負有繼往開來之責者,吾不信也,吾惟發展吾之一身,使吾內而思維外而行事皆達正鵠。吾死之後置吾身於歷史之中,使後人見之皆知吾確然有以自完。(《倫理學原理批語》)

　　吾則以為吾人惟有對於自己之義務,無期於他人之義務也。凡吾思想之所及者,吾皆有實行之義務。即凡吾所知者,吾皆有行之義務,此義務為吾精神中自然發生者,償債,踐約,及勿偷盜,勿作偽,雖係與他人關係之事,而亦係吾欲如此者也。所謂對於自己之義務者,不外一語,即充分發達自己身體及精神之能力而已。至濟人之急,成人之美,與夫履危蹈險,捨身以拯人,亦並不在義務以上,蓋吾欲如此方足以安吾之心……,憂人危難之事即所以慰吾心,而充分發展吾人精神之能力也。(同上)

　　要「實現自我」,要「意志自由」,便必須磨練自己,動心忍性,勞其筋骨,餓其體膚,空乏其身,這種自我的規範鍛鍊,也就是自己給自己規定的道德律令。可見,這種所謂道德律令和人生境界,在青年毛澤東,並不同於傳統理學講的以「孔顏樂處」為標準的精神境界或心靈快樂,而毋寧是一種包含著體魄物質性

內容在內的個體力量、意志、行為、活動的完滿實現。這就是青年毛澤東在《倫理學原理批語》中大講特講的「衝動」、「動力」：

> 此種之動力，乃是至堅至真之實體，為成全其人格之源，即此書所謂衝動，所謂性癖也……此純出其自計，決非服從外來之道德律與義務感情。大凡英雄豪傑之行其自己也，發其動力奮發，砥礪推轂，一往無前，其強如大風之難於長在，如色者性欲發動而尋其情人，決無有能阻回之者，……泡爾生謂大人君子非能以義務感情實現，由活潑潑地感情之衝動而陶鑄之，豈不然哉！豈不然哉！（按吾之意與孟子所論浩然之氣及大丈夫兩章之意大略相同）（同上）

> 蓋意志本源於衝動，意志者中之良心何獨不然。……要之，二者原為一物，……吾人之良心固未有不以食欲性欲之事為然者也，……良心不過加以節制而已，並非反對它，其節制正所以完成衝動之本職也，故良心與衝動理應一致。（同上）

對泡爾生所說的「衝動於生活，猶懸鐘之於機械，決非理性所能代，何則？理性者無運動者也」，毛批曰：「旨哉言乎」（同上）。對泡爾生所說「義務者不起於一人內界之意志，而實由外界以無上權威脅成之，明矣」，則批曰：「此處吾有疑義」（同上）。

可以看出，毛注重和強調的「主觀的道德律」並不同於康德的道德自律，也不同於傳統儒家無論是程、朱或陸、王的「天理」

或「本心」。不同於康德在於,毛的「主觀道德律」不承認去服從或執行任何外在的客觀的「絕對命令」;不同於程朱在於,毛的「主觀道德律」不是什麼宇宙的「義理」、「理則」;不同於陸王在於,毛的「主觀道德律」中理性的良知與感性的食、色是合為一體的「衝動」,兩者不是對立的,而毋寧更是相輔相成的。這種所謂「道德律」似乎是一種感性的物質體魄力量。所以比較起來,毛又更接近於陸王一些,他並沒有逃出時代所賦予的中國近現代思想這一總特色。[12]總之,他把「道德律」當作一種完全由自己作主的感性的意志力量,具有直接現實的品格,主要不是在反省中、思辨中、修養中,而是應在行為中、活動中、功業中呈現出來。並認為這種力量如同自然本能(食、色)那樣強有力,把道德的意志力量與食欲、性欲的強大本能力量相提並論,認為「二者原為一物」,都是「衝動」或「動力」,並且肯定這種「衝動」「決非理性所能代」。這是相當奇特和自相矛盾的。但是,生物本能欲望與人的意志力量究竟是何種關係?二者的同異何在?是相反相成還是彼此鬥爭?以及這種個體主義的「實現自我」為何會是「道德」?即自我「動力」的所謂「適宜」、「得當」的標準何在?等等根本問題,毛並未真正研究或深入考慮。他畢竟不是在搞哲學體系,而且他的思想也還遠未成熟。

但有兩點似乎很明顯,一是這種「貴我」思想以及所謂「主觀道德律」,正說明在當時整個價值觀念和道德標準崩潰時代,已

---

12 參看拙作〈宋明理學片論〉第 3 部分,《中國古代思想史論》。

經沒有可以作為依據、遵循的客觀規範準則，所以毛才有「山河大地，一無可據，而可恃惟我」的思想；其二是，這種「貴我」的人生觀及倫理學又正好在新時代體現了「捨我其誰」的英雄主義的傳統觀念。毛的這種「主觀道德律」充滿了傳統的強烈的英雄主義特徵。這種英雄主義包括下層《水滸》、《三國》的豪傑，也包括《孟子》裡的聖賢、「大丈夫」。而毛所追求和錘煉的意志、道德、修養、「自律」，他所理解和理想的「聖賢」，實際是對充滿雄心壯志的「豪傑之士」的要求：「未有聖賢而不豪傑者也」（《講堂錄》），「帝王一代帝王，聖賢百代帝王」（《倫理學原理批語》），即集聖賢豪傑（帝王）於一身的人格理想。

　　毛在指出道德自律有與食色本能相關連和具衝力共性的同時，著重道德必需建立在自覺意識之上：「道德之實行固賴感情與意志，而其前，必於此將實行之道德有判然之意識，而後此行為乃為自動的。若盲目的道德，固毫無價值也」（《倫理學原理批語》）。毛在組織新民學會等團體活動時，強調「研究底下，須增修養」。他手訂的〈會章〉在「以革新學術、砥礪品行、改良人心風俗為宗旨」下規定，「本會會員須守左之各規律：一，不虛偽，二，不懶惰，三，不浪費，四，不賭博，五，不嫖妓」。表面看來均屬平淡的老生常談，但對毛來說，這裡的「不」卻遠非消極的防戒修身，而更著眼於實現上述主體能動意志的道德實踐活動：「義務者，非僅有其不為云云，而又有要為云云之意，非僅有消極之意義而不有積極之意義也。」「吾人須以實踐至善為義務，即以發達吾人之身心之能力至於極高為義務也，即以實踐具足之生

活為義務也。」（《倫理學原理批語》）

　　從這一觀點引申，青年毛澤東認為世上只有善而並無惡：「故吾謂天下無惡，有之則惟次善；天下無惡人，有之則惟次善人也。」「惡也者，善之次等者也。非其性質本惡也，惟其為次等，故不能與善有同一之價值。在一時候有覺其毫無價值者，且有大害者，此乃就其時候言，此例於他物言，非其本質之果無價值也。」（同上）

　　這也就是說，既然人都有生，都在為實現自我的身心而鬥爭奮鬥，因此就無所謂惡。這似乎仍然是中國儒家的傳統。但青年毛澤東既以「發達吾人之身心能力至於極高地位」為「善」和道德義務，便肯定和讚頌人的感性活動和追求。這種活動和追求，對毛來說，是一個永不窮盡的過程；因此它又不只是某些具體的物質變革，而且同時是一種精神、意志的永恆追求：

　　人不能達到根本之欲望，亦可謂之人不能達到根本之理想。人只能達到藉以達於理想之事，及事達到，理想又高一層，故理想終不能達到，惟事能達到。（《倫理學原理批語》）

　　人類究竟之目的到底如何，還是不知道。（同上）

　　這種對無止境的理想追求本身作為目的，是毛思想中極可注意的重要特色。

　　但就眼前說，改造中國與世界以達到大同世界，卻是現實的

具體目標。「大同者，吾人之鵠也」（〈與黎邵西書〉，1917 年 8 月 23 日）這個「大同」本是作為「彼時天下皆為聖賢」的道德理想的，但青年毛後來仍然把它具體化了。例如「公共育兒院、公共蒙善院、公共學校、公共圖書館、公共銀行、公共農場、公共工作廠、公共消費社、公共劇院、公園、博物館、自治會」[13]等等。毛還主張廢除婚姻：「已有婚約的，解除婚約（我反對人道主義），沒有婚約的，實行不要婚約，……實踐『廢婚姻』這條盟約，……務使全人類對於婚姻制度都得解放」（1920 年 11 月 20 日給羅家瓚信）[14]，等等等等，以求得自我身心的完滿實現。

　　顯然，由於毛的「實現自我」是以向外的感性物質活動和進行鬥爭、改造對象為依據，自然具有著直接實踐的現實特點。從而，與外界相衝突，與傳統社會、與黑暗政治、與惡劣環境相抗擊，便自然而然地成為毛的「道德律」的題中應有之義。這樣，它便迥然不同於傳統理學的修心養性、守靜篤敬之類了。

　　支持、鼓舞這種「衝力」、鬥爭的，是毛所強調的「信仰」。毛在泡爾生「人既信善之有勢力矣，信神矣，則是以鼓其勇敢而增其希望……無此等信仰而能立偉大之事業者，未有也。一切宗教以信仰為基本」的論點上批曰：「教可無，信不可少」。毛以後也一再指出，「尤其要有一種為大家共同信守的『主義』，沒有『主

---

13 〈學生之工作〉（《湖南教育月刊》1919 年 12 月），轉引自汪澍白、張慎恆《毛澤東早期哲學思想探源》，第 35 頁。

14 參看《新民學會資料》，第 121 頁。

義」是造不成空氣的⋯⋯，主義譬如一面旗子，旗子立起來了，大家才有指望，才知所趨處」（1920 年 11 月 25 日毛澤東給羅璈階信）。[15]

由「主張動」、「動力」到「道德自律」，到「信仰」和「主義」，也就是由一般的宇宙觀、人生觀到具體的主張和要求。與他的實踐活動完全一致，青年毛的思想也一步步地走向現實的社會階級鬥爭。

 ## 「通今」的經驗理性

這，也就開始構成青年毛澤東思想中重目前重當今的經驗理性。

首先，毛強調當下的「現在」，他承認空間，否定時間[16]，強調現在，反對追思過去與幻想未來：

與上述「貴我」相對映的是「通今」：「前古後今，一無可據，

---

15 參看《新民學會資料》，第 97 頁。

16 「吾意時間觀念之發生，乃存在於客觀界一種物理機械之轉變，即地球繞日而成畫夜是也。⋯⋯此可證明本無所謂時間，地球繞日但為空間之運動也」（《倫理學原理批語》）。這也就是後來「坐地日行八萬里」詩句所本。

而可據者惟目前（通今）」（《講堂錄》）。「以往之事，追悔何益？
未來之事，預測何益？求其可據，惟在目前。……使為學而不重
目前，則人壽幾何，日月邁矣。……重現在有兩要義，一貴我（求
己不責人）二通今，如讀史必重近世，以其與我有關也。」（《講
堂錄》）

　　第二，毛儘管認為「理想者，事實之母也」（《講堂錄》），但
要能使理想變為事實，卻必須重視經驗、重視實際、重視行動。
毛在《講堂錄》中，便記下了「古者為學，重在行事」，「不行架
空之事，不談過高之理」，強調親身經歷，「閉戶求學，其學無用，
欲從天下國家萬事萬物而學之」。因為強調「通今」，重視當下現
實，自然重視行動中實踐中的實際經驗。但更重要的是，他認為，
「解甲物而有通乎乙，思此理而有會乎彼……萬象之眾，息息而
相近，是謂知覺類化」（同上）。這即是說，不能從書本中，而必
須從實際經驗中，去解甲通乙，由此及彼，以達到所謂「知覺類
化」。這個「知覺類化」就是指達到某種經驗的理性認識。「知
覺」，指經驗；「類化」，指所謂「息息而相通」所獲得的共相認
識，即理性。這也就是毛所說的「通今」。這樣，便可以總結出
「規則、次序」來。如說「天地間無往而非兵也，無兵而非道也」
（《講堂錄》），奇詭複雜如兵（軍事），也有一定規律的「道」。又
如說，「人類自養其生之道，使身體平均發達，而有規則、次序之
可言者也」（〈體育之研究〉）。毛從來就否認有先驗或先天的知識，
強調包括「規則秩序」和「道」的認識都從直接經驗中來。所謂
「良知良能」也不過是祖先以來多代相傳的經驗而已。毛身體力

行他的這種經驗理性的認識論，遊學數縣，獲取經驗，以了解社會。

第三，從而毛非常重視現實主義地提出問題，從實際出發來作出論證和制定戰略。例如，他在提倡體育時，便首先指出「自有生民以來……無不知自衛其事者。是故西山之薇，飢極必食；井上之李，不容不嘗」，即從人人都必需維持生存這一無法否認的基本實際出發立論。又如，他在筆記中儘管記下「惟安貧者能成事」，但同時便指出，「志不在溫飽，對立志而言。若言作用則王道之極亦是衣帛食粟不飢不寒而已，安見溫飽之不可以謀也」（《講堂錄》），也是從人要吃飽穿暖這一普通事實出發。毛日後的許多戰略、策略、思想、手段，如重視軍隊、團結鬥爭、分而治之等等，也都是重視從實際出發，總結經驗，以服務於他那雄圖大略的自由意志的。毛後日所謂「戰略上藐視敵人，戰術上重視敵人」亦即此意。從而，具有高度現實和冷靜的理知態度，抓住關鍵的矛盾的思維方式和用以直接指導行動的實用特色的兵家辯證法[17]，便非常適應毛的需要。通過這種行動辯證法，毛把他那「動」、「鬥」的宇宙——人生觀具體化、實用化和理知化了，並由軍事而擴展用於政治[18]，成為他的重要的哲學思想。這即是說，毛青年時代的「動」、「鬥」觀念結合經驗理性構成了比較完備的

---

17 參看拙作〈孫老韓合說〉，《中國古代思想史論》。

18 「天地間無往而非兵也」（《講堂錄》），也可見早年毛即注意「兵」的普遍性。參看本書〈試談馬克思主義在中國〉。

辯證法（後來表述為《矛盾論》），同時也由於經驗理性，形成了唯物論的認識論（後來表述為《實踐論》）。雖然這都是以後的事情，但在青年時期即有思想上的發萌。例如，毛在《講堂錄》所記「聖相不以自己之長為長，常集天下之長為長」，在五四運動後提出「民眾的大聯合」（《湘江評論》）和「我們非得組織聯軍共同作戰不可」（1920 年 2 月給陶毅信）[19]等等，在注意組織力量（人數眾多）上，便已開後日「群眾路線」的先聲。這些都是顯示出他「以實事程實功」的經驗理性作風。與當年蔡和森的「理論家」稱號相映對，毛獲得「實踐家」的名聲，並不偶然。

　　毛從來很少完全沈溺於純理論的學習、思辨和研討。他總從實際來發言，例如他批評羅素，只是說：

　　羅素在長沙演說……謂宜用教育的方法使有產階級覺悟，可不至要妨礙自由，興起戰爭，革命流血。但我於羅素的主張，有兩句評語：「理論上說得通，事實上做不到」。（1920 年 12 月給蕭旭東蔡和森信）[20]

　　這似乎已經足夠了，何必多論。毛不喜歡流行在知識分子中那種種不著邊際不關痛癢繁瑣冗長的研究、討論、爭辯，所以「不說大話，不好虛名」（《講堂錄》）既是他的道德自律，也是他的經

---

19 參看《新民學會資料》，第 60 頁。
20 參看《新民學會資料》，第 147～148 頁。

驗理性。他是把它們融合在一起的。在他那裡，「動力」的欲求、「貴我」的意志、「通今」的理性，三者相互滲透交織，結成了青年毛澤東的英雄主義、浪漫主義的哲學世界觀的雛形。[21]

　　當然，青年時期，思想遠未成熟，其中包含著許多矛盾。但以感性自我的「動」（勞動、活動、行動）和「鬥」為根本這一條主線在青年毛澤東思想中，是非常鮮明突出的。由此而有不斷的追求、抗爭、奮鬥、鬥爭，不怕亂，不怕爭，不怕鬥，並且喜歡它們，快樂地迎接或製造它們。以永恆的追求作為這種生存動力的理想和信仰，以依靠現實經驗作為實現此理想和信仰的步驟、手段和方法，不間斷地、自覺地與天、地、人奮鬥，來取得事業的成功和最高度的「實現自我」的精神快樂，青年毛澤東的這一思想特徵，無疑對其以後接受、選擇、運用、發展馬克思主義，有其重要的影響。

　　最後一個問題是，青年毛澤東這些思想的來源。當時處在戊戌辛亥中外思潮十分活躍地碰擊湖南的時期，毛所承受的思想震盪是多方面的，所接受的思想影響，也是多方面而非常複雜的。從朱熹和王陽明的傳統教義，到近代的康、梁、孫、黃的變法主張和革命實踐，從中學到西學，從政治到文化，五光十色，紛至沓來。毛澤東愛讀報紙，報紙上所刊載的各種思想、主張、觀念、學說更是五花八門，多種多樣，使這一點更加突出。簡括地看，

---

21 在這三者中，實用性的經驗理性是為其浪漫主義的自由意志服務的，處於從屬地位。

顏元、曾國藩、譚嗣同、嚴復和陳獨秀，大概是在對青年毛澤東的影響中最為重要的幾位人物。

「前之譚嗣同，今之陳獨秀，其人者魄力雄大，誠非今日俗學所可比擬。」[22]陳獨秀不用說[23]，譚嗣同《仁學》中強調衝破網羅、主動反靜、相對主義等等，甚至在文字詞語上也與毛的《倫理學原理批語》十分相似。如：

譚：「……方甚為陶甄也，在陶甄曰成，在土曰毀；及其碎也，還歸乎土，在陶甄曰毀，在土又以成。但有回環，都無成毀……方其為餅餌也，在餅餌曰存，在穀曰亡；及其化也，還糞乎穀，在餅餌曰亡，在穀又以存，但有變易，復何存亡？」（《仁學》）

毛：「世上各種現象只有變化，並無生滅成毀也。生死也，皆變化也。既無生滅而只有變化，且必有變化，則成於此毀於彼，毀於彼者必成於此，成非生，毀非滅也。……生非成，死非滅也。」（《倫理學原理批語》）

這種相似並不止是一二處。這裡不贅引了。

曾國藩對青年毛的影響見於毛當年與黎邵西（錦熙）的通信自述中，如說：「愚於近人，獨服曾文正」，這不但曾作為小同鄉（曾是湘鄉人），於毛可能有某種親切感，但主要恐怕是曾並「聖

---

22 轉引自李銳《毛澤東的早期革命活動》，湖南人民出版社，長沙，1980年，第104頁。

23 參看本書其他文章。

賢」（修養）「豪傑」（事功）於一身，很符合毛當時的口味和志向。顏元強調體力活動的自我修養，如前所述，很明顯與毛的思想非常合拍。[24]而嚴復介紹的形式邏輯和近代經驗論的方法論，也正是毛的經驗理性所特別需要的理論依據。嚴譯的自由主義的經濟學（《原富》）和政法理論（《法意》）以及資本主義社會許多其他的事物、文明如教育制度、政治制度等等，則似乎對毛並無何影響和意義。毛直到晚年仍對邏輯學（形式邏輯）有高度興趣[25]，提議重印數十年前的邏輯著作，也可作旁證。

　　青年毛澤東的上述思想，似乎可以明顯看出，第一，西方傳來的個人主義思想被中國原有的英雄主義思想在傳統儒學的「立志」、「修身」、作「聖賢」的外罩下融化了。第二，重勞動、建信仰、立組織、講刻苦的下層社會的觀念、情感、習俗[26]，與上層社會的文化修養、知識學問、高雅趣味融合在一起了。中國上下層社會均保持的傳統的實用（實踐）理性精神，在這裡展現得非常清楚。青年毛澤東思想特色，正是那一時期上下古今的某種混合物。由於反襯出下層社會（主要是勞動農民及流氓無產者）的反叛「衝動」，使青年毛澤東不同於當時許多知識分子。由於畢竟

---

24 余英時《史學與傳統》：「毛澤東早年即服膺顏元之學，見李璜《學鈍室回憶錄》，傳記文學社，1973 年，頁 36～39」，時報出版公司，臺北，1982 年，第 104 頁。

25 可參看龔育之等〈毛澤東與邏輯學〉，《毛澤東的讀書生活》，三聯書店，1986 年。

26 參看拙作〈墨家初探本〉，《中國古代思想史論》。

受過儒家教義的熏陶和深厚的傳統文學修養，使青年毛澤東又不同於當時的江湖浪子、綠林豪傑。也正因為此，毛澤東一方面嫌惡舊教育，嫌惡、憎恨「四體不勤，五穀不分」和「溫良恭儉讓」的孔夫子的傳統，但另一方面，他又仍然能接受、運用和繼承從孔孟到宋儒到曾國藩在社會上層所宣講的「立志」、「修身」的理學精神。他把這兩個方面奇異地綜合起來了。與此相映對，他對資本主義特別是對資本主義教育的反感，卻始終強烈地保持著。

在青年毛澤東的思想的具體行程中，毛的老師楊昌濟的直接引導起了重大作用。楊確乎是上承譚嗣同，下啟毛澤東。例如，楊說：

……體魄界之中心點，吾身是也；靈魂界之中心點，吾心之靈是也。總之，天地萬物，以吾為主。……孔子曰，古之學者為己；孟子曰，萬物皆備於我矣。……宇宙內事，皆吾性分中事，為己者，為此也。[27]

余研究學理十有餘年，殊難極其廣大，及讀譚瀏陽《仁學》，乃有豁然貫通之象。……心力邁進一往無前。[28]

不但楊昌濟對曾國藩、譚嗣同的極力推崇，而且他強調動、

---

27 轉引自王興國《楊昌濟的生平及思想》，湖南人民出版社，長沙，1981年，第53～54頁。

28 《達化齋日記》，湖南人民出版社，長沙，1981年，第165頁。

運動、立志、修身、學以致用、實事實功以及「實現自我」等等，
都對他的學生產生了很大影響。[29]

　　毛青年時寫過為楊所激賞的〈心之力〉一文，但今天已經看
不到了。估計與前述的「動力」、「貴我」即高揚主觀精神和意志
力量相距不遠。毛的思想這一特色，也不斷表現在他的詩詞創作
中。他的詩詞對於了解其思想及個性（這二者在他那裡是溶化在
一起的）是極為重要的。[30]毛終其一生是浪漫氣質很重的詩人。
早年他就自稱「可惜我太富於感情，中了慷慨的弊病」、「我因易
被感情驅使，總難屬行規則的生活」（〈與黎邵西書〉，1920 年 6
月 7 日），「性不好束縛」（同上，1915 年 11 月 9 日），毛的哲學
思想中充滿了個性，而這個性以充分的形式表現在他的詩詞創作
中。從「丈夫何事足縈懷，要將宇宙看梯米」（〈送縱宇一郎東
行〉）到「問蒼茫大地，誰主沈浮」，從「蒼山如海，殘陽如血」
到「淚飛頓作傾盆雨」……，其中不但有豪傑的偉詞，戰士的深

---

29 「楊昌濟倡導手工課……有金工、木工、石膏等科目……其他如言行方
　　面：靜坐、默思、不說謊話、不涉狎邪等等；生活鍛鍊方面：做事勤懇，
　　崇尚勞動，衣食菲薄，愛惜時間，廢止朝食，冷水淋浴，長途單行……
　　無不躬行實踐，對學生們有深刻影響」（李銳：《毛澤東的早期革命活
　　動》，第 33 頁），但毛卻把「動」的宇宙觀貫串到底，極力反對「靜坐」，
　　頗不同於他的師（楊）友（蔡和森）。

30 Benjamin Schwartz 曾認為，毛的詩比他的辯證法、認識論更是毛的哲學
　　的核心。見 Dick Welson 編 *Mao Tse-Tung in the Scales of History*，倫敦，
　　1977 年，p. 10。

情，而且還有人生的感喟。毛好思索，雖不喜歡純抽象思辨（這一點很不同於馬克思以至列寧），卻有深刻的生死感懷和人生感慨。像「人生易老天難老」，「天翻地覆慨而慷」，「蕭瑟秋風今又是」……，便是在事功極盛時的深刻的宇宙蒼涼感。但儘管蒼涼，卻並不傷感，主要的方面仍然是那種衝力的高揚，意志的旺盛。[31]

　　宇宙茫茫，挽駕何所？此真足以動人生之悲痛者也。雖然，吾之意不如此焉。……大風捲海，波瀾縱橫，登舟者引以為壯觀，生死之大波瀾，何獨不引以為壯乎？（《倫理學原理批語》）

　　正是這樣，面臨著個人和國家的生死變化的大波瀾，憑依意志力量之「衝動」來駕舟遠航，任一己之心力，主萬姓之浮沈，以實現自己體魄和精神之極致，以追求那大同邦、理想國，這似乎是毛從青年到晚年所並未改變的行動世界觀。

　　關於毛如何接觸和接受了馬克思列寧主義，在其中選擇了些什麼，迴避、忽略或拒絕了什麼，發展了些什麼，以及他如何在哲學上很快由唯心論變到「辯證唯物論」，在政治上很快由反對暴力的溫和派變到主張暴力的急進派，等等，也都與他青年時期的上述思想特徵有關。而這些，就得另抄材料，且聽下回分解了。

（原載：《河北大學學報》1987 年第 1 期）

---

31 與高揚意志和力量的英雄主義相反相成的，是一種自我嘲諷式的確認和「貶低」，包括晚年的「豎子成名」、「猴氣」等等（「猴氣」還有更多的涵義）。

五、試談馬克思主義
在中國

　　沒有哪一種哲學或理論，能在現代世界史上留下如此深重的影響有如馬克思主義；它在俄國和中國占據統治地位已數十年，從根本上影響、決定和支配了十幾億人和好幾代人的命運，並從而影響了整個人類的歷史進程。俄國不在本文範圍。這一事實在中國是如何可能的？它顯然是一個具有頭等意義的現代思想史課題。

　　而且，較之西方馬克思主義各派理論，馬克思主義在中國或者說中國的馬克思主義具有由實踐行動所提供的大量現實的經驗和教訓。例如盧卡契《歷史與階級意識》所強調的無產階級群眾的階級意識、葛蘭西強調的無產階級在意識形態上的領導權和「文化批判」等等，都由毛澤東晚年以其東方式的形態在文化大革命中廣泛實踐過。儘管二者仍有許多重大差異，但重視思想意識、倫理道德、文化批判、人的改造等意志主義和主觀主義的特色上，卻有許多近似或相接近的地方 [1]，從毛澤東晚年的失敗也許可從理論上印證西方某些馬克思主義學派理論的一些問題。因之，對馬克思主義在中國的歷史命運的研究，對了解整個馬克思主義或許也將有所裨益。當然，本文不過是在目前的可能條件下作點嘗試而已。第一次嘗試總不會成功，希望失敗可以給後來者以某些借鑒。

1　參看拙作《批判哲學的批判》（修訂本）第九章，人民出版社，北京，1984 年。

(一) 1918～1927 年

　　在十月革命以前，中國少數留學生知識分子便知道並紹介過馬克思及其學說輪廓。其中，朱執信是最著名的一位[2]，但在中國及知識界並沒產生什麼影響。因此，毛澤東在 1949 年總結中國革命歷史並宣布基本國策的〈論人民民主專政〉一文中說，「十月革命一聲炮響，給我們送來了馬克思列寧主義」，便可以說是準確的。馬克思主義是與十月革命和列寧主義一起，被中國當時一部分知識分子所歡迎、所接受、所傳播、所信仰。與俄國曾經經過普列漢諾夫等人的多年介紹、翻譯、研究、宣傳馬克思主義，具有思想理論的準備階段大不相同，馬克思主義在中國，一開始便是作為指導當前行動的直接指南而被接受、理解和運用的。馬克思主義在中國的第一天所展現的便是這種革命實踐性格。中國沒有俄國那種「合法的馬克思主義」。《資本論》等馬、恩、列的好些基本理論著作長期以來並無中譯本。李大釗、陳獨秀、毛澤東……這些中國的最大的馬克思主義者當時並沒有讀過許多馬、列的書，他們所知道的，大都是從日本人寫作和翻譯的一些小冊

---

2 參看拙作《中國近代思想史論》，人民出版社，北京，1979 年，第 302～304 頁。

子中所介紹、解說的馬克思主義和列寧主義。因此第一個問題便是，在豐富複雜的馬克思主義中，他們到底注意了、理解了、選擇了些什麼？他們是如何選擇、如何運用的？這種選擇和運用是如何可能的？

1918 年至 1919 年初，李大釗連續發表了〈法俄革命之比較觀〉、〈庶民的勝利〉、〈Bolshevism 的勝利〉，表示了對俄國十月革命的讚賞、支持。1919 年 5 月李大釗發表了〈我的馬克思主義觀〉，這可說是第一篇真正介紹馬克思主義學說的長文，也標誌著中國最早一批進步知識分子對馬克思主義的接受和理解。從這篇文章中可以看出，十月革命的成功和河上肇等日本人的第二手的翻譯著作，便足以使中國這些知識分子抓住馬克思主義的某些基本要點，迅速和果斷地接受了它，成為中國第一批馬克思主義者。之所以如此，首先是近現代救亡主題的急迫現實要求所造成，同時也是中國傳統的實用理性的展現，即要求有一種理性的信仰來作為行動的指針。馬克思主義的基本理論和十月革命的實踐效果使這種潛在的要求變為現實。

馬克思主義有各方面的豐富內容。恩格斯在馬克思墓前演說中曾指出唯物史觀和剩餘價值是馬克思的兩個重大發現。剩餘價值理論本就是無產階級進行社會主義革命的理論依據和思想基石。但在當時，中國的資本主義剛才起步，無產階級也非常薄弱，連進行宣傳鼓動的廠礦企業都少得可憐，這一基本學說的實用性質和實用範圍都非常有限。因此，儘管李大釗、陳獨秀等人介紹馬克思主義時，都要介紹剩餘價值學說，但如果細看一下，便會

發現，他們介紹的重點，真正極大地打動、影響、滲透到他們的心靈和頭腦中，並直接決定或支配其實際行動的，更多是馬克思主義的唯物史觀。其中，又特別是階級鬥爭學說。

李大釗說：

馬氏社會主義的理論，可大別為三部：一為關於過去的理論，就是他的歷史論，也稱社會組織進化論；二為關於現在的理論，就是他的經濟論，也稱資本主義的經濟論；三為關於將來的理論，就是他的政策論，也稱社會主義運動論，就是社會民主主義。離了他的特有的唯物史觀，去考他的社會主義，簡直的是不可能。因為他根據他的史觀，確定社會組織是由如何的根本原因變化而來的……預言現在資本主義的組織不久必移入社會主義的組織，是必然的運命……。他這三部理論，都有不可分的關係，而階級競爭說恰如一條金線，把這三大原理從根本上聯絡起來。所以他的唯物史觀說，「既往的歷史都是階級競爭的歷史」。他的《資本論》也是首尾一貫的根據那「在今日社會組織下的資本階級與工人階級，被放在不得不仇視、不得不衝突的關係上」的思想立論。關於實際運動的手段，他也是主張除了訴於最後的階級競爭，沒有第二個再好的方法。（1919 年 5 月）[3]

3　〈我的馬克思主義觀〉，《李大釗選集》，人民出版社，北京，1978 年，第 176～177 頁。

陳獨秀說：

馬格斯主義在德國變為國家社會主義，……也叫做社會民主主義，因為他主張利用有產階級的議會來行社會主義，所以也叫做議會派，內中無論是柯祖基的正統派或柏因斯泰因的修正派，都不過大同小異罷了。在俄國才還了馬格斯的本來面目，叫做共產主義……兩派的主張彼此正相反對如下表：

共產主義的主張	國家社會主義的主張
階級戰爭	勞資攜手
直接行動	議會政策
無產階級專政	民主政治
國際運動	國家主義

……

我們中國人對於這兩種社會主義，究竟應該採用哪一種呢？……階級戰爭的觀念確是中國人應該發達的了，再睜開眼睛看看我們有產階級的政治家政客的腐敗而且無能，和代議制度的信用、民主政治及議會政策在中國比在歐美更格外破產了。（1921年7月1日）[4]

如前所說，中國知識分子是通過十月革命和列寧主義來接受

4　〈社會主義批評〉，《新青年》第9卷第3號。

馬克思主義的。因此李大釗、陳獨秀所接受的唯物史觀與階級鬥爭學說，又是與列寧堅決反對第二國際的議會道路直接聯繫在一起的。這不但直接決定了他們對中國現實鬥爭道路的選擇，（不走社會民主黨的和平道路，而走俄國布爾什維克的暴力革命道路）而且也決定了他們所接受和理解的唯物史觀，總是與激烈的階級鬥爭緊密聯在一起。正如上引李大釗的解釋，馬克思關於過去（歷史觀）現在（經濟學）未來（社會主義）的理論，都由階級鬥爭這「一條金線……聯絡起來」。

　　但是，中國知識分子有著自己的長久的文化傳統和觀念遺產，這些傳統和遺產與唯物史觀、與階級鬥爭學說不但毫不相侔，甚至相互衝突；那麼，這種對於他們是全新的觀念、思想的馬克思主義，為什麼會如此迅速地被他們所接受呢？除了救亡這一現實急需外，有沒有什麼文化心理結構上的依據或條件呢？

　　本來，從晚清起，嚴復翻譯、介紹的進化論，在中國便一直深入人心風靡不衰，從飽讀詩書的士大夫到年輕一代的知識者，曾非常迅速地扔棄千百年「一治一亂」、「分久必合，合久必分」的循環論的歷史觀和「復三代之盛」的歷史退化論，似乎並無任何思想困難或情感障礙便接受了以生物學為基礎的社會達爾文主義。這個現象值得注意。它似乎說明，中國由於沒有真正強烈的宗教信仰，知識者仍然習慣於用自己的理性來判定、衡量和估計事物，這種理性是一種經驗論的理知，排斥著純粹的抽象思辨和非理性的情感狂熱，而與現實生活的經驗感受和積極意念連在一起。所以它沒有「上帝造人」之類的思想情感上的阻礙，也沒有

從宿命論角度來安然接受「弱肉強食、優勝劣敗」的結論，而仍然追求和吶喊著自立自強和剛健奮起。「自強」、「剛健」本是儒學傳統，它卻可以在西方輸入的進化論觀念下成為近代精神。可見，儘管近現代傳來的好些西方學說，在某些具體內容、觀念上與儒、道、墨、法的中國傳統相背離、矛盾甚至相衝突，例如上述的進化論與歷史循環論、退化論的背離，「弱肉強食」、「生存競爭」與「和為貴」（儒）、「弱者道之用」（道）的矛盾，卻可以在更深一層的文化心理結構（「民族精神」、「國民性」）上接受和融會他們。這所謂「更深一層」的「文化心理結構」的一種基本特質，便是求現實生存、肯定世俗生活並服務於它的實用理性。

也正因為中國的實用理性使情感經常處在理智的控制、干預和滲透下，使人們的意念、信仰、希望以及意識形態經常要求某種理性的解釋，進化論在中國便主要不是作為一種實證的科學學說來對待和研究，而是更作為一種意識形態、一種信仰、一種生活動力、人生觀點和生命意念而被接受和理解。[5] 人們是懷著一種情感態度去接受、理解和信仰它的，但這是一種理智認識後的信仰，而不同於純情感的傾倒或服從。正如同以前中國士大夫之信仰孔夫子不同於西方人崇拜上帝相信耶穌一樣。進化論觀念作為意識形態和情感信仰，指導中國知識分子去生活和奮鬥，具有著理性的特徵。

顯而易見，由進化論走到唯物史觀，在中國知識群中，是順

---

5 參看本書〈記中國現代三次學術論戰〉。

理成章，相當自然的事。李大釗、陳獨秀當年便是如此。李大釗在成為馬克思主義者以前，歌頌著「青春」、「今」，呼喊著「新的、舊的」，追求進步，肯定進化。陳獨秀則曾直接以「進化論」與「人權」、「社會主義」作為新文化啟蒙運動的思想理論基礎。人所共知，魯迅在成為馬克思主義者以前，也是進化論的信徒。

　　唯物史觀之所以能替代進化論，它優越於後者之所在，對當時先進知識群說，至少有突出的兩點。第一，它更為具體地實在地解釋了人類歷史，不再是一個相當簡單的生存競爭原則或比較空泛的社會有機體觀念，而是以經濟發展作為基礎來解釋社會的存在和各種社會上層建築、意識形態、觀念體系以至風習民情，具有很大的理性說服力。中國一直有著「經世致用」重視功利的儒學傳統，有著從經濟（食貨）、地理各種社會物質存在條件或方面去研究和論證政治盛衰、民生貧富的思想學說。早在春秋時期，便有「倉廩實則知禮節，衣食足則知榮辱」（《管子》）和「庶之、富之、教之」（《論語》）的思想觀念，它們一直未為人們所遺忘。儘管有宋明理學的衝擊和統治，歷代治世能臣從桑弘羊到張居正的形象，不但被史書所詳加記錄，而且基本上為士人們所肯定。這種「文化心理結構」的積澱，對不倦地向西方尋求救亡真理的現代中國知識分子先選擇進化論後又選擇了唯物史觀，應該說是起了作用的。儘管不一定自覺意識到，但思想傳統、情感傾向和心理結構上的認同，亦即沒有在情感、觀念上強烈的排拒感、難以接受感，無疑是一個重要因素。對比中國人由於長久的傳統觀念和倫理情感的排拒，一般較難接受弗洛依德戀母情結論和極端

個人主義，對比具有強烈宗教信仰者難以接受「猴子變人」的進化論，似乎也表明這一點。

其次，就具體內容說，中國社會思想中一直有烏托邦的傳統。儒家「治國平天下」是希望「復三代之治」，道、墨甚至佛教也各有其不同的烏托之邦或極樂世界。到近代，洪秀全、康有為和孫中山更分別構造了他們的「新天新地新人新世界」的大同遠景。[6] 以空想社會主義為自己現實奮鬥的最終目標和遠大理想，是這些志士仁人進行實踐鬥爭的一種巨大的動力。因之，由空想社會主義到唯物史觀的「科學社會主義」，在思想進程上也有順水推舟易於接受的便利。

這裡，重要的是，對中國知識分子來說，唯物史觀與進化論一樣，不是作為具體科學，不是作為對某種客觀規律的探討研究的方法或假設，而主要是作為意識形態、作為未來社會的理想來接受、來信仰、來奉行的。「馬克思列寧主義的實踐性格非常符合中國人民救國救民的需要……重行動而富於歷史意識，無宗教信仰卻有治平理想，有清醒理知又充滿人際熱情……，這種傳統精神和文化心理結構，是否在氣質性格，思維習慣和行為模式上，使中國人比較容易接受馬克思主義呢？」[7] 其中特別是，馬克思主義主要作為一種歷史觀與中國文化心理尊重歷史經驗、富有歷史觀念歷史情感，更有相互接近的地方。1949 年的勝利和解放初

6 參看拙作《中國近代思想史論》。
7 拙作《中國古代思想史論》，末章。

關於「社會發展史」（即唯物史觀）的大規模的宣傳，使中國大陸
絕大多數知識分子，包括好些宗教徒和非馬克思主義甚或反馬克
思主義的著名學者、教授、哲學家、歷史學家，都自覺自願地接
受了和相信了馬克思主義。「1949 年以後許多有自己明確的哲學
觀點、信仰甚至體系的著名學者和知識分子如金岳霖、馮友蘭、
賀麟、湯用彤、朱光潛、鄭昕等人，也都先後放棄或批判了自己
的原哲學傾向，並進而接受馬克思主義。儘管他們對馬克思主義
哲學了解的深度和準確度還可以討論，但接受的內在忠誠性卻無
可懷疑。……這與他們由熱情地肯定共產黨領導革命成功使國家
獨立不受外侮從而接受馬克思主義有關；但這種由『人道』（政
治）而『天道』（哲學）的心理轉移，不又正是中國的思想傳統
麼？他們不正是自覺不自覺地表現了這一傳統麼」[8]，甚至像頑
強固執的熊十力、梁漱溟，也都在他們的晚期學術著作中，表露
出或反射出他們對馬克思主義哲學某種程度上的認同或肯定
態度。[9]

　　當然，還有一大批知識分子（主要是大陸以外的）並沒有接
受而且許多還激烈反對馬克思主義。除了政治原因外，思想上的
一個主要焦點是他們反對階級鬥爭學說。承認或否認從而積極參
加或消極拒絕（或積極反對）階級鬥爭，便幾乎在中國成了是否
接受馬克思主義的一個理論上的區分界線和標準尺度。1949 年以

---

8 同上。

9 參看熊的《原儒》、《乾坤衍》、梁的《人心與人生》等著作。

前中國知識分子中的馬克思主義者絕大多數是中國共產黨黨員，
也在實踐上說明了這一點。因此，馬克思主義在中國，主要是以
其唯物史觀（歷史唯物論）中的階級鬥爭學說而被接受、理解和
奉行的。

　　階級鬥爭，一些階級勝利了，一些階級消滅了。這就是歷史，
這就是幾千年的文明史。拿這個觀點解釋歷史的就叫做歷史的唯
物主義，站在這個觀點的反面的是歷史的唯心主義。[10]

　　這條在「文化大革命」中被億萬人民無數次高聲誦讀的毛語
錄，雖然並不能概括中國馬克思主義者甚至毛澤東本人對唯物史
觀的全部看法，因為階級鬥爭並不就是唯物史觀，唯物史觀也遠
不止是階級鬥爭，但階級鬥爭作為唯物史觀的一個重要的基本內
容，數十年來對中國的革命知識分子來說，具有關鍵性的意義。
共產主義作為唯物史觀未來圖景，提供的只是革命的信念和理想，
階級鬥爭作為唯物史觀的現實描述，才既是革命的依據，又是革
命的手段和途徑。於是它就成了馬克思主義在中國最根本的理論
學說和基本觀念。
　　所以，值得注意的是，在中國，常常是從階級鬥爭來看一切，
包括從階級鬥爭的角度、形勢和要求來認識、研究以至描述、區
別階級。無論是陳獨秀 1923 年的《中國國民革命與社會各階

---

10 《毛澤東選集》，第 1376 頁。

級》，或毛澤東 1926 年的《中國社會各階級的分析》，都主要是從
當時整個階級鬥爭的形勢、情況的角度和層面來分析中國社會各
階級，因此著眼點和著重點主要不在各階級在社會生產關係中的
歷史位置的具體科學考察，不在對中國社會作嚴格的結構性的階
級階層分析，不在以比較嚴密的數量統計為基礎的所有制和財產
分布的描述研究 [11]，而主要在描述各階級在當時經濟特別是政治
上的處境、狀態和它們在經濟特別是在政治上的態度和可能性。
從而收支狀況、生活水平代替在社會生產關係和生產方式中的結
構性的地位，常常不是生產中的地位，而是分配、消費中的地位；
不是經濟條件，而是政治態度；更成為注意的重點。中國馬克思
主義的這種階級分析和階級觀念更接近於馬克思《法蘭西階級鬥
爭》、《路易·波拿巴的霧月十八日》等戰略論著中的階級分析，
而不接近《資本論》、《俄國資本主義的發展》（列寧）的基礎分
析。它實際是從階級鬥爭（政治）來觀察、論證階級（經濟），分
析階級也是為了明確「誰是我們的敵人？誰是我們的朋友？」是
為了當前革命的急迫的實用需要。[12]

　　階級鬥爭學說從陳獨秀、李大釗等人所率先傳播，得到大批
青年歡欣鼓舞的接受和信仰後，很快就有具體行動的落實。首先
是建黨，其次是「到民間去」。

　　建黨是列寧主義的基本學說。以職業革命家為主體、有嚴格

─────────────────

11 直到一九三〇年代的中國社會性質問題論戰才有了初步的科學研究。
12 毛制訂的《怎樣分析農村階級》略有不同。但那是政策性的文件，也沒
　　有從理論上分析封建生產方式和封建土地制關係中的各階級。

組織和鐵的紀律的共產黨組織在北京、上海、長沙等地相繼成立，並召開了第一次、第二次代表大會，並開始領導、組織工人進行鬥爭。上述思想理論上的階級分析也正是在有了這種階級鬥爭實踐之後才來進行的。中國共產黨沒有馬列主義創始人以及考茨基、普列漢諾夫等人那種多方面多層次的理論論著，中國現代緊張的政治局勢和救亡鬥爭，使得人們在主客觀上很少能有足夠的條件來進行深入的理論思考和書齋研究，而把主要的力量、時間和注意，集中在急迫的鬥爭實踐上去了。中國傳統文化心理中的實用理性和集體（家國）意識無疑促成了這一特徵。所以，從唯物史觀到階級鬥爭，無不塗上這樣一種直接為急迫的現實鬥爭、為當前的社會需要服務的色調。馬克思主義的實踐性和革命性，在中國現代的特定環境下，在中國傳統的文化心理滲入下，具有了這樣一種單純和直接的實用特徵。

有學者研究胡適時，曾解釋為何杜威與羅素大體同時來華講學，杜威的影響卻比羅素要大得多，認為「杜威的實驗主義通過胡適的中國化的詮釋之後，這種『改造世界』的性格表現得更為突出。……杜威和馬克思之間有許多根本的分歧，但在『改變世界』這一點上（包括強調理論與實踐的統一），他們的思想是屬於同一型態的。馬克思主義之所以能繼實驗主義之後炫惑了許多中國知識分子，這也是基本原因之一。」[13] 其實，更重要的是，一

---

[13] 余英時：《中國近代思想史上的胡適》，聯經出版事業公司，臺北，1984年，第 61 頁。

方面，在上述的中國現代條件下，本來十分重視理論、具有一整套完備理論體系的馬克思主義本身，在中國也被染上了「有效即真理」和要求直接服務於當下實踐的實用主義的因素。這一點影響了它在中國的發展方向。但另方面，為什麼馬克思主義能夠「繼實驗主義之後炫惑了許多中國知識分子」呢？即是說，馬克思主義如何比實用主義對中國知識分子有更大的可接受性呢？

除了現實的原因（救亡圖存）外，又似乎仍有其文化心理結構上的原因。就傳統心態說，中國的實用理性有與實用主義相近的一面，即重視真理的實用性、現實性，輕視與現實人生與生活實用無關的形而上學的思辨抽象和信仰模式，強調所謂「道在倫常日用之中」。但也有與實用主義並不相近的一面，即實用理性更注意長遠的效果和具有系統內反饋效應的模式習慣，即承認有一種客觀的「道」支配著現實社會和日常生活，從而理性並非只是作為行為的工具，而且也是認識（或體認）道體的途徑。正是實用理性這一特點，使中國知識分子在馬克思主義與實用主義之間，在文化心理結構上更易傾向於前者一些。因為馬克思主義不但有其關於社會發展的理論和未來世界的理想，而實用主義的理論建立在生物適應環境的基礎上，沒有這種理論和理想；而且馬克思主義是肯定客觀世界及其普遍規律的存在，是重視對這種客觀規律的認識和論證的，而實用主義則從理論上排斥這一點。所以，從一開始，中國馬克思主義者像李大釗、陳獨秀、瞿秋白、蔡和森等人就寫出了有關中國現實局勢和奮鬥前景的好些頗有理論水平的文章，今日看來，也遠遠超過了當時其他黨派和其他的思想

理論學說（例如胡適的政論文章），他們對中國革命狀況和政治鬥爭的分析論證，具有比其他理論學說更有說服力的深刻性。這倒正是他們運用了馬克思主義即唯物史觀和階級鬥爭學說來觀察論證的結果。因為當時中國確乎處在日益緊張的社會鬥爭和階級鬥爭之中，處在日益加劇的日本帝國主義侵略形勢下。

　　馬克思主義在中國的第一階段以李大釗的理論文章最具有代表性，李大釗是中國馬克思主義的早期理論代表。之所以如此，不僅在於李大釗是最早接受和最先傳播馬克思主義的先驅，而且也在於他的這種接受和傳播，從一開始便具有某種「中國化」的特色。這特色使他不同於陳獨秀，而與後來以毛澤東為代表的中國馬克思主義倒有一脈相通之處。其中有兩點最值得注意：

　　第一，是民粹主義的色彩。[14] 李大釗大概是最早號召知識青年學習俄國民粹派「到農村去」的中國馬克思主義者：

　　我們青年應該到農村去，拿出當年俄羅斯青年在俄羅斯農村宣傳運動的精神，來作出開發農村的事，是萬不容緩的。我們中國是一個農國，大多數的勞工階級就是那些農民。他們若是不解放，就是我們國民全體不解放，他們的苦痛，就是我們國民全體的苦痛；他們的愚暗，就是我們國民全體的愚暗；他們生活的利病，就是我們政治全體的利病。

---

14 參看 Maurice Meisner, *Li Ta-chao and the Origins of Chinese Marxism*, 1970, N. Y.: Atheneum，此書強調提出了這一論點。

……

在都市裡漂泊的青年朋友們啊！你們要曉得：都市上有許多罪惡，鄉村裡有許多幸福；都市的生活，黑暗一方面多，鄉村的生活，光明一方面多；都市上的生活，幾乎是鬼的生活，鄉村中的活動，全是人的活動；都市的空氣污濁，鄉村的空氣清潔。你們為何不趕緊收拾行裝，清還旅債，還歸你們的鄉土？……早早回到鄉里，把自己的生活弄簡單些，勞心也好，勞力也好，種菜也好，耕田也好，當小學教師也好，一日把八小時作些與人有益與己有益的工作，那其餘的工夫，都去作開發農村、改善農民生活的事業。一面勞作，一面和勞作的伴侶，在笑語間商量人向上的道理。只要知識階級加入了勞工團體……只要青年多多的還了農村……，那些掠奪農工、欺騙農民的強盜，就該銷聲匿跡了。

青年呵！走向農村去吧！日出而作，日入而息，耕田而食，鑿井而飲。那些終年在田野工作的父老婦孺，都是你們的同心伴侶，那炊煙鋤影雞犬相聞的境界，才是你們安身立命的地方呵！
（〈青年與農村〉，《晨報》，1919 年 2 月 20～23 日）

民粹主義一般有兩個相互結合的特色，一是痛恨資本主義，希望避免或跳過資本主義，來建立社會主義或理想社會；一是把這希望放在農村和農民身上。像這樣號召到農村去，這樣重視農村，歌頌農民，在陳獨秀等人那裡是看不見的。但這又並非李大釗一人的特點，在他前後的章太炎、魯迅（早期）、章士釗、梁漱

溟、毛澤東等人那裡，曾各以不同的形態閃爍出這同一特色。可以看出，在中國近現代，始終有著以康有為、嚴復、孫中山、胡適、陳獨秀為突出代表的西化思潮與以洪秀全以及上述章太炎等人為突出代表的民粹思潮的傾向差異。其差異主要表現在對待資本主義基本採取讚揚、肯定（前者）還是保留、否定（後者）的不同態度上，前者更注意資本主義的物質文明、工業生產帶來的社會幸福、國家富強，後者則更著意如何保持「純淨」的農村環境（廣義）、傳統美德、精神文明等等，以超越資本主義。這確乎與俄羅斯的「西歐派」與「斯拉夫派」有某些相似。但是，由於中國沒有像東正教那樣的宗教傳統，沒有俄羅斯農村公社的殘跡，以及近代一些其他重要原因，中國沒有或沒來得及產生純粹的民粹派的思潮、組織和活動。中國近現代所有的「志士仁人」都是自覺地「向西方尋求真理」，從而具有民粹思想的人經常處在某種不自覺的狀態，他們經常並不否定近代大工業、大生產，同時「西化派」中也有不少人揭發、批評資本主義的罪惡。所以上述劃分便只具有非常相對的意義，只是某種總的思想傾向上的差異，並且只是從客觀上和整體上來說的。在各個具體人物身上，又還有各種具體矛盾的複雜情況。[15]但是，本文之所以要提出這個問題，指出這種差異，是因為中國近現代民粹思潮頗值得重視。正由於它沒有像俄國那樣具有著理論上和實踐上的獨立性格，沒有受過

---

15 例如，大概只有魯迅超越了這種差異，但也仍然在情感思想的深層存留著這種矛盾和衝突。

從普列漢諾夫到列寧的尖銳批判，從而它一開始便滲入了馬克思主義之中，而發生了作用和影響。這種作用和影響不一定全是壞的。許多方面，例如重視農村和農民，是符合中國實際，有助於馬克思主義在中國的勝利；但的確也帶來了一些問題和毛病，這在後面還要講到。

　　李大釗宣講的馬克思主義的第二個特點是道德主義。李大釗在一開始介紹階級鬥爭學說的同時，便又特別著重宣傳克魯泡特金的互助論。他曾用互助來「補充」階級鬥爭。

　　一切形式的社會主義的根萌，都純粹是倫理的。協合與友誼，就是人類社會生活的普遍法則……就可以發現出來社會主義者共同一致規定的基礎……這基礎就是協合、友誼、互助、博愛的精神，就是把家族的精神推及於四海，推及於人類全體的生活的精神……

　　他（指馬克思）並不是承認人類的全歷史，通過去未來都是階級競爭的歷史。他的階級競爭說，不過是把他的經濟史觀應用於人類歷史的前史一段，不是通用於人類歷史的全體。他是確信人類真歷史的第一頁當與互助的經濟組織同時肇始。……

　　這最後的階級競爭，是改造社會組織的手段。這互助的原理是改造人類精神的信條。我們主張物心兩面的改造，靈肉一致的改造。（〈階級競爭與互助〉，《每週評論》1919 年 7 月 6 日）[16]

---

16 《李大釗選集》，第 222～224 頁。

　　我們於此可以斷定，在這經濟構造建立於階級對立的時期，這互助的理想、倫理的觀念，也未曾一日消滅，不過他常為經濟構造所毀滅，終至不能實現。這是馬氏學說中所含的真理。到了經濟構造建立於人類互助的時期，這倫理的觀念可以不至如從前為經濟構造所毀滅。可是當這過渡時代，倫理的感化，人道的運動，應該加倍努力，以圖鏟除人類在前史中所受的惡習染，所養的惡習質，不可單靠物質的變更。這是馬氏學說應加救正的地方。

　　我們主張以人道主義改造人的精神，同時以社會主義改造經濟組織。不改造經濟組織，單求改造人類精神，必致沒有效果。不改造人類精神，單求改造經濟組織，也怕不能成功。我們主張物心兩面的改造，靈肉一致的改造。(〈我的馬克思主義觀〉) [17]

　　以「互助」、「協合」、「友誼」、「人道」、「改造人類精神」來作為改造社會組織的互補劑和雙行道，使社會主義革命和階級鬥爭具有某種倫理的道德的性質和內容，這一特徵與上述民粹主義特徵互相緊密地聯繫、溶合和統一在一起，它們是在同一個農業小生產的傳統社會基礎上產生出來的。它好像與中國傳統的孔孟之道有些相似，但又有所不同。因為這種「互助」、「協合」和「改造人類精神」，是強調建築在所謂「尊勞主義」，即以下層人民的勞動為基礎的：

---

17 《李大釗選集》，第 194 頁。

我覺得人生求樂的方法，最好莫過於尊重勞動。一切樂境，都可由勞動得來，一切苦境，都可由勞動解脫。……曉得勞動的人實在不知道苦是什麼東西。譬如身子疲乏，若去勞動一時半刻，頓得非常爽快……免苦的好法子，就是勞動。這叫做「尊勞主義」。(〈現代青年活動的方向〉，《晨報》，1919 年 3 月 14～16 日) [18]

人道主義經濟學者持人心改造論，故其目的在道德的革命。社會主義經濟學者持組織改造論，故其目的在社會的革命。這兩系都是反對個人主義經濟學的……從前的經濟學，是以資本為本位，以資本家為本位。以後的經濟學，要以勞動為本位，以勞動者為本位了。這正是個人主義向社會主義人道主義過渡的時代。(〈我的馬克思主義觀〉) [19]

從一開始，李大釗便把倫理、人道、精神改造與階級鬥爭、社會改造即所謂「心與物」、「靈與肉」相提並論，要求作雙向的同時改造。總之，反對「個人主義經濟學」(即以亞當斯密為代表的古典自由主義經濟學)，主張「人道主義經濟學」與「社會主義經濟學」相結合，階級鬥爭與在勞動基礎之上的互助合作相結合，這就是李大釗所理解所宣傳的馬克思主義。難道，這與從先秦墨家以來的中國下層的傳統倫理不有某種接近之處麼？從而，它與

---

18 毛澤東從青年時代起也特別強調體力勞動、體力活動的快樂，參看本書〈青年毛澤東〉。

19 《李大釗選集》，第 175～176 頁。

置根在同一小生產傳統土壤上的儒家的仁愛倫理，又有了可以相通的一面。這一點在後來的發展中便展現得更清楚了。

　　民粹主義因素、道德主義因素和實用主義因素的滲入，似乎是馬克思主義早期在中國的傳播發展中最值得重視的幾個特徵。它之所以值得重視，是在於它對馬克思主義理論的選擇、判斷、接受、運用中，亦即在馬克思主義中國化的進程中，起了重要作用。雖然上面這些材料只是些思想文獻，論證只在純粹理論領域，但活的思想史正是現實歷程的一面鏡子。通過鏡子裡的這些特徵，深刻地反射出了在像中國這樣的農民國家和傳統文化心理結構中的馬克思主義的道路和命運。

　　這條道路和命運確乎不偶然，並不完全取決於個別人的意志和傾向。因此，只有清醒地及時認識它，研究它，才能發展它的強處和優勢，避免它所帶來的缺陷和弊病，從而才能更自覺地理解和掌握馬克思主義。可惜的是，我們的認識、研究似乎都太遲了一些。

（二）1927～1949 年

　　馬克思主義在中國由於與現實政治鬥爭的具體實踐密不可分，黏連一起，其思想理論的發展沒有取得獨立的形態，從而其

階段的區劃標準也沒有獨立的自身尺度，基本取決於社會政治鬥爭的幾個主要關鍵環節，而形成為不同的階段。大體說來，從 1918 年到 1927 年大革命，是以李大釗、陳獨秀為主要代表的早期。1927 年大革命失敗到 1949 年，是以毛澤東、劉少奇等人為主要代表的「毛澤東思想」的成熟期。第三個階段是 1949 年勝利到 1976 年毛澤東逝世，這是毛的思想占據絕對統治地位以及其片面發展的時期。從 1976 年以後至今是新時期。

　　第一期到第二期的中介人物，從理論上看，主要似應是瞿秋白。

　　瞿秋白 1923 年由蘇聯回國，重辦《新青年》作為共產黨的理論季刊。在〈新青年之新宣言〉一文[20]中，瞿秋白公開宣布《新青年》是「無產階級的思想機關」，具有鮮明確定的階級性、黨性、革命性，同時，又提出「當嚴格的以科學方法研究一切，自哲學以至於文學；作根本上的考察，綜觀社會現象之公律而求結論」，即科學性的方法論，他要求以科學革命性的方法論來研究問題、指導實踐。在一九二〇年代，瞿秋白依據唯物史觀評論過科玄論戰，在此文中，又提出了自由與必然的哲學問題。也正是瞿秋白，這時候把「辯證唯物論」介紹到中國來。如上節所述，馬克思主義在中國首先獲得接受、傳播和打響的，是唯物史觀即歷史唯物論，李大釗、陳獨秀以及其他一些人是以這種歷史觀作為

---

20 據丁守和《瞿秋白思想研究》，此文為瞿作，見該書第 50 頁。四川人民出版社，成都，1986 年。

社會觀、人生觀來身體力行的。「故歷史觀者，實為人生的準據，欲得一正確的人生觀，必先得一正確的史觀。……亦可方為一種社會觀。」[21] 但到了瞿秋白，則顯然有所不同，他主要是以「互辯律的唯物論」（即辯證唯物論）來作為宇宙觀和方法論來解說歷史、社會、人生、革命。應該注意，這是一個非常重要的變化。

「宇宙的根本是物質的動，動的根本性質是矛盾，是肯定之否定，是數量質量的互變，社會現象的根本是經濟的（生產關係）動──亦即是『社會的物質』之互變。」[22] 「宇宙間的一切現象，既然是永久動的，互相聯繫著的，社會現象亦是如此。所以社會科學中，根本方法是互辯的唯物主義。」[23] 「所謂『動』就是鬥爭，就是矛盾」，「所以鬥爭與矛盾（趨向不同的各種力量互相對抗）──是以規定變動的歷程。」[24]

與李、陳諸人主要從日文、英文譯著中了解馬克思主義不同，瞿秋白主要是從俄文論著中了解。因此，比起馬恩著作來，普列漢諾夫、列寧、托洛茨基等人的著作更成為其介紹、論證的主要依據。從歷史唯物論（唯物史觀）到辯證唯物論的重點轉移，在一定意義上，也正是馬克思主義從馬克思、恩格斯、考茨基到普

---

21 李大釗：〈史觀〉，《李大釗選集》，第 287 頁。

22 瞿秋白：《社會哲學概論》，《上海大學講義》，1923 年，轉引自丁守和《瞿秋白思想研究》，第 131 頁。

23 瞿秋白：《現代社會學》，《上海大學講義》，1924 年 2 月，同上書，第 131、132 頁。

24 同上。

列漢諾夫、列寧、史達林的某種變異和發展。即不再是從人類本體的歷史進程角度而是從宇宙本體的存在角度，來認識、解說、論證自然、社會、歷史和萬事萬物。應該說，這是一個相當大的變化。儘管恩格斯在《反杜林論》、《自然辯證法》等著作中已經有大量關於自然界各種辯證現象的描述、解釋和論證，但它們多半是為駁斥杜林而表述的觀點和作為材料的思考筆記，並不像唯物史觀那樣，真正自覺構建為系統的理論觀點和嚴整體系。因之，從列寧時代起，不僅是對社會存在和社會意識，而且是對整個存在和意識即心物作哲學的唯物論論證，固然是一次極大的擴展，但同時也帶來某種外在框架公式的主觀主義。這一點到史達林《聯共黨史》中的《辯證唯物論與歷史唯物論》，從自然本體論推導出歷史發展論，將馬克思主義形式邏輯化、框架化、教義化，便變得極明顯了。

　　這一切都影響了中國的馬克思主義。從瞿秋白介紹用辯證唯物論來觀察事物、研究世界，到艾思奇《大眾哲學》的通俗宣傳，的確在普及這種新的哲學世界觀上起了非常巨大的作用，使得年輕一代不必再像上代人那樣，經由達爾文的進化論而走向唯物史觀，而是直接由此而接受、信仰這種既普遍適用又非常「科學」的對宇宙、自然、社會各種現象的解釋，以作為世界觀和方法論，作為引導人生、參加革命的行動指南，並與其他各派現代哲學唯心論劃清界限。這就是瞿秋白不同於李大釗陳獨秀的貢獻和特色所在。[25]這一特色恰恰與毛澤東從青年時代起的哲學思想相吻合。[26]

　　瞿秋白在文藝方面也提出「辯證唯物論的創作方法」，則顯然是受蘇聯拉普派的影響，儘管蘇聯後來清算了拉普派，但在中國並沒作這種消除，瞿秋白當年的這一提法對於後來仍保持著重要影響，如強調文藝工作者要學習馬克思主義，強調世界觀指導創作方法，等等。這一點也與毛的思想是相吻合的。

　　由於緊密地與革命實踐同步行進，馬克思主義思想在中國主要便成為一種關於革命戰略的理論學說，如關於中國社會的性質、中國革命的性質、道路和前景、中國各階級、各政治勢力、各種政治主張的分析和各種文化思想的批判等等。這些均非本文所能詳論，下面只能作點概略敘述。

　　首先，應該指出，在強調中國資產階級民主革命中無產階級的領導權，支持彭湃、毛澤東倡導的農民運動，和提出要重視武裝鬥爭、軍事力量這三個有關中國革命戰略的關鍵問題上，瞿秋白也是承上啟下，即上承陳獨秀、李大釗建黨和「到民間去」的思想，下啟毛澤東等人工農武裝割據的新局面和新主張。

　　「在黨中央的領導者中，瞿秋白是彭湃、毛澤東等從事農民運動的最堅定的支持者，他熱烈讚揚廣東、湖南的農民運動是「全國農民運動的先鋒」。……陳獨秀、彭述之等都不贊成毛澤東的觀點，這篇重要著作（指毛的〈湖南農民運動考察報告〉）在黨中央

---

25 在一定程度和意義上，這也是艾思奇《大眾哲學》與李達《社會學大綱》
　的差異所在。

26 參看本書〈青年毛澤東〉。

機關報 《嚮導》 上未能刊登完。 瞿秋白則高度稱讚毛澤東的意
見，……立即為之作序……交黨中央宣傳部主辦的長江書局印單
行本，以便廣為流傳，指導農民運動的開展。他在序言裡說……
中國「農民要的是政權，是土地」，「……中國農民都要動手了，
湖南不過是開始罷了」。他號召「中國的革命者個個都應當讀一讀
毛澤東這本書，和讀彭湃的《海豐農民運動》一樣」，「中國革命
家都要代表三萬萬九千萬農民說話做事，到戰線上去奮鬥」。」[27]

　　支持農民運動，是與瞿秋白把反封建主義作為中國革命主要
任務之一（另一為反帝）有關，這與張國燾等人誇大中國的資本
主義力量從而低估反封建任務是不同的。 如張國燾所回憶，「他
（指瞿）……強調中國是宗法社會，革命的目的是反封建」。因
而，瞿由注意武裝鬥爭進而重視武裝農民，即把武裝革命與民眾
運動（當時這二者都已存在）結合起來。「瞿秋白認為，既需要
『武裝革命』，又需要『群眾運動』，應當把它們結合起來，推動
中國革命的發展」[28]，「在北伐戰爭開始以後，瞿秋白愈加重視武
裝問題。他……強調說明，『農民自己的武裝現在更成緊急的問題
了』，農民的問題只有『實力鬥爭才能解決』」[29]。

　　在 1927 年「八七會議」之後，「瞿秋白指出，新時期的首要
任務『是民眾的武裝暴動』，『只有民眾的武裝暴動』創立真正的

---

27 丁守和：《瞿秋白思想研究》，第 242～245、251 頁。

28 同上。

29 同上，第 270 頁。

民眾軍隊，建立工農貧民兵士代表會議的政府，才能解放工農，才能打倒軍閥和帝國主義。」[30]

在 1927 年 12 月瞿寫了〈武裝暴動問題〉一文，指出「中國革命現時的階段，顯然到了工農武裝暴動的時期……中國革命在鬥爭方式與發展形式方面，有極可注意的特點」。這些特點如「革命不能有奪取『首都』、一擊而中的發展形勢」，而是「各省農民此起彼落的武裝暴動」，從而「將創造出一種特殊的鬥爭策略，便是游擊戰爭」，「游擊戰爭必需進於革命地域之建立」和逐步「擴大」。[31] 這顯然是對 1927 年以毛澤東為代表的紅軍武裝在農村進行游擊戰爭和建立革命地區的肯定和總結。所以，「工農武裝割據」的軍事鬥爭戰略，是瞿秋白在理論上首先概括出來的。

但是，也如同研究者所指出，「當然，瞿秋白當時還沒有也不可能解決『農村包圍城市』這一中國革命的根本道路問題。他實際上仍然沒有擺脫城市中心的影響，重複了共產國際所認為的「城市領導作用的重要性」。中國革命必須走『農村包圍城市，最後奪取城市』的道路，是毛澤東等在長期的革命實踐中逐步解決的。」[32]

這也正是瞿秋白在中國馬克思主義思想史上承上啟下地位所在。

---

30 同上，第 301 頁。

31 《瞿秋白選集》，人民出版社，北京，1985 年，第 381～387 頁。

32 丁守和：《瞿秋白思想研究》，第 344 頁。

　　瞿秋白是比較典型的近現代知識分子。[33]他的文化教養、思想情感、觀念習慣是中國士大夫傳統與西方文化教養的某種混合物，而與毛澤東那種深深置根於中國農村的鄉土特色很不一樣。他之肯定農村、工農武裝、軍事鬥爭、游擊割據，是純理論認識的結論。他在行動和情感上，在何種程度和範圍內能成功地實踐和領導這種農民武裝的軍事鬥爭，便仍是問題。[34]但從理性上認識和肯定這條革命道路，倒正好反映出，只要從當時的實際情況出發，而不是機械地搬用十月革命經驗或馬、列的某幾條原理作為依據，便能作出上述符合革命實際的論斷和主張。這又無疑是中國傳統的實用理性起了作用，不必要抽象玄思，不必要搬用經典，從實際狀況中概括出經驗論的理性結論，並賦予它以清晰論證的理論形態，便足以指導行動了。瞿秋白在理論上這樣做了，毛澤東卻首先是在實踐中這樣做的。

　　除瞿秋白外，蔡和森是具有突出的理論興趣和理論才能的馬克思主義者，在一九二〇年代他撰寫了〈中國共產黨史的發展（提綱）〉（1926 年）、〈黨的機會主義史〉（1927 年 9 月）等概括、總結當時鬥爭進程的長篇報告和文章。蔡的這些論著對了解中國馬克思主義思想史有重要意義。例如，蔡 1926 年總結在對待資產階級、聯合戰線等問題所謂「一派右傾，一派左傾」（前者指馬林（共產國際代表）、陳獨秀、瞿秋白、張太雷，後者指張國燾、蔡

---

33 參看本書〈二十世紀中國（大陸）文藝一瞥〉。

34 同上。

和森自己、劉仁靜）等等的論述；1928 年六大時，一貫「左傾」
的蔡卻從實際情況的分析出發，對瞿秋白「不斷高漲」論進行尖
銳批判，等等，便是饒有興味的問題。且不論是非曲直尚待進一
步研討，但從下面摘引的有關黨內民主問題的意見，便足見蔡善
於注意總結經驗，有敏銳的理論眼光：

　　……另一方面，民眾的黨內生活全未形成，既無黨的討論，
又無選舉制度……務使下級黨部完全依賴上級黨部的指導，黨裡
完全是聽從號召的士兵。……真是鐵的組織、鐵的紀律一般，可
是伏在裡面的危機是很大的。……養成的習慣是：只有上級機關
的意見和是非，而沒有下級黨部及群眾的意見和是非。……鐵的
紀律成了威壓黨員的工具，而上級指導人卻有超越此鐵的組織和
鐵的紀律的一切自由。[35]

　　可見，由來已久，積習已深。這種由來和積習也正是小生產
傳統習慣勢力的滲透。自列寧黨的模式建立以來，「鐵的組織和鐵
的紀律」使共產黨不斷在一些東方國家取得革命的勝利；特別是
在軍事鬥爭中，它發揮了極其重要的保證作用。但如何把集中與
民主統一起來，如何發揚黨內民主，卻始終沒有在理論上從而在
制度上予以完滿的論證和解決。蔡和森在黨的少年時代和那樣緊
張激烈的革命環境中，便發現和提出這一問題，是很有價值的。

---

35 蔡和森：〈黨的機會主義史〉，1927 年 9 月。

蔡不幸過早犧牲，沒能充分發揮他青年時代與「實踐家」毛澤東齊名的「理論家」的才能。

　　除了瞿、蔡，當然還有其他一些重要領導人物的一些重要思想、觀念和主張，本文不能逐一論述。更重要的是，在上述基礎上，如何能走出最關鍵的一步，即如何具體地實踐農民武裝革命的戰爭道路。這，便正是毛澤東的主題。

　　在 1928 年 10 月到 1930 年 1 月，毛澤東先後草寫了〈中國紅色政權為什麼能夠存在〉、〈井岡山的鬥爭〉、〈星星之火可以燎原〉等重要文件，描述論證了農民武裝割據的小塊紅色根據地，為何在四周的白色政權包圍中能夠生存和發展的條件、狀況和原因，並提出了「農村包圍城市」的戰略思想，概括出「敵進我退，敵駐我擾，敵疲我打，敵退我追」的游擊戰爭的作戰方針，並以土地革命作為發動群眾的根本基礎。從而，游擊戰的武裝鬥爭、農村根據地和土地革命，成為毛澤東領導中國革命走向勝利的道路。

　　關於毛澤東，許許多多的人已經寫了許許多多，估計還將是一個長久討論的題目。本文暫不擬對此饒舌過多。這裡只想著重指出，毛澤東首先是作為一個傑出的軍事戰略家和策略家，不斷在戰爭中戰勝敵人而獲有威信和地位的。由於對中國國情——分散的小生產的農村封建經濟、下層社會的結構、習性和各個階層人物的十分熟悉[36]，以及對中國農民起義傳統的留意，對《三國

---

36 從上層的文人墨客、士紳官吏到下層的流氓、無賴、兵痞、乞丐，毛都
　　打過交道而應付自如。詆毀毛的《張國燾回憶錄》中也承認在他們領導

演義》、《老子》的諳熟，和他素來主張身體力行，重視親身實際
經驗同傳統中國哲學的修養[37]，使他比其他人都更能在一場以農
民[38]為戰鬥主體、以農村為周圍環境的農民革命戰爭中如魚得水，
勝任愉快，最充分發揮一個具有淵博學識（主要是中國舊學）的
知識分子的領導作用。毛以這種優勝條件和幾次勝利戰爭，在革
命軍隊的廣大幹部中建立了自己的思想領導的威望。

毛最光輝的理論論著無疑是有關軍事鬥爭的論著，其代表是
《中國革命戰爭的戰略問題》（1936 年 12 月）和《論持久戰》
（1938 年 5 月）。毛在這些論著中，總是盡量地把這些戰爭問題
提到馬克思主義辯證唯物論的認識論的理論形態上來論證和敘
說。同時他又非常重視為列寧稱之為「馬克思主義的靈魂」的「具
體問題的具體分析」。毛的許多論著的論述形式似乎是從一般到特
殊，而思維的實際過程卻是從特殊到一般，即從感性到理性，從
個別到一般的經驗總結。毛澤東由於從實際出發，很重視事物的
經驗特殊性，反對套用一般的公式、教條去認識問題和解決問題，
但又總是把這特殊性提高到一般性的規律上來，這成為他思想的
一個特點。

層中，只有毛能對付三教九流等各式人物。

37 參看本書〈青年毛澤東〉。

38 毛詩〈秋收起義〉（1927 年）：「軍叫工農革命，旗號鐮刀斧頭……地主
重重壓迫，農民個個同仇，秋收時節暮雲愁，霹靂一聲暴動」。注解說，
「黨旗上的錘頭當時常被誤認為斧頭」，這是很有象徵意義的。

　　從時間的條件說……各個歷史階段有各個歷史階段的特點，因而戰爭規律也各有其特點，……從戰爭的性質看，革命戰爭和反革命戰爭，各有其不同的特點，因而戰爭規律也各有其特點，……從地域的條件看，各個國家各個民族特別是大國家大民族均有其特點。因而戰爭規律也各有其特點……我們研究在各個不同歷史階段、各個不同性質、不同地域和民族的戰爭指導規律，應該著眼其特點和著眼其發展……。[39]

　　這顯然因為中國現代游擊戰爭是一種具有特殊經驗的戰爭，不是搬用書本或套用一般的戰爭公式所能規範。

　　與此相關連，也是從戰爭經驗出發，毛特別重視事物變化進程中能起決定作用、影響全局的關鍵環節：

　　戰爭歷史中有在連戰皆捷之後吃了一個敗仗以致全功盡棄的，有在吃了許多敗仗之後打了一個勝仗因而開展了新局面的。這裡說的「連戰皆捷」和「許多敗仗」，都是局部性的，對於全局不起決定作用的東西。這裡所說的「一個敗仗」和「一個勝仗」，就都是決定的東西了。所有這些，都在說明關照全局的重要性。[40]

　　與此相關連，戰爭中的指揮者、領導者的主觀能動性的突出

---

39 《毛澤東選集》，第 157 頁。

40 同上，第 160 頁。

和重要,自然為毛所特別注意:

> 軍事家不能超過物質條件許可的範圍外企圖戰爭的勝利,然
> 而軍事家可以而且必須在物質條件許可的範圍內爭取戰爭的勝
> 利。軍事家活動的舞臺建築在客觀物質條件的上面,然而軍事家
> 憑著這個舞臺,卻可以導演出許多有聲有色威武雄壯的活劇來。[41]

因此,在強調主觀能動性的同時,便要注意冷靜地、清醒地
認識客觀實際:

> 軍事的規律,和其他事物的規律一樣,是客觀實際對於我們
> 頭腦的反映……包括敵我兩方面……都應該看成研究的對
> 象。……孫武子書上「知彼知己,百戰不殆」這句話……包括從
> 認識客觀實際中的發展規律,並按照這些規律去決定自己行動克
> 服當前敵人而說的。我們不要看輕這句話。[42]

毛的這些思想用他後來常用的馬克思主義哲學術語來概括,
也就是重視矛盾的特殊性、重視主要矛盾、重視主觀能動性,和
把唯物主義反映論作為方法論以認識從而指導實踐行動。正是從
這種方法論出發,毛在十年內戰時期根據「敵強我弱」、「敵大我

---

41 同上,第 166 頁。
42 同上,第 165～166 頁。

小」種種客觀情況，概括和制定了的「以十當一」（不是硬拚）、運動戰（不是陣地戰）、速決戰（不是持久戰）、殲滅戰（不是消耗戰）等一系列行之有效非常成功的具體的戰略戰術。在抗戰初期，又根據世界局勢和敵（日）我雙方的各種情況、條件、因素（包括經濟、政治、軍事、人口、國土、自然條件等等）的全面、詳盡、細緻的分析描述，提出了抗日戰爭必將是經歷戰略退卻、相持和反攻三階段的持久戰，反對悲觀失望的亡國論和盲目樂觀的速勝論。在解放戰爭時期，毛更加具體地發展了上述戰略戰術，總結為十大「軍事原則」：「①先打分散和孤立之敵，後打集中和強大之敵；②先取小城市、中等城市和廣大農村；③以殲滅敵人有生力量為主要目標，不以保守或奪取城市和地方為主要目標……；④每戰集中絕對優勢兵力（兩倍、三倍、四倍有時甚至是五倍或六倍於敵之兵力），四面包圍敵人，力求全殲……；⑤不打無準備之仗，不打無把握之仗……；⑥發揚勇敢戰鬥，不怕犧牲、不怕疲勞和連續作戰（即在短期內不休息地接連打幾仗）的作風；⑦力求在運動中殲滅敵人……」。

這確乎是中國共產黨革命戰爭勝利的戰略總結，它是具有從這個軍事史上的「特殊」上升為一般的哲學意義的。

中國是一個有軍事傳統和軍事思想遺產的古國。在《中國古代思想史論‧孫老韓合說》中，我曾指出「兵家辯證法的特色」：「第一，是一切從現實利害為依據，反對用任何情感上的喜怒愛憎和任何觀念上的鬼神 『天意』 來替代或影響理智的判斷和謀劃，……只有在戰爭中，只有在謀劃戰爭、制定戰略、判斷戰局、

選擇戰機、採用戰術中，才能把人的這種高度清醒、冷靜的理知
態度發揮到充分的程度」；「第二，必須非常具體地觀察、了解和
分析各種現實現象，重視經驗」；「第三，在這種對現實經驗和具
體情況的觀察、了解、分析中，要迅速地從紛繁複雜的錯綜現象
中發現和抓住與戰爭有關的本質或關鍵，……儘快捨棄許多次要
的東西，避開繁瑣的細部規定，突出而集中、迅速而明確地發現
和抓住事物的要害所在……要求以一種概括性的二分法即抓住矛
盾的思維方式」；「第四，……客體在這裡作為認識對象不是靜觀
的而是與主體休戚相共的，是從主體的功利實用目的去把握的」。
毛的軍事思想的哲學明顯地近似或符合這個中國古老的兵家辯證
法，而與西方的辯證法根本不同。這個辯證法是與主體實踐行動
密不可分的辯證法，從而它也是認識論，即毛的「實踐論」。

　　那麼它們與馬克思主義究竟有什麼關係呢？顯然，所有這些
與剩餘價值理論、與歷史唯物論（唯物史觀）並無關係。但它與
辯證唯物論卻有關係，被毛澤東運用得很熟練的可說是實踐中的
中國傳統的兵家辯證法，後來便以馬克思主義辯證法的矛盾學說
和馬克思主義唯物論的能動反映論改造和表述出來了，或者也可
以反過來說，馬克思主義的唯物論和辯證法結合中國實際（農民
革命戰爭）和傳統（兵家辯證法）而中國化了。

　　毛澤東在他集中讀馬列書最多的延安時期，大部分也是注意
辯證唯物論；而有關歷史和歷史唯物論，注意重點也在革命和階
級鬥爭。毛自始至終特別重視哲學辯證唯物論的研究與學習。[43]
毛澤東沒有停留在革命戰爭和軍事鬥爭的概括總結上，而是努力

把它們很快提到哲學的高度。這就是從內戰時期《反對本本主義》到延安時期《實踐論》、《矛盾論》以及晚年《人的正確思想是從哪裡來的？》等一系列哲學論著。所謂反對本本主義，就是反對把馬、列原理原則當作既定的教條公式，並由此出發判斷現實、決定問題、制訂政策，毛澤東要求從實踐經驗出發。毛的《實踐論》則以心理與邏輯相統一的觀點，提出由感覺知覺到概念、判斷推理再服務於實踐，以實踐為真理標準的「辯證唯物論的認識論」。在這個哲學認識論中，突出地強調「直接經驗」（親知），強調「知行統一」。「你要有知識，你就得參加變革現實的實踐。你要知道梨子的滋味，你就得變革梨子，親口吃一吃。」這其實也

---

43 可參看龔育之等《毛澤東的讀書生活》中的一些記載，如「五本書的批注，只有頭兩本即《辯證法唯物論教程》（第 3 版）和《辯證唯物論與歷史唯物論》（上冊），在文字上和內容上與《實踐論》和《矛盾論》有直接的聯繫。」（第 72 頁）當時毛曾認為「我的工具不夠，今年還只能作工具的研究，即研究哲學、經濟學、列寧主義，而以哲學為主。」（第 48 頁）1946 年讀列寧《國家與革命》時「在〈階級、社會、國家〉這一章，幾乎每句話的旁邊都畫著槓槓，講暴力革命的地方畫的槓槓特別引人注目。例如，革命才能消滅資產階級國家這一句，關於暴力革命的觀點是『馬克思恩格斯全部學說的基礎』這一段，槓槓畫得最粗，圈圈畫得最多，『革命』『消滅』『全部學說基礎』這些詞和詞組的旁邊畫了兩條粗槓」（第 27 頁）。「在 1958 年 12 月武昌會議期間讀了《三國志》的〈張魯傳〉，先後寫了兩大段文字，重申並發展了上述重要觀點，『二千年中，大規模農民革命運動，幾乎沒有停止過。同全世界一樣，中國歷史就是一部階級鬥爭史』。」（第 203 頁）等等。

就是《中國革命戰爭的戰略問題》中的「讀書是學習，使用也是
學習，而且是更重要的學習。從戰爭學習戰爭，──這就是我們
的主要方法。……幹就是學習」的直接提昇和概括。毛澤東在《矛
盾論》中講主要矛盾和矛盾的主要方面，也是前述《戰略》中重
視抓決定意義的關鍵環節思想的發展。所以，應該注意的是，毛
澤東這些哲學思想主要是依據他自己長期的革命戰爭的經驗上升
而來。儘管《實踐論》一開頭就提到認識與人類生產活動以及與
近代大工業的生產力相關，但完全沒有歷史地從認識對生產實踐
（從而與科學技術）的「依賴關係」中來具體論證，也沒有歷史
具體地從認識對階級鬥爭的「依賴關係」中來論證。而是先從個
體心理的過程描述再跳躍式地推論到社會、歷史等現象，以建立
「感性認識」與「理性認識」的兩階段和回到實踐中去檢驗的「兩
個飛躍」的認識論全程。這是從辯證唯物論來講認識論，而不是
從唯物史觀來講。

　　毛把整個哲學看作是認識論，這哲學認識論又主要是作為方
法論來指導現實鬥爭的實踐活動，因此，「自覺能動性」和「理
論聯繫實際」的強調，便成為這一認識論的主要特色。《論持久
戰》說：

　　思想等等是主觀的東西，做或行動是主觀見之於客觀的東西，
都是人類特殊的能動性，這種能動性，我們名之曰「自覺的能動
性」，是人之所以區別於物的特點。[44]

　　強調這種「自覺能動性」，並把它看作「人之所以區別於物」的族類本性，強調運動、活動、勞動、實踐、直接經驗，從而強調產生和支配行動的實踐意志，強調「精神變物質」、「思維與存在的同一性」等等，似乎是毛從早年到晚歲一以貫之的基本哲學觀念。

　　如前所述，毛在強調「自覺能動性」的同時，也強調對經驗規律的客觀性的認識，強調「調查研究」，強調從「實際情況出發，從其中引出其固有的而不是臆造的規律性，即找出周圍事變的內部聯繫，作為我們行動的嚮導。」[45]即「實事求是」。這種經驗論的唯物論，亦即「經驗理性」保證了「自覺的能動性」不流於亂闖盲幹，使在革命戰爭和革命的政治鬥爭中能不斷取得勝利。

　　「自覺能動性」與「經驗理性」本是被毛要求緊密結合在一起，好像是同一個東西；但是，如果仔細觀察一下，則前者（辯證法、自覺能動性方面）是作為本質、目的、世界觀；後者（經驗論、客觀性的認識方面）是作為手段、方法、認識論；兩者仍有主從的不同。

　　毛澤東這些哲學思想正是馬克思主義理論結合中國實際（革命戰爭的實際和傳統實用理性的實際）的成果和產物，也即是馬克思主義的中國化。毛澤東的唯物論哲學不是以使用和製造工具和以社會生產力發展為基礎的唯物史觀，而是直接服務於現實鬥

---

44 《毛澤東選集》，第 445 頁。

45 同上，第 759 頁。

爭的辯證唯物論的「實踐論」，毛澤東的辯證法哲學也完全不同於
自黑格爾來的以「否定之否定」為核心的過程系統，而是與中國
的《老子》、《孫子》有著更多承繼關係的「矛盾論」。總之，毛的
辯證法和認識論不是思辨的理性，不是概念的體系，而是直接立
足於也運用於生活、實踐的自覺鬥爭和經驗理性。從而，毛的哲
學便不是靜觀描述的哲學，而是教人去鬥爭的方法論和意識形態。
也正是在這意義上，它發展了馬克思所要求的「問題在於改變世
界」的哲學。

　　毛澤東不僅是軍事家，而且也是大政治家，他的軍事論證總
是在整體上聯繫政治，並作為政治的一個部分來展開的。而他從
早年〈民眾的大聯合〉中所表述的最廣泛地發動民眾和團結人們
的思想，經過接受馬克思主義階級鬥爭學說之後，一方面發展為
各階級各階層各方面人士的廣泛的統一戰線的政治戰略（包括戰
場上的集中優勢兵力、生產中的大兵團作戰、批判運動中的「文
海戰術」），另一方面又發展為統一戰線中的獨立自主、又鬥爭又
聯合、黨內和「人民內部」的「團結——批評——團結」等一系
列具體形式和方法。這是他的辯證法和唯物論的具體運用，同時
也是總結概括了許許多多現實鬥爭的直接經驗而得出來的。它的
確在廣大的政治鬥爭領域內豐富了馬克思主義。

　　從思想史的層面看，最值得注意的是，毛澤東在理論和實踐
兩方面都著重「自覺能動性」的哲學高揚中，道德主義的精神、
觀念和思想占有突出的位置，這就是把「改造思想」作為黨的建
設的關鍵環節。從整頓「三風」（黨風、學風、文風）的〈改造我

們的學習〉　等到文化大革命中家喻戶曉人人皆知的所謂　「老三篇」，都正是這一時期的創作。而所謂「改造思想」，當時主要是針對作為幹部的革命知識分子而言：

　　要爭取廣大的知識分子，……沒有革命知識分子，革命就不會勝利。但是我們曉得，有許多知識分子，他們自以為很有知識，大擺其知識分子架子……他們應該知道一個真理，就是許多所謂知識分子，其實是比較地最無知識的，工農分子的知識有時倒比他們多一點……[46]

　　拿未曾改造的知識分子和工人農民比較，就覺得知識分子不乾淨了。最乾淨的還是工人農民，儘管他們手是黑的，腳上有牛屎，還是比資產階級和小資產階級知識分子都乾淨。……我們知識分子……得把自己的思想感情來一個變化，來一番改造。沒有這個變化，沒有這個改造，什麼事情都是做不好的，都是格格不入的。[47]

　　為要領導革命運動更好地發展，更快地完成，就必須從思想上組織上認真地整頓一番。而為要從組織上整頓，首先需要從思想上整頓，需要展開一個無產階級對非無產階級的思想鬥爭。[48]

---

46 《毛澤東選集》，第 773 頁。

47 同上，第 808 頁。

48 同上，第 620～621、832、906 頁。

　　白求恩同志毫不利己專門利人的精神，表現在他對工作的極端的負責任，對同志對人民的極端的熱忱。每個共產黨員都要學習他，……要學習他毫無自私自利之心的精神。從這點出發，就可以變為大有利於人民的人。一個人能力有大小，但只要有這點精神，就是一個高尚的人，一個純粹的人，一個有道德的人，一個脫離了低級趣味的人，一個有益於人民的人。[49]

　　要奮鬥就會有犧牲，死人的事是經常發生的。但是我們想到人民的利益，想到大多數人民的痛苦，我們為人民而死，就是死得其所。……我們的幹部要關心每一個戰士，一切革命隊伍的人都要互相關心，互相愛護，互相幫助。[50]

　　這些幾十年來異常著名的、人們經過背誦的「語錄」，它確乎是中國的產物，是中國化了的馬克思主義。它極大地高揚了倫理道德主義。這個道德主義表現為，在殘酷的生死鬥爭中對艱苦奮鬥、捨己為人的犧牲精神的歌頌膜拜，表現為對比工農勞動者，知識分子的複雜的精神世界裡的種種污濁、骯髒、瑣屑、渺小的批判揭發，自私自利、爭名奪利、明哲保身、自由主義……被逐一地、詳盡地在思想改造運動中、在「批評與自我批評」中檢討、揭發、展示出來。於是，不但使知識分子在出生入死的農民群眾、軍隊指戰員面前自慚形穢、自愧不如，而且也使他們在精神上、

---

49 同上。

50 同上。

靈魂上受到了空前痛苦的磨練、洗滌和淨化。這就是毛澤東講的
要知識分子使自己的思想感情「來一個變化」、「來一番改造」。這
「變化」和「改造」不只是生活上的，而更是精神上的。但精神
上的磨練又被強調必須通過生活現實的磨練來達到或實現。

　　劉少奇這一時期的重要著作《論共產黨員的修養》以及《論
黨內鬥爭》、《人為什麼犯錯誤》等，正是把這個方面充分展開和
發揮了，使這一方面成為中國化了的馬克思主義的重要內容和特
色。劉正式提出個人「修養」問題：

　　要有無產階級思想意識和道德品質的修養；要有堅持黨內團
結、進行批評與自我批評、遵守紀律的修養；要有艱苦奮鬥的工
作作風的修養……[51]

　　其中，核心仍然是「無產階級的思想意識和道德品質」的修
養，這是《論共產黨員的修養》一書的主要內容：

　　在中國古時，曾子說過「吾日三省吾身」，這是說自我反省的
問題。《詩經》上有這樣著名的詩句：「如切如磋，如琢如磨」，這
是說朋友之間要互相幫助，互相批評。這一切都說明，一個人要
求得進步，就必須下苦功夫，鄭重其事地去進行自我修養。但是，
古代許多人的所謂修養，大都是唯心的、形式的、抽象的、脫離

---

51 《劉少奇選集》上卷，第 109 頁。

社會實踐的東西。……我們是革命的唯物主義者,我們的修養不能脫離人民群眾的革命實踐。[52]

為了黨的、無產階級的、民族解放和人類解放的事業,能夠毫不猶豫地犧牲個人利益,甚至犧牲自己的生命,這就是我們常說的「黨性」或「黨的觀念」、「組織觀念」的一種表現。這就是共產主義道德的最高表現。[53]

劉少奇明確提出有名的「馴服工具」論,即為了革命,共產黨員應該「把一切獻給黨」,嚴格要求自己去作黨的得心應手的馴服工具。這當然是不容易做到的,這就必須與各種個人主義的思想情感作頑強的、自覺的、堅持不懈的鬥爭。從而,共產黨員的修養過程就是「用無產階級的思想意識去同自己的各種非無產階級思想意識進行鬥爭;用共產主義的世界觀去同自己的各種非無產階級的世界觀進行鬥爭;用無產階級的、人民的、黨的利益高於一切的原則去同自己的個人主義思想進行鬥爭。」[54]

只有長期進行這種自覺的思想修養,才可能做到一不怕苦,二不怕死;吃苦在前,享受在後;忍辱負重,任勞任怨;嚴以責己,寬以待人;誠懇坦白,團結群眾;「先天下之憂而憂,後天下之樂而樂」;「威武不能屈,貧賤不能移,富貴不能淫」;成為一個

52 同上,第 109、131 頁。

53 同上。

54 同上,第 121 頁。

「高尚的人」、「純粹的人」，一個「具有共產主義道德的人」。

劉的理論和他的這一著作在中國共產黨內享有盛譽。據說許多共產黨員在思想苦悶或遇到問題想不通時便讀此書，反省自己，增進修養，從而得到解答。

當時是在緊張激烈的戰爭環境和農村條件下，知識分子必須在農村和以農民為主體的革命軍隊打成一片，以進行艱苦漫長的對敵鬥爭，這成為時代的要求和現實的需要。所以，毛、劉宣講、發展道德主義在當時並不是空洞的說教或虛偽的裝飾，而是有其非常切實的實際效用和實踐成果的。毛、劉以「思想改造」和「自我修養」作為武器，在思想上情感上的確批判、消除了形形色色的不利於當時現實鬥爭和政治要求的思想、觀念、習氣、風尚以及具體人物，而不像其他共產黨那樣只以組織上清除出黨為鞏固隊伍純潔組織的途徑。總起來看，強調思想改造、個人修養，確乎是延安時期黨的建設和發展中的一個突出特點。這種高揚共產主義道德的思想改造運動，確乎極大地提高了人們的自覺的革命意識，極大地鼓舞了人們的信念和鬥志，極大地推動了當時革命實踐活動。重視思想意識和個人修養，便從此成了中國化的馬克思主義的一大特色。

在《中國近代思想史論》裡，我曾著重提到具有民粹主義特徵的章太炎，他認為道德是社會進步的動力。「章太炎對歷史和歷史人物的評定，也多從道德著眼……，他對當時滿清政府的官吏和改良派的鬥爭，也總是尖銳揭露對方個人道德的墮落、人格的低劣、……『湛心利祿』、『庸恥喪盡』、官迷心竅、趨附勢利、佞

媚諂偽、怯懦畏葸……等等。這種人身揭露的道德武器，在極端愛面子的中國上流社會和知識分子中，經常是使人狼狽不堪，能夠取得很大戰果的。」[55]

在延安整風以及以後的歷次思想改造運動中，自我的道德反省和別人的尖銳批評，不也常常使人汗流浹背、無地自容麼？

最有趣的是，章太炎從所謂道德標準出發，把當時社會分為十六個等級，……「一曰農人，二曰工人……」「農人於道德為最高，其人勞身苦形終歲勤動……」……「而通人（高級知識分子）以上則多不道德者……」「要之知識愈進，權位愈伸，則離於道德也愈遠」……。

章太炎強調革命者必須講求道德。……道德成為革命和一切進步作為的動力和目標。章太炎和陶成章等人不但在思想言論，而且在一定程度的身體力行上，都著重突出了甘於艱苦、不畏犧牲的道德作風，在當時具有很大的吸引力。[56]

「現代新儒家」則以另種哲學的理論形態突出了道德主義，他們強調孔孟程朱陸王的哲學傳統，就是以「內聖」（「正心誠意格物致知」）來作為「外王」（「治國平天下」）的根本基礎的。[57]

---

55 《中國近代思想史論》，第八章。

56 同上。

57 參看本書〈略論現代新儒家〉。

　　可見，無論是下層或上層，在中國小生產傳統社會裡，道德主義或倫理主義在意識上、理論上、哲學上是有其強固的力量和影響的。因此，它對馬克思主義的關係、影響、功過是非以及前景如何、如何估價等等，便是一個極待研究的複雜而重要的課題，特別在今天，尤其如此。西方馬克思主義派別中也有倫理社會主義，但它與中國這種講求個人修養、非常注意「內聖」即個人的思想改造的道德主義，仍大不相同。

　　「毛澤東思想」[58]這一術語主要是由劉少奇所大力倡導、闡發和定義的：

　　毛澤東思想，就是馬克思列寧主義的理論與中國革命的實踐之統一的思想，就是中國的共產主義，中國的馬克思主義。[59]……這個理論，就是毛澤東思想，就是毛澤東同志關於中國歷史、社會與中國革命的理論與政策。[60]

　　綜前所述，這裡所指的馬克思主義的理論主要是指辯證唯物論、黨的組織理論、無產階級在民主革命中的領導權等基本思想

---

58 胡耀邦〈深切地紀念王稼祥同志〉指出，1943 年 7 月 8 日王在《解放日報》發表的論文中，「初步論述了毛澤東思想」，「他是我們黨正式提出『毛澤東思想』這一科學概念的第一人。」（《人民日報》，1986 年 8 月 15 日）

59 《劉少奇選集》上卷，第 333 頁。

60 同上。

理論，這裡所指出的中國革命的實踐，主要是以農民為主體，以農村為革命根據地的武裝鬥爭即農民革命戰爭的實踐。毛澤東思想的確是把二者結合起來了。

 **1949～1976 年**

　　1949 年的勝利，使毛澤東思想——「馬克思列寧主義理論與中國革命實踐之統一」成為萬眾信服、舉世欽佩的社會統治意識和國家指導思想。宣傳、闡釋、學習毛澤東思想成了近三十年來的中國大陸思想的主題。以致有人嘲諷說，只有毛澤東思想，幾億人都不必思想了。而林彪後來就正是這樣要求的：「讀毛主席的書，聽毛主席的話，照毛主席的指示辦事，做毛主席的好戰士」。

　　1949 年的勝利，的確帶來了一個新中國。一個不再受百年來的各種帝國主義欺壓的獨立的中國，1949 年炮擊長江中的英國軍艦，一九五〇年代出擊美國於朝鮮，一九六〇年代初又徹底與蘇聯決裂，確實證明中國已不再可輕侮。百年來帝國主義給予中國的恥辱一掃而光。1949 年的勝利也帶來了一個空前統一的中國，自北京到邊境，從黑龍江到西藏，中央的指示令行禁止，級級奉行，暢通無阻；不再是五十年來的軍閥混戰四分五裂的割據局面了。數十年廣大地域的人民不再受割據戰亂的蹂躪損害。1949 年

的勝利還帶來了一個社會平等的中國，地主、官僚被徹底打倒，工農勞動階級揚眉吐氣，經濟收入、財產分配、社會地位、政治待遇甚至在稱呼、禮節等等各方面，廣大人民空前地相對平等。這些都標誌著一九五〇年代初「解放」一詞帶來的社會涵義：經濟恢復，政治清明，秩序穩定，人民團結，社會風尚和道德水平顯著提高。這是充滿了理想和希望的開國時期，這是馬克思主義經由一場蕩滌舊社會、打倒剝削者的革命之後帶來的新鮮氣象的勝利時期。

可是，這一切並沒有繼續長久。曾幾何時，大體在累積了數年之後，而以 1957 年為轉折點，整個社會就逐漸陷於緊張、痛苦、匱乏、沈默、貧窮以至到最後的「史無前例」的動亂之中⋯⋯。

這一切又是如何可能的？這與理論有何關係呢？

本來，在抗戰中，以毛澤東《新民主主義論》為理論基礎的中共綱領，是明確提出為建立一個「新民主主義」的新中國而奮鬥的。這個「新民主主義」並非社會主義或共產主義，它在經濟上允許資本主義存在和適當發展，在農村實行「耕者有其田」；政治上「實行無男女、信仰、財產、教育等差別的真正普遍平等的選舉制」；文化上是「民族的、科學的、大眾的」。總之，不是社會主義或無產階級專政的而是新民主主義的經濟、政治和文化。

1949 年以後黨內繼續有過「確立新民主主義社會秩序」，「確保私有財產」等主張，但被毛澤東堅決否定了。當時強調向蘇聯——這個「社會主義老大哥」學習，中國革命於是很快就邁上

第二步即社會主義改造階段，即「要在十年到十五年或者更多一些時間內，基本上完成國家工業化和對農業、手工業、資本主義工商業的社會主義改造」。毛澤東不斷地批判「有人在民主革命成功以後，仍然停留在原來的地方。他們沒有懂得革命性質的轉變，還在繼續搞他們的『新民主主義』，不去搞社會主義改造。這就要犯右傾的錯誤。」[61]

毛澤東本是批判「左」傾錯誤率領全黨取得勝利的；至此，他卻不斷批判「右傾」，率領全黨陷入了嚴重錯誤。

反「左」是從實際出發的，是分析了左傾思想的社會階級根源及其在革命中的政治、組織、思想上的具體表現而得出的基本符合事實的客觀論斷；反右則是從主觀的革命要求、意志、觀念、理想出發，並沒有真正具體的材料事實足夠證明「右」的存在。

毛澤東說：

「確立新民主主義社會秩序」。這種提法是有害的。過渡時期每天都在變動，每天都在發生社會主義因素。所謂「新民主主義社會秩序」，怎樣「確立」？要「確立」是很難的哩！比如私營工商業，正在改造，今年下半年要「立」一種秩序，明年就要不

---

61 〈批判離開總路線的右傾觀點〉（1953 年 6 月 15 日），《毛澤東選集》第 5 卷，第 81 頁。蘇聯作為「社會主義的樣板」和東歐迅速消滅資產階級等等作為外部壓力，亦應考慮在內，但畢竟不是主要的。民主革命中毛曾頂住了這種外部壓力。

「確」了。農業互助合作也年年在變。過渡時期充滿著矛盾和鬥爭。我們現在的革命鬥爭,甚至比過去的武裝革命鬥爭還要深刻。這是要把資本主義制度和一切剝削制度徹底埋葬的一場革命。[62]

可見,論證主要是建築在所謂「不斷變動」這種抽象的哲學觀念之上的,是一種哲學觀念的推演。至少自 1953 年起,毛澤東就特別重視這種所謂不斷的變動、革命和鬥爭。本來,按毛自己的規劃設想,社會主義的農業、手工業改造 (即農業合作化運動) 和私營工商業改造 (即從公私合營到收歸國有) 應該與「國家工業化」並行,至早在十年之內完成。但是,不到三年,這種「改造」卻提前、超額地完成了,「國家工業化」則不過剛剛起步。[63]

為什麼會這麼快?這種歷史性的變動 (社會生產關係、所有制的改變等等) 是符合馬克思主義素來重視的「客觀規律」的麼?當時,哲學界曾發生過「生產關係是否跑到生產力前面」的疑問和討論,即在如此落後的生產力 (農業小生產) 基地上,如何可能有如此高度公有化的生產關係的農業高級生產合作社 (以及不久以後的「一大二公」的人民公社) 呢?這符合馬克思主義基本原理的唯物史觀嗎?

這在當年沒有允許真正展開討論。答案已經事先擬定:

---

62 同上,第 81～82 頁。

63 其實無論十五年、十年的估計亦均無客觀研究和科學依據,於是提前推後也就算不得什麼了。

　　我們現在不但正在進行關於社會制度方面的由私有制到公有制的革命，而且正在進行技術方面的由手工業生產到大規模現代化機器生產的革命，而這兩種革命是結合在一起的。在農業方面，在我國的條件下……則必須先有合作化，然後才能使用大機器。[64]

　　於是在億萬農民和全國農村中掀起了「農業合作化的高潮」，原定十五年的社會主義改造，就是這樣「突擊」式的完成的。而所謂要同時「結合在一起」的「現代化機器生產的革命」，卻不但兩三年而且十五年後也並未在廣大農村出現。那麼，這個農業合作化的著名高潮以及以後的「堅持」、「鞏固」又是如何可能的呢？毛澤東說：

　　政治工作是一切經濟工作的生命線。……農業合作化運動，從一開始，就是一種嚴重的思想的和政治的鬥爭。每一個合作社，不經過這樣的一場鬥爭，就不能創立。……只要一鬆勁，又可能垮臺。山西省解虞縣三婁寺合作社，就是在鞏固以後，因為鬆勁，幾乎垮了臺的。僅在那裡的黨組織批判了自己的錯誤，重新向社員群眾進行了反對資本主義加強社會主義的教育，恢復了政治工作，方才克服了那裡的危機，走上了繼續發展的道路。反對自私自利的資本主義的自發傾向，提倡以集體利益和個人利益相結合

---

64 〈關於農業合作化問題〉（1955 年 7 月 31 日），《毛澤東選集》第 5 卷，第 182 頁。

的原則為一切言論行動的標準的社會主義精神，是使分散的小農
經濟逐步地過渡到大規模合作化經濟的思想的和政治的保證。[65]

　　毛澤東建國後的確用了很大力量去抓他非常熟悉的農村，他
抓的主要是生產關係上的不斷革命：即由私有制不斷過渡到由「低
級」到「高級」的公有制。而作為這種「過渡」的動力則是「一
種嚴重的思想的和政治的鬥爭」。於是，這種「鬥爭」本身便成了
改變社會生產關係的「保證」。所以，從中央到地方，毛不斷批判
「右傾」和「右傾機會主義」，並掀起群眾運動，以此來發動、鞏
固、發展社會主義所有制和實現整個生產關係的改變。而所謂批
判右傾，按毛澤東的規範也就是無產階級與資產階級、社會主義
與資本主義兩個階級、兩條道路的鬥爭。
　　這，基本上構成了 1949 年後毛澤東所提出、所堅持、所不斷
發展的思想理論的主線。它首先表現在農業合作化運動中，以後
又擴及整個經濟領域，同時更表現在從批判《武訓傳》、《紅樓夢
研究》到反右派運動到所謂「紅」、「專」辯論等等意識形態領域
中。毛澤東最感興趣和最關注的是農業和意識形態這兩大領域[66]，
正是在這兩大領域內，從建國以來，折騰得最多，最熱鬧，也最

---

65 同上，第 243～244 頁。
66 「毛似乎是在當代最關心教育的政治領袖」、「毛關於教育的許多觀念甚
　　至在他成為馬克思主義者以前就有了」(E. C. Pischel, 見 Pick Wilson 編
　　Mao Tse-Tung in the Scales of History，第 151、172 頁)，參看〈青年毛
　　澤東〉。

痛苦。毛澤東在這兩個領域中所堅持貫徹的便是這種所謂「兩個階級、兩條道路的鬥爭」。以後毛便把這一「鬥爭」模式擴及全面工作和幾乎所有領域：

我國社會主義和資本主義之間在意識形態方面的誰勝誰負的鬥爭，還需要一個相當長的時間才能解決。這是因為資產階級和從舊社會來的知識分子的影響還要在我國長期存在，作為階級的意識形態還要在我國長期存在。[67]

廬山出現的這一場鬥爭，是一場階級鬥爭，是過去十年社會主義革命過程中資產階級與無產階級兩大對抗階級的生死鬥爭的繼續。在中國，在我黨，這一類鬥爭，看來還得鬥下去，至少還要鬥二十年，可能要鬥半個世紀……[68]

整個過渡時期存在著階級矛盾，存在著無產階級和資產階級的階級鬥爭，存在著社會主義和資本主義的兩條道路鬥爭。忘記了十幾年來我黨的這一條基本理論和基本實踐，就會要走到斜路上去。[69]

階級鬥爭，一抓就靈。[70]

---

67 〈青年毛澤東〉。

68 〈機關槍和迫擊炮的來歷及其他〉（1959 年 8 月 16 日）。

69 〈在中共中央政治局召集的全國工作會議上的講話〉（1965 年 1 月）。

70 《人民日報》，1966 年 10 月 1 日。

　　《毛澤東選集》第 5 卷收的是 1949 年建國到 1957 年底的文章，其中很少有專門講經濟建設特別是講工業經濟的文章，毛對這方面不很熟悉，也較少發言。他後來提出「鞍鋼憲法」、「以鋼為綱」、「工業學大慶」等決定性的方針路線，則與他未曾發表的學習政治經濟學的筆記一樣，都主要是一種哲學觀念的推演，這種推演又正是從他所熟練運用的軍事—政治思維來進行的。毛主要從政治角度來討論、研究、規範經濟，而這亦即是毛在一九五○年代就提出來的「政治掛帥」。毛經常強調的是：

　　思想和政治又是統帥，是靈魂，只要我們的思想工作和政治工作稍為一放鬆，經濟工作和技術工作就一定會走到邪路上去。[71]

　　所以，不是經濟、更不是科技決定思想和政治，而必須是思想、政治「掛帥」去決定、主宰、領導經濟、科技以及其他一切。

　　毛的這種思想的來源，正是 1949 年前的戰爭經驗。例如：

　　經過政治教育，紅軍士兵都有了階級覺悟，……都知道是為了自己和工農階級而作戰。因此，他們能在艱苦的鬥爭中不出怨言。[72]

　　人民解放軍建立了自己的強有力的革命的政治工作，這是我

---

71 〈工作方法（草案）〉（1958 年 1 月）。
72 《毛澤東選集》，第 63、1144 頁。

們戰勝敵人的重大因素。[73]

　　由於強調政治掛帥、階級覺悟，強調「要用階級和階級鬥爭的觀點，用階級分析的方法去看待一切、分析一切」，而「階級和階級鬥爭、階級分析」又主要是「無產階級」與「資產階級」的「你死我活」的兩軍對戰，於是瀰漫在政治、經濟而特別是意識形態領域，無論從文藝到哲學，還是從日常生活到思想、情感、靈魂，都日益為這種「兩軍對戰」的模式所規範和統治。例如，哲學上是唯物論與唯心論的「兩軍對戰」；歷史上是地主階級與農民階級的「兩軍對戰」；文藝上是現實主義和反現實主義的「兩軍對戰」；「百家爭鳴」實際也是「兩家」[74]……。至今為止，與軍事毫無關係的日常生活和書面語言中，便仍然充滿了「戰役」、「戰略」、「制高點」、「突擊」、「突破口」等等軍事術語。

　　但是，為什麼1949年建國以後就應該立刻向社會主義過渡呢？為什麼自此以後就主要是無產階級與資產階級的鬥爭呢？為什麼即使在合作化全面勝利、「社會主義改造」完成之後，仍然是無產階級與資產階級的全面鬥爭呢？為什麼千百年來根深蒂固無孔不入的封建主義，反而不必去鬥爭了呢？……

　　並沒有多少從馬克思主義理論上的客觀論述，有的只是這種哲學推演：整個宇宙、世界、社會既然是靠矛盾、鬥爭來推動和

---

73 同上。

74 《毛澤東選集》第 5 卷，第 409 頁。

發展，那麼地主階級消滅了，「理所當然」地便是無產階級與資產階級這個「兩軍對戰」來作為社會前進的動力，這好像是從毛澤東所理解的馬克思主義的宇宙觀——辯證唯物論所必然推論出來的結論。而且既有蘇聯史達林模式的社會主義（也是反布哈林右傾機會主義後強制進行的農業集體化運動）作為範本，又有在長期軍事鬥爭中所積累的「兩軍對戰」的觀念、習慣以至感情，就似乎更證明著上述理論的正確，這正是使「兩個階級兩條道路」的理論為人們所接受甚至信服的一些基本原因。

但是，這與馬克思主義的基本理論——唯物史觀（歷史唯物論）究竟有什麼關係呢？不少人也寫了不少闡述文章，很大部分都說這是「發展」了馬克思主義：你看，先改變生產關係（合作化），後發展生產力（機械化）；突出政治以統帥經濟；強調思想改造以建造共產主義新人……；這些都是馬克思恩格斯列寧以至史達林所並沒有或很少講過的。

史達林在蘇聯工業化時期強調是技術決定一切、幹部決定一切。毛澤東批判了它，把它倒了過來，強調政治決定一切、群眾決定一切。史達林寫了辯證唯物論之後畢竟還寫了歷史唯物論，儘管把後者只當作前者的演繹和應用，毛澤東只寫了前者（如《實踐論》、《矛盾論》、《人的正確思想是從哪裡來的？》）。膾炙人口的《關於正確處理人民內部矛盾問題》也並不就是歷史唯物論的基本原理，而恰恰又是「辯證唯物論」的直接的政策運用。從而，毛澤東所注意並強調要改變的生產關係和意識形態，便主要不是那些不適應現代生產力（大工業、科學技術）的部分，如小生產

的經營管理方式、觀念習慣等等。不是向現代生產力和生產方式
所要求的科學、法制、經營管理的合理化、事業化和培養大量知
識分子人才的方向前進,而是向相反的方向走去。毛澤東以他所
熟悉的農業小生產和軍事鬥爭的經驗、觀念、習慣和理想,強調
思想、政治、群眾運動、犧牲精神來改變世界。毛澤東所強調的
是應該不斷地組織作戰,不停頓不間斷地進行革命,以保持群眾
不斷高昂的革命熱情,才能推動社會前進,才能戰勝資產階級和
資本主義。

那麼,什麼是資產階級、資本主義?什麼是無產階級、社會
主義呢?由於沒有進行以唯物史觀為理論基礎的科學研究,這種
種概念和觀念便始終處在非常模糊朦朧的狀態中。它無所不包卻
似是而非。當不斷地人為地製造運動,把這種「兩軍對戰」理論
模式普及到廣大群眾和社會生活中去時,便很容易地把一切壞的
事物、現象都歸入為以「剝削」為基礎的所謂資產階級、資本主
義範疇,把一切好的事物、現象都歸入以「勞動」為基礎的無產
階級、社會主義範疇。於是,在這裡,無產階級、社會主義與資
產階級、資本主義便變成了「勞動」與「剝削」、「公」與「私」、
「善」與「惡」的對立和鬥爭。本來具有特定歷史內容的唯物史
觀的範疇,便逐漸變成了超時代的道德倫理範疇。道德的觀念、
標準、義憤日益成了現時代的政治內容。政治變成了道德,道德
變成了政治。[75]

---

75 「政治掛帥」、「先紅後專」等等與中國傳統的所謂「內聖」為主、「內

　　政治掛帥、突出政治於是便成了突出道德、道德掛帥，變成
了突出大公無私的犧牲精神奮鬥精神，認為是它推動著社會的前
進、生產的發展、人類的進步。無論是講革命，講建設，強調的
總是「群眾中孕藏著一股極大的社會主義積極性」[76]，「要具有無
產階級的徹底革命精神，不為名，不為利，不怕苦，不怕死，一
心為革命」，「一不怕苦，二不怕死」，「向雷鋒同志學習」……。

　　如我們所知道，這種道德主義在中國社會和中國人的文化心
理積澱中是有其深厚的基礎的。不僅封建社會本就以倫理主義作
為意識形態的基本核心，宋明理學的「克己復禮」、「正心誠意」
曾經是長久的社會統治意識和官方正統哲學，它已成為人們所熟
悉所習慣的文化心理；而且更由於新舊中國的交替，確乎使人們
對經歷了殘酷戰爭取得勝利的革命和革命者（「老幹部」），在倫理
道德上有極大的尊敬。對舊的黑暗社會和生活形態的憎惡和對未
來理想社會的嚮往，喚起了也培育著人們對革命、對革命道德、
對集體主義、對自我犧牲精神的忠誠的熱情和極度的信任。於是，
個人利益以至個人本身當然包括個人的獨立、自主、自由、平
等……，不僅都是渺不足道的；並且都作為異己的有害的資產階

　　學」為本（張之洞：「中學為內學，西學為外學；中學治身心，西學啟世
　　事」（《勸學篇》））的「中體西用」論在實質上有相似處。參看本書〈漫
　　說「西體中用」〉。
76 這種「社會主義積極性」也包含著集體利益與個人利益的結合和統一的
　　內容在內，這與青年毛澤東以發展身心為道德有思想上的相承處，值得
　　進一步研究，此處暫略。

級的東西被清算。真正重要的是集體的、國家的、革命的事業和利益，「個人的事再大也是小事，集體的事再小也是大事」，這也就是「先公後私」、「一心為公」和「捨己從公」。

也由於高度中央集權的計畫經濟，和各方面日益加強的一元化領導體制，使行政權力通過共產黨組織支配一切和干預一切，從社會生產、分配、消費到私人生活和私人事務（如工作、遷徙、婚姻、戀愛等等）。於是，一切依附於政治，從屬於政治，政治的地位、權力、等級成為社會最重要最強有力的標準和尺度。於是，在實際生活中，人們感到作為社會動力的似乎也不是經濟，而是政治了。這樣，共產主義也不再首先是經濟發展的產物，而主要成了某種政治—道德的理想，共產主義新人不再是全面發展個性潛能的人，而成了道德高尚、意識「純潔」亦即「政治覺悟高」的聖賢。連歷史人物也純以道德作為評價標準（文革前夕關於李秀成的討論）等等，等等。

這與馬克思的唯物史觀相距已相當遙遠了。「政治掛帥」和道德至上使置根於小生產、保護小生產的封建政治和封建道德，披著新裝上市。正是在這種思想基礎和現實基礎上，發生了「文化大革命」。

「文化大革命」本來是從文化批判開始的，這「文化批判」又正是繼承著自批《武訓傳》開頭的建國十七年來一系列名為「文化批判」實際是政治批判而來。「文化大革命」批判得最凶的文藝「黑八論」（「寫真實」論、「現實主義的深化」論、「現實主義的廣闊道路」論、「反題材決定」論、「中間人物」論、「反火藥味」

論、「時代精神匯合」論、「離經叛道」論等[77]），便都是文革以前提出批判的。在經濟、哲學、史學領域，也如此。對所謂「資產階級反動學術權威」的批判，也是從俞平伯、馮友蘭到周谷城，即從建國初期到文革前夕一以貫之的。不同在於文化大革命公開聲稱「實質上是場政治大革命」，並且主要矛頭指向了所謂「黨內走資本主義道路的當權派」——即當年同艱苦共患難打下了江山的老幹部。但是，這也是與從 1959 年反右傾機會主義到四清運動整基層幹部的路線進程一脈相承的。因為，反右派運動以後，知識分子都噤若寒蟬，毛的鬥爭哲學便主要指向黨內。

　　這也有其現實原因。數十年艱苦奮鬥的戰爭環境畢竟過去，和平時期使日常生活中的物質利益日漸突出出來，供給制在一九五〇年代初期為薪金制取代，人皆同志日益被各種等級官銜所規範，戰爭時期為集中意志反對「極端民主化」而強調命令、集中的習慣，這時演化為封建性的官僚主義和觀念、制度上的等級主義、服從主義。「一言堂」、「唯上是聽」、「當官作老爺」日益在時間和空間中蔓延開來，封建主義的影響從經濟基礎到上層建築和意識形態（包括舊中國的封建官場惡習），在解放初期被衝擊後，再次迅速地以新的形態不僅死灰復燃，而且變本加厲。

　　於是，人民群眾充滿著不快、不滿和憤怒，特別是在敏感的學生群中。「文革」之前就不斷有過「學生鬧事」，抗議官僚主義，反對各種落後體制。1957 年的「鳴放」也表現得非常明顯。毛澤

---

77 見《林彪同志委託江青同志召開的部隊文藝工作座談會紀要》。

東是看到了這一點的。在「文革」中，他便指出群眾有氣要發洩。毛澤東提出「資產階級就在黨內」、「打倒走資本主義道路的當權派」，把矛頭直接指向各級黨政領導，這個運動之所以能如此迅風疾雨地使廣大群眾自發地搞了起來，人人參加，來勢猛烈，毀壞力極強，其重要原因正在這裡。

所以，把文化大革命簡單歸結為少數野心家的陰謀或上層最高領導的爭權，或簡單描述為一場迫害知識分子的運動，便是膚淺而不符合實際的。當然有這一方面的內容和成分，但當時廣大群眾包括知識分子而特別是青年學生是如醉如狂地忠誠地投入這場「革命」的。這些基本史實是無法用上述說法來解釋的。

就這場「革命」的發動者、領導者毛澤東來說，情況也極為複雜。既有追求新人新世界的理想主義一面，又有重新分配權力的政治鬥爭的一面；既有憎惡和希望粉碎官僚機器，改煤炭「部」為煤炭「科」的一面，又有懷疑「大權旁落」有人「篡權」的一面；既有追求永保革命熱情、奮鬥精神（即所謂「反修防修」）的一面，又有渴望做「君師合一」[78] 的世界革命的導師和領袖的一面。既有「天理」，又有「人欲」；二者是混在一起的。而毛青年時代所具有的意志主義、理想主義的個性，也在自以為馬克思主義已經嫻熟可以從心所欲的晚年中，充分展露了出來。毛的「造反有理」的觀念情感、浪漫的反叛欲求，從少年到晚年都一直存在，也表現在他生活的各方面，只是有時被理知自覺壓抑下去（如

---

78 章士釗：《柳文指要》。

中年領導民主革命和晚年處理國際關係時必需顧及各種客觀現實條件），但有時卻由於有理論武裝（如上述兩個階級兩條道路的鬥爭理論）而更加突出了。對「破壞一個舊世界」的興趣，使毛從孔夫子到新文化、從黨[79]到政府[80]的各種權威，一律加以批判和否定。「不破不立」，「一分為二」，「鬥爭哲學」……在一定意義上正是毛早年的「與天奮鬥」、「與地奮鬥」、「與人奮鬥」、「其樂無窮」的繼續。[81]但從早年起並在中年獲得重大成功的「經驗理性」卻越來越被推置一旁，這當然與毛越來越脫離群眾和社會生活有關。毛原來制衡得很好的自己的思想構架，自 1949 年以後便開始片面發展，到「文革」達到了頂峰。

　　例如，民粹主義的理想和革命戰爭時代軍事共產主義的成功，使毛總懷念著供給制，讚賞「大鍋飯」，要求「破除資產階級法權」，希望首先從分配、消費上來實現共產主義。1958 年「大躍

---

79 外國研究者特別注意毛在「文革」中「摧毀黨」的特異作法，並認為毛一直有無政府主義思想。本文不同意這看法。毛在青年時期確接受過無政府思潮的影響，但似乎主要在於接受這一思想的反束縛和烏托邦理想社會方面而不在其非組織、反權威方面，接受馬列主義後，毛一直是強調紀律、集中，反對「極端民主化」要求「消滅……工作中的某些嚴重的無紀律狀態或無政府狀態」的（《毛澤東的讀書生活》，第 27 頁）。所以「文革」後期當《人民日報》批評「文革」造成無政府主義，毛大不以為然。

80 如「一月風暴」後成立上海公社後改為「革命委員會」，而不再叫「政府」。

81 參看本書〈青年毛澤東〉。

進」中，所謂「吃飯不要錢」、「公共食堂」，曾被毛所肯定而普及全國。毛不再真正深入地注意研究現代經濟生活的實際。

此外，當然就是上述的道德主義。從大躍進時的「春風楊柳萬千條，六億神州盡舜堯」到文化大革命的「鬥私批修」……。

「以階級鬥爭為綱」的鬥爭哲學，「鬥私批修」的道德主義，「向貧下中農學習」的民粹主義[82]，構成了毛的晚年思想的一些基本特徵。這些特徵並非突然產生出來的，它們是既有其個人思想的由來已久的根源，又有中國社會的現實基礎。

林彪和「四人幫」便在這種「毛澤東思想」的旗幟下作了「得力的助手」，他們在思想上談不上什麼自己的東西，但他們（特別是林彪）卻的確把毛的上述某些思想發揮到了極端。例如為毛澤東所肯定的林彪「四個第一」的思想：

人的因素第一，政治工作第一，思想工作第一，活的思想第一。

此外，如林彪說：

……精神的東西可以轉化為物質的力量。……像原子彈爆炸一樣，爆發出很大的力量。

---

[82] 到「文革」後期，某些地方連工人階級也要下放勞動去「向貧下中農學習」。

　　共產主義就是講的一個「公」字，反對一個「私」字。要破私立公，……就要從靈魂深處爆發革命。

　　這位「林副統帥」（當時全國在形式上編為軍隊，所有機關單位都以軍隊建制）所「發展」的，不正是毛澤東許多思想的完全唯心主義化和封建主義化麼？

　　林彪並直接倡導封建形態，把個人崇拜儀式化，如編制「語錄」，搞「天天讀」，把毛澤東的言論說成「最高指示」和「一句頂一萬句」，「理解的要執行，不理解的也要執行」（這其實也來自軍隊習慣），以及搞「天才論」，說「毛澤東思想是最高最活的馬克思主義」，是「當代馬克思列寧主義的頂峰」等等。林彪不但在思想上而且也在組織上（如黨章居然寫上「接班人」名字）企圖以無產階級專政和社會主義的名義，來建立起子承父業的公開的傳統王朝。

　　但是，重要的是，在林彪摔死事件發生以前，廣大幹部、群眾和青年學生為什麼對這一切並未感到格格不入而奮起抵抗？為什麼廣大群眾、幹部和學生都默默地接受了林彪搞的這一大套？當然，高壓下的沈默並不等於真正的認同，但也確有不少的忠誠的信奉者，甚至在廣泛的知識者之中。這就是因為，一則，這一套有其傳統的社會意識的根基、習慣，如「最高指示」與「聖旨下」連詞句上也無多大區別，這與至今包括知識界也仍然接受甚至欣賞「伯樂」、包公、好皇帝，屬於同一傳統意識和心理積澱。二則，這一套也並非突然從天而降，它們是過去十七年不斷的「社

會主義思想教育」、「個人主義乃萬惡之源」等等的延續。把「革命」當作目的本身來歌頌、崇拜和追求，把毛澤東作為偶像來崇拜，特別是把「老三篇」、「鬥私批修」、「破私立公」的道德意識作為標準尺度來衡量一切，這是由來已久了。公私義利之辨，天理人欲之分，本是中國傳統的文化心理，如今這一套以無產階級革命意識和共產主義崇高理想而出現，便似乎成了最新最革命也最中國化的東西。中國知識分子很容易地接受了它，它從而使任何人（人總是有缺點、弱點和錯誤的，人總是有各種物質生活的要求、意向、願望和享受的）都感到自己的罪孽深重，必須深刻檢討，努力懺悔……。在張思德、董存瑞、雷鋒、王傑這些「毫不利己、專門利人」以至犧牲自己生命的英雄、烈士面前，你能不自慚形穢、徹底悔過和無條件投降麼？你能不為偉大的共產主義理想、為社會主義祖國貢獻自己嗎？能不為此而接受審查、批判，忍受痛苦，揭發別人和改造自己嗎？

　　這也就是為什麼林彪總要反覆強調「老三篇」、「破私立公」之類的祕密。

　　這裡，與傳統不同在於，這一套道德主義和公私義利之分是以階級鬥爭為線索來貫串的，從而不再是比較複雜的、以穩定、和諧為目的和特徵的傳統的倫常觀念，而是以更簡化的「革命」的階級觀念來作為標準、尺度，這種公私義利、天理人欲的分辨更具有某種強制性、公開的、「你死我活」的十分激烈的鬥爭性質。不僅在現實中，而且在心靈中。在革命旗幟下，在道德主義的要求下，人們都不但理智上要認為，而且要求情感上也感到自

己確有錯誤，確需改造，確需勇敢衛護革命，貢獻自己。於是不斷檢討自己，批判別人，揭發「罪惡」，劃清界限，指責、悔恨自己對「資本主義」、「修正主義」的喜愛或「放鬆警惕」……。於是，有千千萬萬熱情獻身的紅衛兵，有千千萬萬真心懺悔的老幹部，有千千萬萬虔誠請罪的知識分子……。

這樣一種空前規模的群眾性的鬥爭、檢討的運動就這樣發生了。奇怪嗎？也並不奇怪。如前所說，它不但是幾十年思想改造和所謂「社會主義思想教育」的自然結果，而且也與數千年來的中國傳統精神不無關連。

林彪「自我爆炸」的事實，「571 工程紀要」的公布才從根本上喚醒了人們，這倒的確像一顆「威力無比」的「精神原子彈」，炸醒了人們的痴迷和惡夢。原來一切都是假的，高舉「語錄」天天喊「三忠於」、「四無限」[83]的人原來是一群最大的騙子、壞蛋、野心家。什麼「破私立公」，什麼「靈魂深處爆發革命」，什麼「四個第一」，什麼「毛澤東思想是最高最活的馬克思列寧主義」……，多麼虛偽多麼卑鄙多麼可笑！政治終於揭開了它自身的醜惡，一切原來化為道德的偽裝愈發顯示出了這道德本身的虛假。人們確乎被驚醒了，重新用自己的常識和健全的理智來觀察、判斷，來估計現實、生活和歷史。以前的一切懷疑、問題、看法、

---

83 「三忠於」是：「忠於毛主席，忠於毛澤東思想，忠於毛主席的革命路線」；「四無限」是：「無限忠誠」、「無限熱愛」、「無限信仰」、「無限崇拜」毛主席。

意見一下子便明亮地被證實被想通了。當然，有從一開始甚至從一九五〇年代初便有過正確的疑惑和深刻看法的人，但畢竟是極少數，廣大幹部和群眾是通過「文革」後期特別是林彪事件而覺醒的。

　　「文革」是一個重要而漫長的故事，非本文所能詳論。這裡只想提出值得注意的兩點：

　　一是這場看來似乎是失去理性的瘋狂的「革命運動」，卻並非完全是非理性的產物。儘管其中有某些類似宗教狂熱的成分，如對毛澤東的個人崇拜，如在激烈派仗中的自我獻身，如無端的獸性發洩、瘋狂破壞和虐待狂式的酷刑取樂，等等，但其主體卻仍然是以普通理智為基礎的，即它是以一整套「持之有故，言之成理」的道德理論即關於公私義利、集體個體、關於共產主義理想和「兩個階級兩條道路的鬥爭」等等為根本依據的。它仍然具有普通理智上的可接受性，它仍然是一種理性的信仰、一種道德的宗教。這是中國的文化大革命與譬如德國的納粹運動、高揚道德主義的「鬥私批修」理論與日耳曼種族優越論的不同或貌同實異之處。把二者等同視之，是既忽視了社會土壤的不同，也輕略了傳統的本質差異。德國傳統精神中的那種盲目衝動的非理性主義和中國傳統的實用理性，是並不相同的，混淆它們無助於清醒地去認識自己。

　　另一是，正因為中國的文化大革命基本上（至少在指導思想上）仍在理智的主宰、支配下，所以對情感和人性的扭曲也是通過理智來進行的。正是這樣，造成了精神上的極大苦痛和心理上

的無比折磨。它要求人們從理智上去接受、運用階級和階級鬥爭的觀點來「觀察一切」、「分析一切」、「判斷一切」，去「分清敵我」、「劃清界限」，要求人們從理智上運用「鬥私批修」、「一不怕苦，二不怕死」的道德標準來檢查自己、反省自己，這樣才能做到「六親不認」、「大義滅親」……。於是社會上和傳統中原來相當濃厚的父子夫婦兄弟朋友的人事關係和情感聯繫，便統統要求用這種階級鬥爭的「革命的」道德主義或者說革命的集體主義去破壞和取代。[84] 不是非理性的情感迷狂，而是要求一切情感必須經由「理性」批准，必須經過痛苦的「思想鬥爭」，而「思想鬥爭」能容許的唯一的情感是「革命的」「階級感情」，一切人間的情誼、人際的關懷都必須放在這個新的道德標準下衡量估計、肯定否定。在這種「理性」的主宰摧殘下，人們付出了極為高昂的情感代價。為了「革命」，為了「共產主義的偉大事業」……，互相凶狠地毫無情面地揭發、批判，虔誠地忠實地窮根究底地交代、檢討……。這裡面有多少的痛苦、眼淚、血汗和生命！這裡面造成了多少的人格分裂、精神創傷和人間慘劇！

　　當然，還不說那些藉「文革」幹壞事或思想污濁行為卑劣的人們，因為那是任何社會、時代和動亂時期都有的。儘管這些人

---

84 在原始儒家本有所謂「子為父隱」(《論語》)，舜棄天下竊負殺人的父親而逃(《孟子》)，都顯示出血緣氏族的倫理本色。自秦漢以後，在所謂忠孝不能兩全中，則多半「忠」高於「孝」，以國家名義的皇帝命令高於親屬要求，此即所謂忠君愛國的傳統道德，這一切都以「革命的」服裝在「文革」中上演。這裡面尚有些有趣的複雜問題，暫略。

中的一部分在這場「革命」中以及之前之後獲得了暴利，但就整個社會和整個運動來說，畢竟居於次要的位置。

居主要位置的廣大幹部、群眾在這場革命中，不但個性而且人性也遭到摧殘扭曲，這種摧殘扭曲都是以馬克思主義的名義，在理性控制主宰下，由自己積極參與而造成的。這才是真正的巨大悲劇。

難道馬克思主義應該是這樣的麼？為什麼馬克思主義在中國竟會結出如此難堪的果實？

為什麼？為什麼？……人們，特別是青年一代開始懷疑著、憎惡著、思索著。

 （四）1976～

一聲驚雷，毛氏逝世。一個時代終於結束了。

「四人幫」很快就垮臺，「凡是」派也沒能支持幾天。「實踐是檢驗真理的唯一標準」這個以學術出現的政治命題，在開始掃除人們走向新時期的思想阻礙：不能一切以毛澤東的是非為是非，必須從實際──人們的現實實踐出發。這場討論並沒有真正的理論成果，它在完成了它的政治使命之後，也就沒能再繼續。

真正在馬克思主義理論領域中展示出新時期特點的，是關於

「人道主義」的論爭。

　　如前所述，「文化大革命」把從上到下整個社會中的傳統的與革命的信念、原則、標準統統破壞了，人們在思想、心理、身體、生活各個方面受到了空前的痛苦和損傷。人們或被迫或自願地出賣自己、踐踏自己、喪失掉自己。人不再是人，是匍伏在神的威靈下的奴僕、罪人，或者則成了戴著神的面具的野獸。

　　於是，神的崩潰便從各個方面發出人的吶喊。人的價值、人的尊嚴、人性復歸、人道主義，成為新時期開始的時代最強音。它在文學上突出地表現了出來，也在哲學上表現出來。它表現為哲學上重提啟蒙，反對獨斷（教條），反對愚昧，反對「異化」，表現為對馬克思《1844 年經濟學—哲學手稿》的研究盛極一時。當然集中地表現為呼喊人道主義，把馬克思主義解釋（或歸納或規範）為「人道主義」。強調馬克思主義是「以人為中心」，「人是馬克思主義的出發點」，等等。這當然是對文化大革命以及以前數十年把馬克思主義強調是階級鬥爭學說的徹底反動，是對「以階級鬥爭為綱」的根本否定。

　　強調馬克思主義具有人道主義性質是不錯的，但把馬克思主義解說為人道主義，或以人道主義來解釋馬克思主義，卻並不符合馬克思當年的原意。因為馬克思主義主要是一種歷史觀，即唯物史觀。它既有科學的內容，也具意識形態的作用。馬克思主義的世界觀也就是這種歷史觀，或者說是建立在這種歷史觀的基礎之上的。人道主義不可能是歷史觀，用人道主義來解釋歷史，來說明人的存在或本質，必然帶有空泛、抽象或回到文藝復興、啟

蒙主義的理論上去。人道主義強調「人」，主要是個體、個人。馬克思主義歷史觀講的人，主要是從人類總體出發，然後講到個體。製造工具的「從猿到人」的「人」，並非個體而是群體。只有到共產主義，每個人的自由發展才是一切人自由發展的條件。個體的這種自由是以人類總體的歷史性的行程為前提的。從而在這個行程中，「個體與群體、小我與大我到目前為止具有某種有時甚至是嚴重的矛盾和衝突，這需要作具體分析……。東、西方目前有關的一些討論有其具體歷史的合理內容，在東方是反對封建官僚，在西方是對資本社會中各種異化的抗議。它們都要求人在『物』的奴役壓迫和束縛下解放出來，要求人掌握自己的命運，成為自己實踐活動的真正主宰，因此都提出了人的存在價值和意義問題。……應該看到個體存在的巨大意義和價值將隨著時代的發展而愈益突出和重要，個體作為血肉之軀的存在，隨著社會物質文明的進展，在精神上將愈來愈突出地感到自己存在的獨特性和無可重複性。

　　重視個體實踐，從宏觀歷史角度來說，也就是重視歷史發展中的偶然。從黑格爾到現代某些馬克思主義理論，有一種對歷史必然性的不恰當的、近乎宿命的強調，忽視了個體、自我的自由選擇並隨之而來的各種偶然性的巨大歷史現實和後果。我們一方面反對非決定論觀點，因為無論如何，從原始社會到今天，從農業小生產到工業大生產，歷史在進化，物質文明在成長，其中確有不以人們意志為轉移的客觀規律和歷史法則，否認這點是不符合事實的。但是，另一方面也要看到，人類中任何個體自我的實

踐都是在主動地創造歷史，其中充滿大量偶然因素。注意研究這些偶然因素，才能更深刻地理解強調作為個體的人的倫理學主體性意義所在」[85]，才不至於重蹈前述道德主義把道德吶喊建築在被異化的「集體主義」、「歷史必然性」的宿命基礎之上的謬誤。因此，一方面應該反對在「革命的」、「集體的」旗號下種種抹殺、輕視個體性的所謂馬克思主義的理論；另方面也要看到「大我」（人類總體）與「小我」（個體）之間的關係有一個極為複雜的具體的歷史行程，用義憤、感傷、情緒以及價值判斷、倫理原則是不能真正解釋這個行程的。人道主義理論就有這方面的毛病。所以，我也仍然認為，「作為歷史觀的人道主義，其理論極為膚淺和貧乏，它不能歷史具體地去深入分析現象，不能真正科學地說明任何歷史事實，不可能揭示出歷史發展的真相，從而經常流為一堆美麗的詞藻、迷人的空談、情緒的發洩。」[86]「我不贊成以人道主義代替馬克思主義，那是膚淺和錯誤的。因為歷史有時候並不是那麼人道的。特別是在古代，需要通過戰爭，需要通過殘酷的掠奪，才能發展。歷史本身就是這樣。」[87]用感傷、憤慨、好心來對待歷史，用人性、人道主義來解釋歷史，是幼稚和不科學的；「人是馬克思主義的出發點」的命題也是相當模糊的，「出發點」是什麼意思？「人」又是什麼意思？指個體還是指總體（人

---

85 拙作《批判哲學的批判》（修訂本），第 432～434 頁。

86 參看拙文〈夜讀偶錄〉，《瞭望》1984 年 11 期。

87 《美學與藝術講演錄》，上海人民出版社，上海，1983 年，第 198 頁。

類)?便不清楚,首先便需要作番語義分析才能了解。可見,提倡人道主義雖有其現實合理性和正當性,但作為哲學理論,還需要仔細研究、充實和提高。如果停留在目前的水平上,而不加以嚴格的科學論證,那它就還不可能成為真正的理論創新。

但是,意識形態並不等於科學,也並沒有所謂完全正確的理論,何況在理論上並不正確的東西在歷史上卻可以起重要的進步作用。[88]在粉碎了「四人幫」、中國社會進入「蘇醒的八〇年代」[89]的時候,多麼必然也多麼需要這種恢復人性尊嚴、重提人的價值的人的哲學啊!「自由」、「平等」、「博愛」、「人權」、「民主」……這些口號、觀念充滿著多麼強烈的正義情感而符合人們的願望、欲求和意向啊!它們在揭露林彪「四人幫」的封建主義、「集體主義」的罪惡,表達對各種壓迫、迫害的抗議上,多麼切中時病啊!儘管它們在理論上相當抽象、空泛、貧弱,不能深刻說明問題,而且情感大於科學;但是,它們表達了人們壓抑了很久的思想、觀念、情感、意識,激起了人們與以文化大革命為代表的舊傳統相徹底決裂的鬥志和決心,喚起人們去努力爭取被否定了和埋葬了的個人的人格、個性、生活權利、正當欲求……。所以,說「一個怪影在中國知識界徘徊——人道主義的

---

88 恩格斯:「在經濟學的形式上是錯誤的東西,在世界歷史上卻可以是正確的」(《馬克思恩格斯全集》第 21 卷,第 209 頁)。列寧重複了恩格斯這一論斷並指出要「記住恩格斯的名言」(《列寧選集》第 2 卷,第 322、431 頁)。

89 拙作《中國近代思想史論》,末章。

怪影」[90] 便是有其真實的現實依據的。這就說明，為什麼人道主義的理論、觀點、思潮，儘管被大規模地批判，卻受到廣大知識分子以至社會的熱烈歡迎，並且它們能與經濟改革同步，配合和支持著改革，把社會推向前進。因為它們是在繼續清算文化大革命，是在繼續與封建主義作鬥爭。這也很清楚，為什麼批判者們儘管引經據典，大造聲勢，力加駁斥，證明馬克思主義的確並不是人道主義，卻始終應者寥寥。這些批判文章強調集體主義，反對個人主義，提倡倫理價值，呼喚獻身革命等等，一切似乎都很正確，但這已是幾十年來人們早已熟知的論調。由於被「文革」以來的事實所徹底敗壞，人們對這些老調不但不再信任，而且相當反感，於是對這種批判掉頭不顧，置之不理，毫無興趣，也就是很自然的了。從理論上說，這種批判的根本弱點，正在於它沒能具體地科學地考察中國這股人道主義思潮的深厚的現實根基、歷史淵源和理論意義，也就是說，這批判沒有注意到這股人道主義思潮有其歷史的正義性和現實的合理性。批判離開了這個活生生的現實，仍然是就理論談理論，從而這批判也抽象、空泛、貧弱，離開了正在前進中的中國社會實踐，它當然不能取勝。

　　馬克思主義在中國的確到了一個關鍵時刻，正像中國社會到了一個如何前進的關鍵時刻一樣。馬克思主義之需要創造性的發展和這種發展的重要意義，沒有任何時候像今天在中國這樣突出。從一九五〇、六〇年代東歐、蘇聯到一九七〇、八〇年代中國的

---

90 王若水：《為人道主義辯護》，三聯書店，北京，1986 年，第 217 頁。

人道主義潮流，共同展示了馬克思主義理論傳統本身由於強調社會、忽視個體所帶來的巨大缺陷，但並未真正開闢如何走向未來的理論通道。如何概括總結百年來的世界經驗，如何概括總結數十年的中國經驗，將是一個巨大的題目和遠為艱難的工作，它也將經歷異常困難、複雜的漫長過程。

千里之行，始於足下。這裡只想最簡略地說兩點。

第一，應該回到歷史唯物論（唯物史觀）。應明確唯物史觀才是馬克思主義的基本理論（辯證唯物論等等是後來推演出來的）。歷史唯物論又可以分作哲學層和科學層兩個層面。後一層面將具體地研究生產力、生產關係、基礎、上層建築、國家、法律、文化、科技、家庭……等等問題。它將或分化或滲入或成為許多專門的社會科學學科。美國一些馬克思學者用現代分析哲學、數學博弈論等等來解釋歷史唯物論和馬克思主義，使之更加科學化，是很值得注意的。

就哲學層次說，歷史唯物論即主體性的實踐哲學，或稱人類學本體論。它應包含工藝社會結構（人類學主體性的客觀方面）和文化心理結構（人類學主體性的主觀方面）這樣兩個方面。提出文化心理結構作為主體性實踐哲學的一個方面，是有其重要意義的，它要求總結過去，認識自我（民族、社會、時代）。例如，如何在所謂「迷信中忍耐，保守中沈默」的國民性中，在上述道德主義的傳統經驗中，認識到它的致命的缺陷和仍然值得保存、發揚的優勝處，便是一件非常艱巨的工程。

第二，對馬克思、列寧的經典理論的研究，需要改善和加強。

這又有兩個方面。

第一個方面是發掘經典作家本人由於當時現實鬥爭的各種原因沒有或未來得及展開的思想、觀念、學說、主張。「許多偉大的思想家早期在建立自己的整體世界觀的進程中，具有多方面的異常豐富的思想，但在他以後的一生中，多半是自覺或不自覺地依據時代的需要，充分發展了他的世界觀或思想中的某些方面而並非全部。……由於當時階級鬥爭政治鬥爭和馬克思本人專注於無產階級革命事業的理論和實際，馬克思本人和他的追隨者繼承者如恩格斯、伯恩斯坦、考茨基、李卜克內西、梅林以及普列漢諾夫、列寧、盧森堡、第二第三國際等等，都主要發揮發展了有關這一方面的理論學說……，而把《手稿》以及《政治經濟學批判 (1857～1858) 手稿》中尚未詳細論證的其他一些重要的、珍貴的思想忽略過去或暫時擱置起來了。」[91] 這就把任務留給了我們。「人化的自然」思想便是一例。「人化的自然」不只是美學問題，它是一個根本哲學問題，是涉及文化心理結構、積澱、人性塑造問題，亦即涉及人的本質和存在問題。

第二個方面是重新審查、鑒定經典作家的論著、思想，發現問題，解決問題，不應再採取對待宗教教義的注經方式和迷信態度。例如在馬克思本人那裡，是否有基本理論（唯物史觀）和戰略策略（期望和號召無產階級革命）之間的矛盾，便需要研究。當年，整個世界範圍內主要是資產階級民主革命，而馬克思卻期

---

91 參看拙文〈藝術雜談〉，《文藝理論研究》1986 年第 3 期。

待德國的民主革命將導致無產階級與資產階級的決戰，即實現社
會主義性質的國際無產階級革命，就是一例。即使在基本理論範
圍內，是否也有問題和矛盾呢？例如，對工具的使用、製造、更
新，本是馬克思所特別重視的問題，也是馬克思主義的一個最根
本的要點。因為正是它推動生產力的發展。但在《資本論》中，
是否有脫離開工具，只著重分析論證「勞動力」的支出、買賣和
創造剩餘價值，而相對忽略了在勞動中科學技術、工具變化所帶
來的種種有關創造價值及剩餘價值的問題呢？當科學直接成為生
產力的今天，如何估計工具的巨大作用，如何計算與此有關的科
技工作者的「勞動力」以及白領工人的地位等等問題，不是日益
突出了麼？從而，馬克思主義應否看作只是（藍領）工人階級的
世界觀，而不更應是表達了人類總體的歷史前景和知識分子的熱
情信念？

　　又例如，列寧關於管理國家的思想理論，也值得重新研究。
《國家與革命》是列寧最重要的著作。其中認為：

　　資本主義文化創立了大生產、工廠、鐵路、郵政、電話等等，
在這個基礎上，舊的「國家政權」的絕大多數職能已經變得極其
簡單，已經可以簡化為登記、填表、檢查這樣一些極其簡單的手
續，以致每一個識字的人都完全能夠行使這些職能……

　　……國家官吏的特殊「長官職能」可以並且應該在一天之內
就開始用「監工和會計」的簡單職能來代替，這些職能現在只要

有一般市民水平的人就能勝任，只要發給「工人的工資」就完全
能夠執行了。

　　……無產階級革命實現以後，就可以而且應該從這裡開始做
起。在大生產的基礎上，這個開始自然會使一切官吏機構逐漸
「消亡」，……日益簡化的監督和統計表報的職能將由所有的人輪
流行使，然後再成為一種習慣，最後就不成其為特殊階層的特殊
職能了。[92]

　　毛澤東晚年的某些烏托邦思想，如人民公社，群眾專政等等，
也有與此類似之處。

　　但幾十年來高度發展了的現代生活，卻恰恰證明資本主義經
濟管理不是變得十分簡單而是更為繁忙複雜，更需要種類繁多各
式各樣的專門家來主持操管。威伯 (Max Weber) 關於工業大生產
必然湧現出一個技術和行政管理者的官僚階層的理論，反而更加
符合事實。在政治制度上，列寧曾對資本主義社會的議會制度予
以猛烈抨擊，所以十月革命後便加以廢除而代之以工兵蘇維埃。
蘇維埃在革命初期的列寧時代的確比議會制更民主，任何士兵代
表、工人代表都可以在蘇維埃上發言、爭辯、討論。但曾幾何時，
蘇維埃制度在史達林手上卻變成了一塊橡皮圖章，所謂「代表」
只剩下舉手的榮譽了。由於蘇維埃兼有立法與行政職能，似乎最
大限度發揚了民主，讓所有勞動者都參預國家管理；但實際卻為

---

92 《列寧選集》第 2 卷，第 207、212～213 頁。

少數幾個人以至一個人的高度集權、甚至獨裁專制製造了條件，因為再沒有資本主義社會眾多法律以及輿論之類的束縛限制了。於是，無產階級專政變成了黨專政、政治局專政，以至最後變成了史達林一個人的獨裁。

這些歷史教訓難道不需要從理論上重新加以檢討、研究嗎？

總起來看，「自第二次大戰以後，世界進入了後帝國主義時期，殖民地紛紛成立，構成了龐大的第三世界，現代科技和生產力的猛增，跨國公司的強壯，中小工業的繁榮，白領工人的擴大……，使世界的經濟、外交、文化日益在進入一個新的多元化的階段。……就中國說，時代最大特徵之一是開始結束了幾十年和幾千年的封閉狀態，中國文明將第一次跨入世界之林，與其他文明作真正的對話和交流。物質文明在走上現代化的道路，那麼，中國的馬克思主義哲學該怎麼辦呢？

……到目前為止，許多人（包括西方的一些馬克思主義者）還認為馬克思主義只是革命的理論、批判的理論。誠然，馬克思主義是革命的理論、批判的理論，但它不只是這種理論。在現時代，不論在東方還是西方，光堅持或只談革命的理論，就不夠了。它只是馬克思主義理論的一個方面，儘管曾經是主要的基本的方面。但無論如何，階級、階級鬥爭、革命都只和一定的歷史階段聯繫。在漫長的人類歷史上，它畢竟是比較短暫的現象。不能天天革命，歲歲戰爭。階級鬥爭不能『年年講月月講天天講』，並且階級遲早還要歸於消滅。如果認為堅持和發展馬克思主義，就是堅持和發展批判、革命，老是不斷革命，這就要走向反面。所謂

『無產階級文化大革命』不是最沈痛的教訓嗎？所以，我認為，
應該明確馬克思主義不僅是革命的哲學，而且更是建設的哲學。
不但因為我們現在主要建設，而且因為建設文明（包括物質文明
與精神文明），對整個人類來說，是更為長期的、基本的、主要的
事情，它是人類賴以生存和發展的基礎。光批判，是並不能建設
出新文明的。我們要從人類總體的宏觀歷史角度來鮮明地提出這
個觀點。」[93]

　　這就是我所要強調的：不是批判的而是建設的馬克思主義作
為它在中國的前景和出路。

---

[93] 參看拙文〈藝術雜談〉，《文藝理論研究》1986 年第 3 期。

六、二十世紀中國（大陸）文藝一瞥

　　一瞥者，快速之印象短論也。之所以要從思想史「瞥」一下文藝者，在於文藝能表達非思辨、理論、學說、主張所可表述之心態故也。理論、思想是邏輯思維，文藝是形象思維。形象思維的特徵之一，就在於它大於思維。從大於思維中又恰好可以看到中國近現代思維的某些要點。這就是寫這篇印象草記的來由。

　　既然是從思想史角度而並非從文藝史或美學角度來看中國近現代文藝，本文所擬記錄涉及的，便只是通過文藝創作者的心態，以觀察所展現的近現代中國所經歷的思想的邏輯，即由心靈的歷程所折射出來的時代的歷程。在現代中國，文藝（又特別是文學）一直扮演著敏感神經的角色。

　　因此，這裡的近現代文藝顯然不可能是全面的論述，而只是片面的印象。它之所以是近現代，也正因為它以知識分子心態變異為歷程，其起點得追溯到本世紀初，而不直接以五四新文學為開端。

 **轉換預告**

　　戊戌變法前後，對中國許多傳統士大夫知識分子來說，是一個空前的心靈震撼時代。儘管自鴉片戰爭、太平天國以來，已不斷有先進的士大夫知識者開始具有新的思想、觀念、論議、主張，

但不僅為數極少，有如鳳毛麟角；而且這些思想、主張也僅僅停留在理智認識的水平，尚遠未構成為某種真正的心態變化。這種變化開始於 1894 年在甲午戰爭中國戰敗、割地求和所掀起的愛國熱情（像譚嗣同就是在這時由具有頑固保守思想的士大夫，一躍而變為宣揚平等自由的思想家的），經由庚子（1900 年）之後大批留日學生的湧現，中國傳統的士大夫知識層在開始向近代行進和轉化，不僅在思想上、認識上，而且也開始在情感上和心態上。

當然，後者比前者，在中國當時的情況和條件下，其變異和行進要緩慢、模糊和不自覺得多。人們在理智上認識、接受、容納、許可的東西，在情感和心態的大門前都常常被禁阻入內。在這方面，傳統的力量畢竟更有影響，支配和控制得也更久長。新舊模式的激盪和糾纏混雜也更為繁複、多樣和難以清理。「剪不斷，理還亂，是離愁，別是一番滋味在心頭。」是堅決離別傳統、告別過去的憂傷哀愁，還是別有一番滋味在心頭呢？

例如，本世紀初的好些留學生知識分子曾不惜個人生命，獻身革命，其中有好幾位知名人士蹈海自殺。他們之選擇死亡，不是因為「不值得活下去」，也不是為了在自我的毀滅中求歡樂的瘋狂，而是為了要把自己的死與民族國家的生聯結起來。他們不是如現代海德格爾所說只有在死面前才知道生，而仍然是傳統的「未知生，焉知死」（孔子），因為知道了生的價值才去死，即以一己的死來喚醒大眾的生。

所以，儘管這批第一代中國近現代知識分子已經在政治上、思想上接受了西方的自由、民主和個人主義，但他們的心態並不

是西方近現代的個體主義，而仍然是自屈原開始的中國傳統的承續。在中國這一代現代意義的知識分子身上所體現的，倒正是士大夫傳統光芒的最後耀照。

……吾至愛汝，即此愛汝一念，使吾勇於就死也。吾自遇汝以來，常願天下有情人都成眷屬；然遍地腥雲，滿街狼犬，稱心快意，幾家能夠？司馬春衫，吾不能學太上之忘情也。語云：仁者「老吾老以及人之老，幼吾幼以及人之幼」。吾充愛汝之心，助天下人愛其所愛，所以敢先汝而死，不顧汝也……（林覺民：〈與妻書〉）

這是一封在起義前夕寫在白布方巾上的真實的家書，並不是有意創作的文學作品。但是，今日讀來，卻仍然比許多文學作品要感人得多。作者果然在起義中被捕就義。它本是血淚凝成的文字，其中有好些細節描述是極其親切精緻的。那種在選擇死亡面前凝聚著的夫婦倫常的真實情感，仍以一種傳統的光輝感染著人們。此外，如譚嗣同「我自橫刀向天笑，去留肝膽兩崑崙」；秋瑾引古詩作絕筆的「秋風秋雨愁煞人」；黃興弔劉道一的「……我未吞荒恢漢業，君先懸首看吳荒……眼底人才思國士，萬方多難立蒼茫」；寧調元辛亥後被殺前的「……死如嫉惡當為屬，生不逢時甘作殤；偶倚明窗一凝睇，水光山色劇淒涼」；以及名蓋一時的南社詩人們的許多創作，……它們所構成的這個世紀初的悲壯的革命進行曲，基本上仍然是中國傳統士大夫家國興亡責任感和人生

世路淒涼感在新時代裡的表達。西方近代文化觀念的洗禮，還只輸入和停步在理知層的意識領域。他們當時主要是企望創造一個民主、共和、強大、獨立的新中國，對人生世事、對人際情感以及各種有意識無意識的心態積澱，仍然是傳統中國的，傳統式的悲憤、感傷、哀痛和激昂。

　　繁榮的文藝創作是晚清的重要文藝現象。從《官場現形記》、《文明小史》、《二十年目睹之怪現狀》到鴛鴦蝴蝶派小說，以及「點石齋」版畫，展現出種種世俗風習的畫面，它們有片斷覆現的寫實性，如魯迅所說，「他（指《點石齋畫報》主筆吳友如）畫的『老鴇虐妓』『流氓拆梢』之類，卻實在畫得很好的，我想，這是因為他看得太多了的緣故，就是在現在，我們在上海還常常看到和他所畫一般的臉孔」（《二心集・上海文藝一瞥》）。但在心態、情感上卻並沒有真正的新東西。他們沒有新的世界觀和新的人生—宇宙理想，來作為基礎進入情感和形象思維，而舊的儒家道家等等又已經失去靈光。因此，儘管他們揭露、譴責、嘲罵，卻並不能給人以新的情感和動力。這就是晚清小說之所以失敗的重要原因。

　　但是，畢竟在開始轉換。歐風美雨畢竟在逐漸進入人的內心。拜倫熱、林譯小說和蘇曼殊三大史例，似乎表現著中國士大夫傳統的文化心理結構，在西方衝撞下，開始了某種轉換的萌芽。

　　羅素打破常規，在他的《西方哲學史》中奇特地給拜倫寫了一章。羅素並沒講出拜倫有多少哲學，只是指出：「在國外，他的情感方式和人生觀經過了傳播、發揚和變質，廣泛流行，以至成

為重大事件的因素。」[1] 羅素的所謂「在國外」指的是歐洲大陸，他心目中不會想到中國。但是，正是這位出身高貴、滿臉傲氣、放蕩不羈、難容於祖國俗議的叛逆詩人，在本世紀初成了中國青年革命者、知識分子所頂禮謳歌、有著強烈共鳴的對象。魯迅說，「裴倫既喜拿破侖之毀世界，亦愛華盛頓之爭自由；既心儀海賊之橫行，亦孤援希臘之獨立……，自由在是，人道亦在是」（《墳·摩羅詩力說》）。魯迅所謂「別求新聲於異邦」的中國的知識分子，與拜倫有了可以感通認同之處。馬君武、蘇曼殊所譯拜倫詩被傳誦一時，拜倫那傲岸不馴、憤世嫉俗被羅素名之為「貴族叛徒者」的氣質，一方面可與中國傳統的英雄主義相溝通，另方面又成了當時知識分子剛起步的個體獨立的意識覺醒。羅素說，「貴族叛徒者既然有足夠吃的，必定有其他的不滿原因……他們的有意識的思想中卻存在著對現世政治的非難，這種非難如果充分深入，便採取提坦 (Titan) 或無邊無際的自我主張的形式，或者……採取撒旦主義的形式……這種叛逆哲學都在知識分子和藝術家中間灌注了一種相應的思想情感方式。」 ("...inspired a corresponding manner of thought and feeling among intellectuals and artists.") [2] 正是這樣，以拜倫為象徵的西方近代的浪漫主義，那呼號個體獨立的「思想情感方式」，在愛國救亡的英雄激情的掩映和保護中，悄悄地、無意識地在中國青年知識群中浸潤、出現、傳播了。也正

1　《西方哲學史》下冊，商務印書館，北京，1976 年，第 295 頁。
2　同上，第 295～296 頁。

因為拜倫具有這兩個方面，才使他在中國知識者心中打響了頭炮。

　　從這角度便能估計林譯小說的意義。它之所以風行，不止在於異邦圖景和故事的開人眼界，而更在於它是一種新的「思想情感方式」的輸入。所以，在改換心態的歷程上，它比當時那些中國人寫的譴責小說要重要得多。

　　林紓不識外文，卻翻譯了百十種小說。古今中外，大概很少有這種事例。這位在五四運動拚命反對白話文的落伍者，在辛亥時期卻是有其進步的思想的。請讀他的《新樂府·知名士（嘆經生、詩人之無益於國也）》詩：

　　知名士，好標格，詞章考據兼金石。考據有時參《說文》，諧聲假借徒紛紜。辨微先析古鐘鼎，自謂冥披駕絕頂，義同聲近即牽連，一字引證成長篇。高郵父子不敢擊，凌轢孫、洪駁王、錢。既汗牛，復充棟，驟觀其書頭便疼。外間邊事爛如泥，窗下經生猶作夢。……即有詩人學痛哭，其詩寒乞難為讀。藍本全抄陳簡齋，祖宗卻認黃山谷……

　　這說明，這位外國文學的翻譯者當時是很不滿意中國士大夫傳統的「經生」、「詩人」的文化心理結構，要求突破乾嘉樸學、同光詩體，從而才翻譯引進了新的生活圖景、人生觀念、情緒感受……，也即是新的「思想情感方式」。

　　這種新的「思想情感方式」如何具體地被輸入，如何與傳統的文化心理結構相碰擊相融合，是一個值得仔細研究的問題。

　　例如，中國傳統歷來是「儒道互補」或「據於儒，依於老，逃於禪」，「儒治世，道治身，佛治心」。中國近現代第一批知識群，從極熱到極冷，從革命鬥士到和尚沙門的兩極滲透和互補，也是當時的一種特色。譚嗣同、章太炎把這種互補表現在理論和思辨中。弘一法師（李叔同）等人則表現在實際行動上：一個新話劇運動的首倡者很快就拋棄一切熱鬧，遁入空門以緇衣終身。在清末民初，與革命並行的是佛學昌盛。冷熱兩極的文化心理互補構架，使章太炎在革命途中想退身去做和尚，連魯迅在民初也讀佛經。為什麼？這些開始具有近現代觀念和學識的知識者們，仍然在走著傳統的老路嗎？

　　好像要更複雜一些。已有論文認為，由於對資本主義異化世界的恐怖，章太炎「對古典的資產階級人本主義從肯定轉為不定，對自己的人性學說，也從理性主義轉為反理性主義，從科學主義轉向反科學主義，從樂觀主義轉向悲觀主義，從面向塵俗世界、面向未來轉向鄙棄塵俗世俗、鄙棄未來的虛無主義」[3]，「已基本上從資產階級古典的人文主義轉向現代型的批判人文主義」。[4] 以此來描繪章太炎，似乎太誇張了一些。但如以此來解釋從章太炎到魯迅，特別是解釋以魯迅為代表的那股近現代中國最深刻的思想暗流──那大力倡導啟蒙又不停留於啟蒙的深沈的「思想情感

---

3 姜義華文，《復旦大學學報（社會科學版）》1985 年第 3 期，第 206、214 頁。

4 同上。

方式」，則是相當準確的。近現代中國在接受西方十六至十九世紀的社會政治學理的同時，便也同時感受到由拜倫到尼采對歷史走向一個可怕的資本主義異化世界的堅決的反叛。於是，啟蒙主義的理性、樂觀、進化思潮與本世紀的非理性、悲觀、反歷史思潮相衝突而並來，同在最敏感的中國知識分子心魂中投下了身影。近代與超近代（現代）、理性與反理性、樂觀主義與悲觀主義、歷史主義與虛無主義……，使心魂結構變得複雜了。這就超出了「儒道互補」的舊有模式，他們的「逃於禪」，也已經滲入了新的「思想情感方式」。

　　似乎可以在這種理解下來讀蘇曼殊。五四時期便有人說，「曼殊上人思想高潔，所為小說，描寫人生真處，足為新文學之始基乎？」[5] 並從而被引為「新文學」的同道。郁達夫也認為蘇曼殊的詩出於龔定庵，而又「加上一脈清新的近代味」。[6]

　　且看蘇詩及小說：

　　年華風柳共飄蕭，酒醒天涯問六朝，猛憶玉人明月下，悄無人處學吹簫。

　　春雨樓頭尺八簫，何時歸看浙江潮？芒鞋破缽無人識，踏過櫻花第幾橋。

---

5 《新青年》第 3 卷第 2 號，1917 年 4 月。

6 柳無忌編：《曼殊大師紀念集》，正風出版社，重慶，1944 年，第 427 頁。

……阿蕙何在？……周大淚漣漣答曰：嫁一木主耳……。先見一老蒼頭，抱木主出。接阿蕙至禮堂，紅燈綠彩，阿蕙扶侍女，並木主行婚禮既畢。旋過鄰廳，即其夫喪屋也，四顧一白如雪。其姑乃將縞素衣物，親為阿蕙易之，阿蕙即散髮跪其夫靈前，慟哭盡禮……

周大言畢，生默不一言。……自後粵人亦無復有見生及周大者云。惟阿蕙每於零雨連綿之際，念其大父、阿姊、獨孤公子（即生）不置耳。（《焚劍記》結尾）

也並沒有什麼特殊，不就是漂亮絕句和婉麗的言情小說麼？但是，為什麼當年會被青年們那樣激賞？只是由於「優美婉麗」、「纏綿淒楚」麼？

似乎又不是。蘇曼殊描述的愛情已不復是《聊齋》裡的愛情，也不再是《牡丹亭》、《紅樓夢》裡的愛情，當然更不是《恨海》裡的愛情。陳獨秀在為蘇的小說《絳紗記》作序時說：「人生最難解之問題有二，曰死曰愛。」[7]古往今來的文藝總纏繞著這兩個永恆主題。蘇的小說和短詩中的這兩個主題的特徵似乎在於，儘管如何頹廢傷感、孤獨哀淒，卻傳出了某種黎明前的清新氣息。這位曾經熱衷於「革命加戀愛」、而後卻「行雲流水一孤僧」所反思的愛與死，是在世俗故事中企求超脫，即他似乎在尋求超越愛與死的本體真如世界。而這個真如本體卻又實際只存在於這個世

---

7 《甲寅》第 1 卷第 7 號，第 2 頁。

俗的情愛生死之中。正因為這樣，蘇作在情調淒涼、滋味苦澀中，
傳出了近現代人才具有的那種個體主義的人生孤獨感與宇宙蒼茫
感。他把男女的浪漫情愛和個體孤獨，提昇為參悟那永恆的真如
本體的心態高度。它已不是中國傳統的倫常感情（如悼亡）、佛學
觀念（色空）或莊子逍遙。它儘管談不上人物塑造、情節建構、
藝術圓熟，卻在這身世愁家國恨之中打破了傳統心理的大團圓，
留下了似乎無可補償無可挽回的殘缺和遺憾。這是苦澀的清新所
帶來的近現代中國的黎明期的某種預告。這些似乎遠離現實鬥爭
的浪漫小詩和愛情故事，卻正是那個新舊時代在開始糾纏交替的
心態先聲。感傷、憂鬱、消沈、哀痛的故事卻使人更鍾情更懷春，
更以個人的體驗去咀嚼人生、生活和愛情。它成了指向下一代五
四知識群特徵的前兆。四顧蒼涼侵冷，現實仍在極不清晰的黑暗
氛圍中，但已透出了黎明的氣息。蘇曼殊的小說發表僅在五四前
幾年。

　　其他文藝部類呢？在國畫領域，任伯年似乎顯露出與傳統高
雅有某種離異的上海灘的脂粉味，又仍然清秀可喜。吳昌碩跨越
了揚州八怪，潑辣的色彩和金石味的骨力，似乎宣告傳統在走向
終結。這些是否也在間接意義上反映出某種新的心態、情感呢？
很難說，還需要研究。

（二） 開放心靈

辛亥這一代的心態只開始轉換，傳統還占壓倒優勢；五四這一代卻勇敢地突破傳統，正式實現著這一轉換。如果說，前者還只是黎明前的序幕，那麼，新時代的黎明現在便正式揭幕了。

這種轉換有其現實的基礎。幾千年皇帝專制在政治體制和觀念情感上對知識分子主宰地位的消失或消退，「學而優則仕」的傳統科舉道路的阻塞，西方文化如潮水般的湧進……，給新一代年輕知識者以從未曾有過的心靈的解放，展現在他們面前的圖景和道路是從未曾有過的新鮮、多樣、朦朧。

之所以新鮮，是由於皇權政治體制的覆滅，與「君君臣臣」聯在一起的傳統世界觀人生觀已經崩潰或動搖；而革命年代又已成為過去，悲歌慷慨以身許國不再是急迫課題；從而，作為個體的人在國家、社會、家庭裡的地位和價值需要重新安放，這帶來了對整個人生、生命、社會、宇宙的情緒性的新的感受、體驗、思索、追求和探詢。

之所以多樣，是由於知識者原來「學而優則仕」的傳統單一道路被打破，不再有延續了數百年之久科舉制了，經商、辦報、工程師、教員、律師、醫生……，多種多樣的謀生途徑和生活機會平等地展開在人們面前。社會生活開始具有了近代性，知識者

們不必再把心靈寄託在讀書做官這個固定的焦點上，人生目標不再有恆久不變的模式。包括濟世拯民、救亡圖存、田園隱逸、佛門解脫等傳統模式，也不再是理想的高峰和意向的極致。多樣化的人生和心靈之路在試探、蠱惑、引誘著人們。

之所以朦朧，則不僅在於傳統政體的解體、古舊秩序的破壞，帶給未來中國走向何處的前景是含混未定的；而且正因為傳統價值和舊有觀念控制力量的褪色，人生道路和生活目標的多樣可能，個體不再完全依附於官場、制度和群體，自我選擇的突出，自我責任感的加重，個體對前景的探索、追求也是朦朧未定的。

一批又一批的青年知識者開始由四面八方匯集到大中都市來「飄泊」、「零餘」，為謀生，也為理想。但怎樣才能謀生以及如何生活？理想又是什麼？有什麼可以值得真正信奉的？我到底幹什麼呢？……一切都是並未有現成答案的渺茫。

與傳統的告別，對未來的憧憬，個體的覺醒，觀念的解放，紛至沓來的人生感觸，性的苦悶，愛的欲求，生的煩惱，醜的現實，個性主義、虛無主義、人道主義……，所有這些都混雜成一團，在這批新青年的胸懷中衝撞著激盪著。

他（她）們已不像上一代曾經長期沈浸和捆縛在傳統的觀念和生活中，他（她）們是在中國空前未有的自由氛圍中開始尋求自己的道路。儘管仍有各種舊的束縛如主觀上有意識和無意識的禮教觀念，客觀上貧窮、困苦、腐敗的社會現實在壓迫、管制、阻撓著他（她）們。然而，新的生命新的心靈對新的人生新的世界的憧憬，卻仍然是這一代的「思想情感形式」和人生觀的主要

標誌。在理論、思想上，五四前後出現了那麼多的五花八門的「主義」、學說、思潮，瀰漫一時。在文學上，抒發胸懷而不成系統，傾吐心臆而尚未定形，散文或散文似的新詩便成了此代心魂的最佳的語言寓所。「如同它的新鮮形式一樣，我總覺得，它的內容也帶著少年時代的生意盎然的空靈、美麗，帶著那種對前途充滿了新鮮活力的憧憬、期待的心情意緒，帶著那種對宇宙、人生、生命的自我覺醒式的探索追求。剛剛經歷了『五四』新文化運動的洗禮之後的二〇年代的中國，一批批青年從封建母胎裡解放或要求解放出來。面對著一個日益工業化的新世界，在一面承襲著故國文化，一面接受著西來思想的敏感的年輕心靈中，發出了對生活、對人生、對自然、對廣大世界和無垠宇宙的新的感受、新的發現、新的錯愕、感嘆、讚美、依戀和悲傷」[8]，「這樣一種對生命活力的傾慕讚美，對宇宙人生的哲理情思」[9]便是中國現代的Sentimental，是黎明期開放心靈的多愁善感。它具體表現為敏感性、哲理性和浮泛性的特徵。

你看，二十歲剛出頭的女學生冰心的作品，她那幾年的《繁星》、《春水》、《寄小讀者》，便第一次以脫去傳統框架的心態，用純然嬌弱的赤裸童心，敏感著世界和人生：憧憬著光明、生長、忠誠、和平，但殘酷的生活、醜惡的現實、無聊的人世到處都驚

---

8 《李澤厚哲學美學文選·宗白華美學散步序》，湖南人民出版社，長沙，1985 年，第 450 頁。

9 同上。

醒、搗碎、威脅著童年的夢，沒有地方可以躲避，沒有東西可以
依靠，沒有力量可以信賴，只有逃到那最無私最真摯最無條件的
母愛中，去獲得溫暖和護衛。這似乎才是真正的皈依和歸宿，才
是確實可靠的真、善、美。這裡沒有超世的神仙，沒有人間的禮
法，沒有各種複雜錯綜的關係，單純如水晶般的誠摯的母愛就構
成了一個本體世界。所以，這就不再是傳統倫常的母愛，不再是
「哀哀父母，生我劬勞」、「慈母手中線，遊子身上衣」的古典詠
嘆，而是新時代新青年對整個宇宙人生多愁善感的母愛。

　　……濃睡之中猛然聽到丐婦求乞的聲音，以為母親已被她們
帶去了。冷汗被面的驚坐起來，臉和唇都青了，嗚咽不能成
聲……「你最怕我凝神，我至今不知是什麼緣故；每逢我凝望窗
外，或者稍微呆了一呆，你就過來呼喚我，搖撼我，說：『媽媽，
你的眼睛怎麼不動了』，我有時喜歡你來抱住我，便故意地凝神不
動……」。當她說這些事的時候，我總是臉上堆著笑，眼裡滿了
淚，聽完了用她的衣襟來印我的眼角，靜靜地伏在她的膝上。這
時宇宙已經沒有了，只有母親和我。最後我也沒有了，只有母親，
因為我本是她的一部分。(《寄小讀者·通訊 10》)

　　每個人都有童年，都得到過母親無私的愛，都有過上述種種
體驗感受。但舊文學裡就沒有這樣描寫過，是冰心第一次把它們
寫了出來。冰心把這種極其普普通通的母女（子）感情帶進了本
體世界：

造物者──
倘若在永久的生命中，
只容有一次極樂的應許，
我要至誠地哀求，
我在母親的懷裡，
母親在小舟裡，
小舟在月明的大海裡
……（〈春水 105〉）

一切風雨，一切恐懼、煩惱和憂傷，一直到整個骯髒的世界，都要在這偉大的普泛的母愛中消溶而潔淨。這種愛似乎毫無任何具體的社會、時代的內容，然而它卻正好反射了那個覺醒的新時代的心聲。對充滿著少年稚氣的新一代知識者來說，愛，總先是母愛，閃耀著近代泛神論的哲理光亮。

在充滿柔情的「父親、母親的膝下懷前，姊妹兄弟的行間隊裡」（《寄小讀者・通訊 11》），冰心把中國傳統的血緣倫常感情放大為「人類在母親的愛光之下，個個自由，人人平等」（《寄小讀者・通訊 10》）的宇宙之光和心理本體了。

同樣是一九二〇年代的名篇朱自清的〈背影〉，是寫父愛的。它現實、具體得多，滲入了社會生活的具體景象，它以其更可觸摸的實在剪影，同樣表現了新一代知識者在走上人生道路中對傳統的轉換了的感受和體驗：那就是擺脫了傳統禮教觀念（所以心中可以「暗笑」父親），回到了真正原本的親子之愛。讀〈背影〉，

讀冰心，直到今天，也仍然使人感到返樸歸真、保存或回到那純真無私、充滿柔情人性的親子之愛中的可貴。所以，儘管它們沒有多少現實的內容或思想的深度，卻可以長久打動人心，有益地培育著千萬顆童心。它們幾十年來成為中小學優秀教材，是有道理的。

一九二〇年代是一個童年稚氣的時代，更是一個正成長著的少年浪漫時代。除了母愛，性愛便更是思緒和情感的主要課題所在，據統計，戀愛占據了當時 90% 小說的內容和題材。性愛在這裡同樣具有某種浮泛性。它們作為小說是極其不成功的。想像貧弱，抒情淺陋，構思單調，形象單薄，形式單一，它的重要性只在於它傳達了那種把愛情作為人生意義的敏感（甚至病態）的心境情緒：

知識我也不要，名譽我也不要，我只要一個能安慰我體諒我的心，一副白熱的心腸！從這一副心腸裡生出來的同情！從同情而來的愛情！我所要求的就是愛情。（郁達夫：《沈淪》）

儘管似乎只是愛情，儘管大部分作品集中於婚姻自主，但實際卻是對人生意義的尋覓。魯迅的〈傷逝〉是最典型也最成功的。像茅盾對一九二〇年代盧隱等人的創作評論，也很具有代表性：

在盧隱的作品中，我們也看見了同樣的對於「人生問題」的苦索。不過他是穿了戀愛的衣裳……「人生是什麼」的焦灼而苦

悶的呼問在她的作品中就成了主調，她和冰心差不多同時發問。……所有的「人物」幾乎全是一些「追求人生意義」的熱情的然而空想的青年在那裡苦悶徘徊，或是一些負荷著幾千年傳統思想束縛的青年在狂叫著「自我發展」，然而他們的脆弱的心靈卻又動輒多所顧忌。這些人物中的一個說：「我心徬徨得很啊！往哪條路上去呢？」……

　　同樣的心情，我們在孫俍工的〈前途〉也看到了。這一篇借火車開行前的忙亂、焦灼、擁擠以及火車開行後旅客們的「到了麼？」「幾時才到？」「能不能平安無事的到？」──種種期望的心情，來說明「人生的旅路」上那渺茫不可知的「前途」……。
（茅盾：《現代小說導論》一）

　　對「渺茫不可知的前途」的惶恐、困惑、尋覓、苦悶、徬徨……，正是構成這一代文藝內容包括戀愛問題的真正主題和背景。傳統的框架、規律、標準已在這新一代知識者心中打破，但新的生活、道路、目標、理想還未定型。路怎麼走呢？走向何處呢？一切都不清楚。感受、體驗到的只是自己也說不清的各種苦惱、困惑和徬徨。正因為還沒有確定的目標、道路和模式，也還沒有為可確定的將來而奮鬥的行動、思考、意願和情感，於是一切便都沈浸在當下紛至沓來、繁複不定的各種自我感受中意向中。於是他們這種自我就呈現為一種主觀性的多愁善感主義即敏感主義（或傷感主義）。它既不是真正的浪漫主義，更不是現實主義。

理性啟蒙與浪漫抒情在這敏感中攜手同行，使這種多愁善感呈露
出朦朧的哲理內容而向人微笑。它表現為多樣化的風格，共同的
卻是空靈、輕快，並無深意卻清新可讀。

像徐志摩：

輕輕的我走了。
正如我輕輕的來；
我輕輕的招手，
作別西天的雲彩。
……
尋夢？撐一支長篙，
向青草更青處漫溯；
滿載一船星輝，
在星輝斑斕裡放歌。
但我不能放歌，
悄悄是別離的笙簫；
夏蟲也為我沈默，
沈默是今晚的康橋！
……（〈再別康橋〉）

像許地山：

……

　　林下一班孩子正在那裡撿桃花底落瓣哪。他們撿著，清兒忽嚷起來，道：「嗄，邕邕來了！」眾孩子住了手，都向桃林底盡頭盼望。果然邕邕也在那裡摘草花。

　　清兒道：「我們今天可要試試阿桐底本領了。若是他能辦得到，我們都把花瓣穿成一串瓔珞圍在他身上，封他為大哥如何？」

　　眾人都答應了。

　　阿桐走到邕邕面前，道：「我們正等著你來呢。」

　　阿桐底左手盤在邕邕底脖上，一面走一面說：「今天他們要替你辦嫁妝，教你做我底妻子。你能做我底妻子麼？」

　　邕邕狠視了阿桐一下，回頭用手推開他，不許他底手再搭在自己脖上。孩子們都笑得支持不住了。

　　眾孩子嚷道：「我們見過邕邕用手推人了！阿桐贏了！」

　　邕邕從來不會拒絕人，阿桐怎能知道一說那話，就能使她動手呢？是春光底蕩漾，把他這種心思泛出來呢？或者，天地之心就是這樣呢？

　　你且看：漫遊的薄雲還是從這峰飛過那峰。

　　你且聽：雲雀和金鶯底歌聲還布滿了空中和林中。在這萬山環抱的桃林中，除那班愛鬧的孩子以外，萬物把春光領略得心眼

都迷濛了。(〈春底林野〉)

當然還有郭沫若：

啊啊！
生在這樣個陰穢當中
便是把金剛石的寶刀也會生銹
宇宙呀，宇宙
我要努力把你詛咒
你濃血污穢著的屠場呀
你悲哀充塞著的囚牢呀
你群鬼叫號著的墳墓呀
你群魔跳梁著的地獄呀
你到底為什麼存在？
……(《女神‧鳳凰涅槃》)

這是與上面那種莞爾微笑相對照的狂暴的憤慨、呼叫，但作為自我的傾洩、意義的探導，卻是同一個傾向。二〇年代的文藝知識群開口宇宙，閉口人生，表面上指向社會，實際是突出自己；提出似乎是最大最大的世界問題，實際只具有很小很小的現實意義；這種時代特徵，「豪放派」與前述「婉約派」是完全相同的。魯迅曾說，「那時覺醒起來的知識青年的心情，是大抵熱烈而悲涼的。即使尋到一點光明，徑一周三，卻是分明地看見了周圍的無

涯際的黑暗」。冰心和沫若是在這「無涯際的黑暗」尚未真正撲
來，但已初初感到的時候，或用「愛」或用「力」來要求抵禦它
們的嬌弱柔情和粗獷喊叫。也正為此，許地山逃入佛宗，徐志摩
顧影自憐，郁達夫沈湎酒色……。

　　總之，無論是回到母親的懷抱（冰心），或是「把日月來吞
食」（沫若），無論是對母愛，對性愛，對強力的愛，對自然的愛，
對哲理的愛，它們都以敏感和激情在創造性地轉化傳統的積澱。
這是還未脫出古典傳統的上一代和已捲入社會波濤的下一代所作
不出的。他們在「思想情感的方式」（放大地說即文化心理結構）
上，既承續了傳統，例如前說的親子之愛，同時又具有了近現代
個性解放和自我獨立的意識，那種種溫柔、呼喊、苦悶、無聊、
尋覓、傷感……，已是近現代的個體所具有的特徵。他們所高舉
遠慕的，不再是儒家、道家或佛學，而是充滿著近現代人的追求
意識了。

　　其中，只有魯迅是最深刻的。如另文所已指出，魯迅那孤獨
而奮進的痛苦心靈，遠遠超越了啟蒙期狂暴喊叫或多愁善感。儘
管魯迅的散文詩和小說也充滿了這個時期的敏感主義的某些特
徵，但它由於包含著經過親身經歷所孕藏的巨大的思考重量，使
他在根本上區別於前述任何一位僅僅從個體感性出發的吶喊或柔
情。魯迅文學作品中有思想的重量，這思想並不是抽象的教義或
明確的主張，不是陳獨秀銳利猛勇的鬥爭精神或胡適之平和膚淺
的樂觀主義，而是的確背負著因襲的重擔，艱難地走向未來，深
知前景的渺茫，路途的荊棘，從而具有沈甸甸的悲觀情緒和浸透

了反省理性的偉大感性。在上一個時期的辛亥革命前，魯迅便已寫過〈摩羅詩力說〉，比喊叫著「光」、「熱」、「火」、「我」……的郭沫若早走了十多年；從而他在五四時期，便已超越這種敏感主義和個性解放，而達到對所謂「本體」有了真正現代意識的把握。確乎悲觀，也無所希冀，但仍然得活，活著就得奮鬥。所以，「絕望之為虛妄，正與希望相同。」只有奮身前行是真實的，如 Sisyphus 的推石，生命意義也只在此處，只在此刻的奮進本身，這就是「此在」(Dasien)。前路如何？是玫瑰花還是墳，並無關緊要，也無何意義。重要的是不能休息。不為玫瑰花的烏托邦或墳的陰影所誘惑、所沮喪，不為裹傷的布、溫柔的愛而停下來。……死火在冰谷裡也要燃燒，儘管並無燃燒的前景，也無確定無疑的燃燒本身和燃燒辦法，但總比凍僵了要強。魯迅達到了現代性的世界高度，但那中國式的人道抒情風，那切切實實為廣大人群為勞苦者服務的古典傳統，又使它畢竟不同於徹底悲觀的現代西方的個體主義。[10]

　　這就是中國的魯迅。所以，《野草》、〈在酒樓上〉、〈傷逝〉、〈孤獨者〉即使如何悲慘哀傷，最終給人的仍然是奮起前行的力量。如果對比下一代寫實性的老舍的《駱駝祥子》悲哀的結局只給人以悲哀，便大不相同。

　　魯迅的「吶喊」、「徬徨」是屬於心靈開放的這一代的，是這一代的無可比擬的精華。它確乎空前絕後，無與倫比。它超出了

---

10 參看本書〈胡適　陳獨秀　魯迅〉。

個性主義和多情善感，成為指向了下一代的前驅和榜樣。

在其他藝術領域裡，這一代的特徵也明顯可睹。像劉半農作詞趙元任作曲的《教我如何不想他》，像「長亭外，古道邊，芳草碧連天……，一杯濁酒盡餘歡，今宵別夢寒」的詞、曲，同樣是清新、空靈、惆悵、簡潔、含蓄的多愁善感主義。並無任何深刻的現實內容，也不是真正浪漫的自我表現，它是夾雜著淡淡哀愁的人生意義的尋求、唱嘆。它從形式到內容都是近代的，又明顯有中國古典印痕。

豐子愷的漫畫，林風眠的水墨，也有同樣特點。它是近代的，又是中國的；完全不是具體的寫實或激烈的浪漫抒情，卻有著對整個人生的淡淡的品味、悵惘和疑問，從而耐人咀嚼。

這就是一九二〇年代這一批知識群的文藝創作所反射出來的典型心態。儘管他們可以不必都具體地創作於這一時期，儘管其中有的人把這一時代風貌拉得很長以至終生，如周作人、俞平伯、豐子愷；有的人擱筆不寫了，如沈尹默、宗白華、謝冰心、朱自清；有的，則只是指向下一階段的過渡，如郭沫若、馮雪峰和大多數小說作者，他們實際屬於第三代。

 **創造模式**

　　無情的生活一天一天地把我逼到了十字街頭，像這樣的幻美的追尋，異鄉的情趣，懷古的幽思，怕沒有再來顧我的機會了。

　　啊！青春喲，我過往了的浪漫時期喲！我在這兒和你告別了！

　　我悔我把握你得太遲，離別你得太速，但我現在也無法挽留你了！

　　以後是炎炎的夏日當頭。（郭沫若）

　　是的，剛覺醒的青年知識者敏感期很快就過去，殘酷的中國現代史的血腥鬥爭和內憂外患　（軍閥混戰、五卅慘案、北伐戰爭、……），很快就打碎了年輕人那種種溫情脈脈的人生探求和多愁善感。嚴峻的現實使人們不得不很快就捨棄天真的純樸和自我的悲嘆，無論是博愛的幻想、哲理的追求、朦朧的憧憬、狂暴的呼喊……，都顯得幼稚和空洞。冰心的愛，沫若的力，郁達夫的性的煩惱，許地山的哲理意味，俞平伯、宗白華的優美雅緻……，都被迅速地推下時代的前臺而不再吸引和感動人了。更年輕的一代已經不再有〈槳聲燈影裡的秦淮河〉裡的閑情逸致和〈春底林

野〉、〈荷塘月色〉裡的清幽雅麗，已經沒有那早春般觀花賞月的心情意緒，已經是炎炎的夏日當頭，他們得抓緊做事了。他們得選定一個目標、一個方向、一件件事情去實幹了。事實上，一九二〇年代的這批青年也都各自找到專業，有人出國又回來了，當上了教授學者，有人從政做官，有人辦工廠企業，有人幹革命了，有人成了專業作家、藝術家……，反射在文藝上，不再能無限期地惆悵、傷感、求索，不再能長久徘徊、徬徨、喟嘆，生活的目標、人生的道路在社會真正走入現代的經濟政治的形勢下，逼著人們作出選擇。無怪乎 1921 年魯迅還鼓勵汪靜之的〈蕙的風〉，到 1929 年，卻對汪靜之說，現在不是寫愛情詩的時候了。魯迅還說，「總而言之，現在倘再發那些四平八穩的救救孩子似的議論，連我自己聽去，也覺得空空洞洞的了」（《而已集‧答有恆先生》）。對嚮往革命追求改造社會來說，一般的「社會批評」、「文明批評」也嫌不夠了，走入革命的知識者正在進行更具體更直接的戰鬥。

只有少數人停留在第二代中。像冰心、周作人，但他們很快就失去其原有的廣大影響，更年輕的一代擁簇著魯迅、郭沫若、茅盾、巴金繼續向前走去。

第二代是短促的，大約是在 1919～1925 年；第三代卻較長，他們從 1925 年開始直到抗戰爆發前夕。

這一代是在具體專業領域內創造模式的一代。無論在哪個方面，中國現代各個領域的處女地首先是由他們在其中自由馳騁而開拓的，革命事業中的毛澤東、周恩來、劉少奇、鄧小平……，科技事業中的李四光、竺可楨、梁思成、陳省身……，史學領域

的郭沫若、陳寅恪、李濟、錢穆……，正是他們開創和奠定了中國現代許多專業領域內的各種模式，帶領和培養了一批批的門徒、學生，占領了統帥了各個事業的陣地，影響幾十年直到今天。

　　文藝領域內也如此。在這一時期，散文或散文詩退居次要，出現了真正的小說、戲劇和電影，也出現刻意講求格調、音響、字句、意境的真正的詩歌。承接著魯迅，現實主義成為主流，儘管思想內容不及魯迅，但出現了長篇巨製。這裡已不是「咀嚼著身邊小小的悲歡」，而是面向了真正的社會、現實和生活；不再是那朦朧的憧憬和模糊的感受，而是比較確定、具體、複雜的態度和體驗；不再是蒼白貧弱的剪影或印象，而是有血有肉有個性有生命的人物、情景和故事。它的純審美因素減弱了，它的社會性、現實性、目的性更鮮明了。人的各種臉譜及其變化，社會各階層的不同生活及其特徵：大家庭的腐朽的崩潰，農村的落後和毀壞，商人的暴發和破產，官場的黑暗和兇殘……，開始以其生活本身的面貌展現出來。

　　首先仍然是革命知識者的自身經驗。其中轟動一時並具有開創性的是茅盾的《蝕》，特別是其中的《動搖》。《動搖》已完全不是五四時代那種種感傷、惆悵與人道的吶喊，而是活生生的醜惡現實的寫照。即使有誇張、有浪漫，基本素質卻是那場大革命中的知識者所見到、聽到、遭遇到的種種事實。它具有了上一代所沒有的那種社會寫實性，從而突破了知識者主觀悲歡情感的小圈子，而在一定程度上描寫了、記錄了、反映了那動亂中的生活相。《動搖》裡描寫的是 1927 年大革命中的一個湖北縣城，其中有天

真的革命者，有兇狡的反動派，有浪漫女性，有動搖青年，有男女性愛的情熱，有殺人如麻的殘酷，其中特別對一個先混入革命而後一下把大量婦女、青年殺戮在血泊中的勝利者的描繪，是如實地反映了中國近代階級鬥爭的激烈特色的。從辛亥革命到 1927年，甚至到以後，總有一批善於投機取巧左右逢源的變色龍謀取了高位，殘害了大批真正革命的或真正進步的青年知識者。所以這種生活相由於並非表面現象的隨意捨取，而是與時代重要動向——當時那場影響了中國前途的革命連在一起，從而這也與知識者的心境、觀念、情感、思想連結在一起。例如，在殘酷的階級鬥爭面前，知識者只能扮演非常可笑又可憐的角色，幼稚得可笑，天真得可憐，那種種美妙理想、人生感嘆、人道呼籲、個性解放……，完全淹沒在這血腥的燒殺奸淫中而毫無意義了。

《子夜》也是這樣。這裡沒有血的廝殺，卻有著另一種同樣殘酷、兇狠的金錢廝殺。這裡沒有知識青年的屍體、乳房、頭顱，卻同樣在蹂躪、踐踏、粉碎青年們本有的浪漫熱情、天真探索、美好幻想。上一代散文詩的主觀性成為過去。「《子夜》除了空前成功地塑造了民族工業資本家的形象外，還塑造了金融買辦資本家趙伯韜、經濟學教授何慎庵、工賊屠維岳以及一大批諸如妓女、交際花、經紀人，還有工人、農民、革命者等等眾多的各色人物。《子夜》本身就是一個世界，一個賦有了現實世界的豐富性和複雜性的藝術世界。」[11] 儘管《子夜》因為由概念支配創作，藝術

---

11 余秋雨：〈深夜裡的社會寫實〉，《文藝論叢》第 14 期，第 197 頁。

上甚至不如《動搖》，對上述這些人物的塑造也並不能算是很成功，但無論如何，它空前展示了一個現實的客觀世界。與五四時代的上一代比，這就是小說領域內的真正的創造。五四時代是所謂「問題小說」，實際並不成其為小說，它們只是一堆對人生意義、生活目標，對勞工、青年、民族、社會，特別是對婚姻、戀愛問題的主觀疑問和自我抒發。所以，「『人物都是一個面目的，那些人物思想是一樣的，舉動是一樣的，到何種地步說什麼話，也是一個樣的』，這種『一個樣』的作品，顯然與中國社會的真實面貌相去遙遠……破除『一個樣』的模式，……具體地描繪出現實生活的真實圖畫，哪怕是一個家庭、一個角落、一個人的一生──這是三〇年代優秀長篇小說之所以能構示中國社會面貌的首要原因，它們從不同的出發點，殊途同歸地達到了真實。」[12]一九三〇年代的小說，開始多方面地展現出真實的社會生活：從經濟到心理，從工廠到家庭，從戰爭到戀愛，眾多作者帶來了空前廣闊的生活視野，迥然不同於以前。

　　茅盾在喧鬧繁華的大都市裡，截取了一個生活的橫斷面，巴金把我們帶進一個數代同堂的大家庭的陰森大門，而老舍則記下了一個人力車夫艱難行走的排排足跡。《子夜》宏大，冷雋，深刻；《家》熱烈，濃重，深切；《駱駝祥子》細緻，詼諧，沈鬱。如果說，茅盾是在濃墨重彩地細細描畫著社會人物圖，那麼，巴

---

12 同上，第 191 頁。

金是在有血有淚地控訴，老舍則用平靜甚至有時顯得有點超然的口氣講述一個令人心酸的悲慘故事。但是，正因為這些作家和作品的不同的聲音，從不同的角度，用不同的方法，真實而典型地反映了現實生活本來的樣子，才使現實主義的文藝領域像現實生活本身一樣豐富。[13]

這裡還有沈從文的《邊城》。與老舍那塵土沙風的北國城市的世俗風俗畫相映對，是南方邊遠山區未被近代生活腐化的詩意化了的自然風景、社會環境和悲慘故事。與祥子的老實、虎妞的強悍對照的是翠翠的溫柔、二老的剛烈。

這裡還有曹禺的《雷雨》、《日出》、《原野》。從蠻野的農村到繁華的上海，從古怪的家庭到人事的巧合⋯⋯，戲劇性的情節展現了社會生活的多層面。

這裡還有如《二月》、《小小十年》⋯⋯這樣一些不同的生活場景和人生畫面。總之，一九二〇年代那種種主觀的問題，例如對戀愛自由婚姻自主這個「頭等」主題，到一九三〇年代便有了真正客觀的描述，例如覺慧對大家庭的反叛和那個腐朽環境中的形形色色⋯⋯。三〇年代的作家們把二〇年代提出了的問題客觀化從而具體化了。

因之，這一代知識者的心態或「思想情感方式」便不再是那種泛神的宇宙憧憬和人生感傷，而是更為切實的具體的鑽研探覓。

---

13 同上，第 211～212 頁。

三〇年代的詩歌，也真正講究形式、格律、音調、章法了：

撐著油紙傘，獨自
彷徨在悠長、悠長
又寂寥的雨巷，
我希望逢著
一個丁香一樣地
結著愁怨的姑娘。
……
她彷徨在這寂寥的雨巷，
撐著油紙傘
像我一樣
像我一樣地
默默彳亍著，
冷漠、淒清，又惆悵

她靜默地走近
走近，又投出
太息一般的眼光，
她飄過
像夢一般地，
像夢一般地淒婉迷茫

像夢中飄過

一枝丁香地，
我身旁飄過這女郎，
她靜靜地遠了，遠了，
到了頹圮的籬牆，
走盡這雨巷。
……（戴望舒：〈雨巷〉）

……

你站在橋上看風景，
看風景人在樓上看你。
明月裝飾了你的窗子，
你裝飾了別人的夢。（卞之琳：〈斷章〉）

……

你從我們居住的小市鎮流過，
我們在你的水裡洗衣服，洗腳。
我們在沈默的火山中間聽著你，
像聽著大地的脈膊。
我愛人的歌，也愛自然的歌，
我知道沒有聲音的地方就是寂寞。
……（何其芳：〈河〉）

有點近似五四，實際並不相同。它們無論在感受上、音律上、
詩境上都深化了，複雜了，精細了，形態多樣了。它們不再是散

文詩，而是真正的詩歌了。

　　一九三〇年代另一開創模式並非常成功的文藝領域，是以夏衍、田漢為代表的左翼電影。它的特點也正在以描述的客觀認識性取勝。儘管其中仍有中國小市民趣味的傳統，但從《十字街頭》、《馬路天使》、《夜半歌聲》等等一直延續到一九四〇年代後期的《一江春水向東流》、《萬家燈火》、《烏鴉與麻雀》，都如同小說一樣，取得了現實主義的重要成就。這裡並無哲理的深刻、抒情的浪漫，也沒有高大的英雄、離奇的故事，卻都有一定程度和範圍內的生活的真實。這裡重要特點之一，是把中國人所喜聞樂見的世俗悲歡故事滲透以新時代的思想情感，而具有了新意。它們也反映了這一代在專業化的創造模式中，將傳統與現代相交融，無論是內容還是形式。有的是更加西化，更加拋棄傳統了。有的卻更加有意識地吸取、結合傳統了；但西學為主，即用西方的觀念、情感、形式來處理、對待、吸取傳統以進行創造，則是共同的趨勢。

　　這也是因為，文藝圈子基本仍在大中城市，不但創作者、文藝家、讀者、觀眾如此，作品所描寫、所反映、所表現的生活、現實、思想、情感也如此。在大中城市，傳統已逐漸被西方文化所浸潤、修正、改變。但真正的中國的時空實體──廣大的農村和農民，卻仍然遠遠沒有真正走進這個為近代知識者所創造的文藝中來。反過來說，這也表示著、標誌著中國現代知識分子的生活和「思想情感方式」還遠遠與真正的農村生活和農民群眾相當隔絕和脫離。儘管作品裡有為數不多的對農村和農民的描寫，但

離真實畢竟還有很大距離。在三〇年代由茅盾、鄭振鐸向全國徵文出版的《中國的一日》短篇巨冊中，竟極少真實地揭示了中國農村的一日的。毛澤東青年時代所奇怪並憤憤不平於中國那麼多的傳統文藝作品中，竟沒有描寫農民的這一基本事實，在新文學裡並未改變。不過，這改變很快也就到來了。

 走進農村

俞平伯一九三〇年代有首詩：

疏疏的星，
疏疏的樹林；
疏林外，
疏疏的燈。
……

這使人驀然記起另一首一九三〇年代艾青的詩：

透明的夜。
……

村，

狗的吠聲，叫顫了

滿天的疏星。

　　同樣的夜景，卻是兩個不同的世界。一葉驚秋，上代知識者心靈裡的田園恬靜和田園畫面也進入了兵荒馬亂。這就是走向一九四〇年代的特點。本來，比起二〇年代來，三〇年代的許多文藝創作的政治性或政治內容已濃重得多，並且越來越具體化。這也是脫開五四時期的一般憧憬而走向客觀化的人生所產生的結果。中國近現代歷史一直以政治為軸心在旋轉，政治局勢影響著甚至支配、主宰著社會生活的各個方面，從經濟到文化，從生活到心理。除了二〇年代初略有間歇外，自上個世紀末起，中國一代接一代的青年知識分子總是慷慨悲歌，以身許國，這當然也表現在文藝領域。二〇年代「為藝術而藝術」的創造社，很快就一百八十度的轉彎，呼喊著無產階級文藝，到三〇年代的自由主義的新月派等等，也完全抵擋不住左翼文藝的凌厲攻擊。「為人生而藝術」既有著「文以載道」的古典傳統觀念的意識和下意識層的支持，又獲得了革命政治要求的現實肯定，左翼文藝便日益順利地在青年知識分子的「思想情感方式」上取得了統治地位，而所有這一切都是與日趨緊張的救亡局勢和政治鬥爭分不開的。但如果說，在抗日戰爭爆發以前，由於創作者和接受者大多是城市裡的知識青年，他們與廣大的農村勞苦大眾還相當隔膜；那麼，到了抗日戰爭，便徹底地改變了這一局面，中國知識分子第一次真

正大規模地走進了農村，走近了農民，不只是在撤退逃難中，而且更在共產黨領導下的戰鬥生活中。

中國的知識者本來大半出身於小康溫飽之家，即他們大多是地主的兒女們，現在是在空前的廣闊地域內親身經歷著國破家亡，第一次切身體會下層人民的苦難。如果說，五四一代儘管高喊「勞工神聖」，讚美人力車夫，但最後仍然是坐了上去，「拉到內務部西」（胡適：《嘗試集》）。如果說，第三代及其文學已經開始描寫工農，像《春蠶》、《包身工》，熱切關注著工農大眾，但他們本身卻還沒有進入工農生活，並未與他們真正打成一片。那麼在抗日戰爭共產黨領導的軍隊和地區中，這一點才真正實現了。知識分子真正親身體會勞苦人民（主要是農民）那沒飯吃沒衣穿的沈重的真實的物質苦難。

……八歲時母死，父病，家貧如洗，即廢學。伯祖父八十開外，祖母年過七十，三個弟弟無人照管，四弟半歲，母死後不到一月即餓死。家中無以為生，先賣山林樹木，後典押荒土，最後留下不到三分地。家中一切用具，床板門戶，一概賣光。幾間茅草房亦作抵押，留下兩間棲身，晴天可遮太陽，下雨時室內外一樣。鐵鍋漏水，用棉絮紮緊，才能燒水。衣著破爛不堪，嚴冬時節，人著棉衣鞋襪，我們兄弟還是赤足草鞋，身披簑衣，和原始人同。

我滿十歲時，一切生計全斷。正月初一，鄰近富豪家喜炮連

天，我家無粒米下鍋，帶著二弟，第一次去當叫花子。討到油麻灘陳姓教書老先生家，他問我們是否招財童子，我說，是叫花子，我二弟（彭金華）即答是的，給了他半碗飯、一小片肉。我兄弟倆至黃昏才回家，還沒有討到兩升米，我已餓昏了，進門就倒在地下。我二弟說，哥哥今天一點東西都沒有吃，祖母煮了一點青菜湯給我喝了。

正月初一日算過去了，初二日又怎樣辦呢！祖母說，「我們四個人都出去討米」。我立在門限上，我不願去；討米受人欺侮。祖母說，不去怎樣辦！昨天我要去，你又不同意，今天你又不去，一家人就活活餓死嗎！？寒風凜冽，雪花橫飄，她，年過七十的老太婆，白髮蒼蒼，一雙小腳，帶著兩個孫子（我三弟還不到四歲），拄著棒子，一步一扭的走出去。我看了，真如利刀刺心那樣難過。

他們走遠了，我拿著柴刀上山去砍柴，賣了十文錢，兌了一小包鹽。砍柴時發現枯樹兜上一大堆寒菌，揀回來煮了一鍋，我和父親、伯祖父先吃了一些。祖母他們黃昏才回來，討了一袋飯，還有三升米。祖母把飯倒在菌湯內，叫伯祖、父親和我吃。我不肯吃，祖母哭了，說：「討回來的飯，你又不吃，有吃大家活，沒有吃的就死在一起吧！」

每一回憶至此，我就流淚，就傷心，今天還是這樣。不寫了！

在我的生活中，這樣的傷心遭遇，何止幾百次！

　　以後，我就砍柴，捉魚，挑煤賣，不再討米了。嚴冬寒風刺骨，無衣著和鞋襪，腳穿草鞋，身著破舊的蓑衣，日難半飽，飢寒交迫，就是當時生活的寫真。

　　這不是文學。這是《彭德懷自述》的第 1 頁。它是彭大將軍幼年生活的紀實，是一九二〇、三〇年代文學裡並沒有很好展現過的真實的苦難和苦難的真實。但多麼令人感動，文學的確有愧於此。到一九四〇年代，這種情況才改變了過來。勞動人民（主要是農民）的真實生活和真實苦難和他們的心聲第一次大規模地進入了文學。

　　中國新一代中一大批青年知識分子在真正走進農村，在這個過程中，「思想情感方式」起了極為劇烈的動盪。其中，有一點值得留意。

　　這就是知識者邁向這條道路上的忠誠的痛苦。一面是真實而急切地去追尋人民、追尋革命，那是火一般熾熱的情感和信念；另面卻是必須放棄自我個性中的那種種纖細、複雜和高級文化所培育出來的敏感、脆弱，否則就會格格不入。這帶來了真正深沈、痛苦的心靈激盪。

　　其實，瞿秋白在二〇、三〇年代便典型地最早呈現了這種具有近代文化教養的中國知識者，在真正的血火革命中的種種不適應的複雜心態。從《餓鄉紀程》到《多餘的話》，由一個純然知識青年（瞿自稱的所謂「半吊子文人」）到指揮鬥爭、領導革命，在殘酷的階級鬥爭和黨內鬥爭中，瞿秋白深深感到力不勝任，「半年

（指 1930 年 8 月到 1931 年 1 月居中央領導崗位時）對於我確乎比五十年還長，人的精力已經像完全用盡了似的」（《多餘的話》）。心理已經極度疲乏，深深感到自己雖然嚮往革命、參加革命、領導過革命，臨終也終於不過是一個「中國的多餘的人」：

　　寂寞此人間，且喜身無主，眼底煙雲過盡時，正我逍遙處。花落知春寒，一任風和雨，信是明年春再來，應有香如故。[14]（〈卜算子〉）

　　如果對比二十多年後毛澤東的〈卜算子〉：

　　風雨送春歸，飛雪迎春到，已是懸崖百丈冰，猶有花枝俏。俏也不爭春，只把春來報；待到山花爛漫時，她在叢中笑。

　　以及郭沫若的和詞：

　　曩見梅花愁，今見梅花笑，本有春風孕滿懷，春伴梅花到。風雨任瘋狂，冰雪隨驕傲；萬紫千紅結隊來，遍地吹軍號。

---

14 瞿同時所作的另幾首詩詞（包括集唐人句）表達了同一音調，相當優美：「廿載浮沈萬事空，年華似水水流東，枉拋心力作英雄。湖海樓遲芳草夢，江城辜負落花風，黃昏已近夕陽紅」。「山城細雨作春寒，料峭孤衾舊夢殘，何事萬緣俱寂後，偏留綺思繞雲山」。「夜思千重戀舊遊，他生未卜此生休，行人莫問當年事，海燕飛時獨倚樓」。

　　三詞都寫得不壞，但多麼不同。一個是已經失去知識者獨立心靈的諛詞鬧曲，一個是向世界挑戰的成功者的健壯自頌，一個才是在革命路途上異常疲乏、眷戀、哀傷的知識者在臨終時複雜的痛苦心靈。這個心靈在抗戰中路翎長篇小說《財主的兒女們》中，作了充分的展露。路翎把知識分子強烈追求革命、同情人民卻又悲苦、蒼涼、孤獨、格格不入的心態和「思想情感方式」，成功地描繪到了極峰。在強烈的個人主義奮鬥者蔣純祖捲入了大撤退的各種士兵中，經歷了原始的生存情欲與人性的道德觀念相混合的真正的戰亂生活，經歷了與那些打著「集體主義」旗號的「革命人士」也完全合不來的進步劇團，最後逃避到和病死在四川僻遠鄉村的小學教師行列中，這位具有思想情感深度的個體英雄、這個熱情之極的進步青年，一方面蔑視中上層社會和世俗的一切，另方面又與真正的動亂生活和下層士兵們仍然是那樣格格不入，思想情感不能相通。他只好無所作為地悲苦死去，這確乎深刻地象徵著當時中國知識分子已走不通約翰·克利斯朵夫那種道路了。當年中國的前景已不是知識分子的個性解放和個人獨立，而是農民群眾的武器批判。

　　蔣純祖，像一切具有強暴的、未經琢磨的感情的青年一樣，在感情爆發的時候，覺得自己是雄偉的人物，在實際的人類關係中，或在各種冷淡的、強有力的權威下，卻常常軟弱、恐懼、逃避、順從。……在這片曠野上，蔣純祖便不再遇到人們稱為社會秩序或處世藝術的那些東西了。但這同時使蔣純祖無法做那種強

暴的蹦跳。⋯⋯在這一片曠野上，在荒涼的、或焚燒了的村落間，
人們是可怕地赤裸，超過了這個赤裸著的感情暴亂的青年，以致
於使這個青年想到了社會秩序和生活裡的道德、尊敬甚至禮節等
等的必需。於是這個青年便不再那樣坦白了。[15]

這是蔣純祖病危臨終時的心態：

蔣純祖軟弱了⋯⋯，他重新看見那一群向前奔跑的莊嚴的人
們，他拋開他心裡那一塊沈重的磐石了。他覺得，他被那件莊嚴
的東西所寬容，一切都溶在偉大的仁慈的光輝中，他的生與死，
他的題目都不復存在了。[16]

這個以個人奮鬥畢其生卻始終沒有入列的「小資產階級」知
識分子，卻並沒有被那莊嚴的革命所寬容。胡風所預言「時間將
會證明，《財主的兒女們》的出版是中國新文學史上一個重大的事
件」[17]，遠遠沒有被證實。相反，中國革命把它們和他們陸續打
進了冷宮以至地獄。
這個所謂「光明、鬥爭的交響和青春的世界的強烈的歡樂」
（路翎），是這一代知識者走向真實革命的痛苦、悲愴和歡樂，是

---

15 《財主的兒女們》下冊，希望社，上海，1948 年，第 741～742 頁。
16 同上，下冊，第 1396 頁。
17 同上，上冊，第 1 頁。

一種「思想情感方式」的主觀曲調，所以這本描述客觀現實的「史詩」卻充滿了最大的主觀性，以致一些批評家把書中的人物都看作精神病者：那麼多的深奧的沈思、纖細的情感、悲涼的心境……，連工農兵也知識分子化了。

時代的主題卻恰好相反，是要求知識分子工農化。這就要求從真實人物的瞿秋白到藝術虛構的蔣純祖，都得進行「脫胎換骨」的改造。把知識者那種種悲涼、苦痛、孤獨、寂寞、心靈疲乏統統拋去，在殘酷的血肉搏鬥中變得單純、堅實、頑強，「雄關漫道真如鐵，而今邁步從頭越。」

知識者終於表白這種行程、決心和認識：

不用太息，
我將遠去：
我隨歷史的戰鬥行進；
我，從單個人
走向人群。
我，
於我何所有。（天藍：〈無題〉）

老是把自己當作珍珠，
就時時怕被埋沒的痛苦；
把自己當作泥土吧，
讓眾人把你踩作一條大路。（魯藜：〈泥土〉）

　　艾青著名的〈火把〉、〈向太陽〉，真誠地表達了青年知識者走向人民走向革命的「思想情感方式」。

　　……
　　我看見過血流成的小溪，
　　看見過士兵的屍體堆成的小山。
　　我知道了什麼叫作「不幸」，
　　……
　　我淋過雨，餓過肚子，在濕地上睡眠，
　　但我無論如何苦都覺得快樂，
　　同志們對我很好，我才知道
　　世界上有比家屬更高的感情。（艾青：〈火把〉）

　　……
　　今天
　　奔走在太陽的路上
　　我不再垂著頭
　　　　把手插在褲袋裡了
　　嘴也不再吹那寂寞的口哨
　　不看天邊的流雲
　　不徬徨在人行道
　　……
　　今天

太陽吻著我昨夜流過淚的臉頰
吻著我被人間世的醜惡厭倦了的眼睛
吻著我為正義喊啞了聲音的嘴唇
吻著我這未老先衰的
呵！快樂佝僂了的背脊
……
我奔馳
依舊乘著熱情的輪子
太陽在我頭上
用不能再比這更強烈的光芒
燃灼著我的肉體
由於它熱力的鼓舞
我用嘶啞的聲音
歌唱了：
　　「於是，我的心胸
被火焰之手撕開
陳腐的靈魂
擱棄在河畔……」
這時候，
我對我所看見所聽見
感到了從未有過的寬懷與熱愛
我甚至想在這光明的信念中死去……（艾青：〈向太陽〉）

　　但是，這還不夠。這還是知識者自己的心聲，還不是為農民所喜聞樂見的呼喊。《延安文藝座談會上的講話》終於出來了，於是有《王貴與李香香》、《李有才板話》、《李家莊的變遷》，有《桑乾河上》、《暴風驟雨》。

　　王九的心裡像開了鍋，
　　幾十年的苦水流成河。
　　你逼死我父命一條，
　　你逼著我蔥蔥女兒上了吊！
　　我十幾年的苦營生沒掙過你的錢，
　　你把我全家十冬臘月往外趕……（張志民：〈王九訴苦〉）[18]

　　羊肚子手巾脖子裡圍，
　　不是我哥哥是個誰！
　　兩人見面手拉著手，
　　難說難笑難開口；
　　……
　　掙扎半天王貴才說了一句話：
　　咱們鬧革命，革命也為了咱！（李季：〈王貴與李香香〉）

　　〈李有才板話〉……是大眾化的作品。……第一，作者是站

---

18 轉引自王瑤《中國新文學史稿》下卷，新文藝出版社，上海，1954年，第291～292頁。

在人民立場寫這題材的，他的愛憎分明，情緒熱烈，他是人民中
的一員而不是旁觀者，而他之所以能如此，無非因為他是不但生
活在人民中，而且是和人民一同工作一同鬥爭；第二，他筆下的
農民是道地的農民，不是穿上農民服裝的知識分子，一些知識分
子那種「多愁善感」、「耽心空想」的脾氣，在作者筆下的農民身
上是沒有的；第三，書中人物的對話是活生生的口語，人物的動
作也是農民型的；第四，作者並沒多費筆墨刻畫人物的個性，只
從鬥爭（就是書中故事）的發展中表現了人物的個性；第五，在
若干需要描寫的地方（背景或人物），作者往往用了一段「快板」，
簡潔、有力、而多風趣，⋯⋯試一猜想，當這篇小說在農民群眾
中朗誦的時候，這些「快板」對於聽眾情緒上將發生如何強烈的
感應。[19]

　　毛澤東算了此夙願，中國文藝中終於出現了真實的農民群眾、
真實的農村生活及其苦難和鬥爭 。 知識者的個性 （以及個性解
放）、知識給他們帶來的高貴氣派、多愁善感、纖細複雜、優雅恬
靜⋯⋯，在這裡都沒有地位以致消失了。頭纏羊肚肚手巾、身穿
自製土布衣裳、「腳上有著牛屎」的樸素、粗獷、單純的美取代了
一切。「思想情感方式」連同它的生活視野變得既單純又狹窄，既
樸實又單調；國際的、都市的、中上層社會的生活、文化、心理，

19　《茅盾文藝雜論集》 下集，上海文藝出版社，上海，1981年，第
　　1179頁。

都不見了。如果以這些作品對比一下路翎以至艾青和五四以來的
新文學，這距離已是多麼之大。為工農兵，寫工農兵，工農兵是
文藝描寫的主角……，這便是延安整風運動後所帶來的近現代中
國文藝歷史的轉折點的變革。這變革所造成的創作上和理論上的
統治局面，一直到一九八〇年代初才有所變化。

　　這當然極大地影響以至規定了中國知識分子們的心態。自此
以後，為工農兵服務，向工農兵學習，改造思想情感，便成了知
識者、文藝家的當務之急和必經之途。這個改造又是以一定的理
論或「世界觀」來引領指導的。所以，有趣的是，在這些小說、
詩歌、戲劇等等文藝創作中，主觀性又是極其鮮明突出的。這種
主觀性不是五四時代那種個體主義的多愁善感，恰恰相反，這裡
的主觀性表現為所要求的「思想性」，即以明確的目的、意識和觀
念來指引創作。與路翎以至艾青那種衝動性、情緒性的主觀性不
同，這裡的主觀性是理知的、實用的、政治的甚至政策的，它高
度重視創作中的理性因素，常常是遵循概念來安裝故事、裁剪生
活、抒寫情懷，這是一種理智的主觀性。在這裡，包括形式也是
理知地被安排著，這就是強調「民族形式」，而與五四以來借重外
來形式的新文藝傳統相脫離。[20]這裡的「形式」當然遠不只是具
體的外形式或表現技巧而已，它是關於如何對待、處理本土傳統
與西方文化的問題。如果說，在瞿秋白等人那裡，西化觀念與中
國上層的士大夫傳統有所交融；那麼，這裡則主要是以中國下層

---

[20] 參看本書〈記中國現代三次學術論戰〉。

農民傳統戰勝和壓倒了西來文化。[21]

　　整個抗戰文藝是發達的，特別是像《黃河大合唱》等昂揚的大眾歌曲、黑白版畫和立足於民間文藝基礎的西北剪紙和《兄妹開荒》等秧歌劇等等。它們或以悲憤高亢傳達出廣大人民的抗戰心聲，或者以拙樸渾厚呈現著中國民族的雄強氣派。

　　抗戰的血火洗滌了物質世界，也蕩滌了中國知識者的心靈。特別是在解放區和隨之而來的三年解放戰爭期間，文藝知識分子的「思想情感方式」，在一九四〇年代中，與以前幾代相比，是極大地被變動了。

 接受模式

　　1949 年翻開了中國現代史新的一頁，但並沒翻開文藝史的新頁。

　　第二代第三代的作家們大都停筆了，或者寫些手不從心、主觀上相當忠誠、客觀上相當滑稽的作品。他們對中國革命勝利帶來的國家的獨立、統一和社會變動，是興高采烈無任歡欣的。他們由此而衷心接受黨對知識分子的「團結、教育、改造」政策，

21 同上。

或封筆改造，或強勉自己去寫那並不熟悉也並不一定能熱愛的工農兵的大眾生活。

第四代來自延安的文藝家們是勝利者，他們大都當了大大小小的幹部、領導，他們仍然滿懷信心地去繼續已經開創了的事業——寫工農兵和他們經歷過的生活、鬥爭，因為他們已經成了工農兵的一部分或工農兵的代表了。知識分子的「思想情感方式」就這樣被自上而下地規範了下來，在現實生活中，也在文藝創作中。

本來，在艱苦的革命戰爭環境下，知識者和文藝家的「我」溶化在集體戰鬥的緊張事業中，沒有心思和時間來反省、捕捉、玩賞、體驗自己的存在。他（她）們是在嚴格組織紀律下，在領導和被領導的協同和配合下，進行活動和實現任務的。知識者較少成堆，而是散布在海洋一般的農民群眾之中。他們遠不是自由的個體，也不只是文藝創作者，而更是部隊的祕書、文書、指揮員、戰鬥員和領導農民鬥爭的「老張」、「老王」、「老李」（幹部）。

但一九五〇年代卻不同了，緊張劇烈的戰爭已經過去，與農民共命運同悲歡的戰鬥已經結束，社會處在和平生活下，作為知識者的文藝家們又幾乎全部回到了或進入了大中城市。儘管也有各式各樣的「運動」和「下鄉下廠」，但和四〇年代畢竟大不一樣。於是，毛澤東所說的「最乾淨的還是工人農民，儘管他們手是黑的，腳上有牛屎，還是比資產階級和小資產階級知識分子都乾淨……我們知識分子出身的文藝工作者，要使自己的作品為群眾所歡迎，就得把自己的思想感情來一個變化，來一番改造。沒

有這個變化，沒有這個改造，什麼事情都是做不好的，都是格格不入的」這段本有具體目的（發動農民打敗日本）而且行之有效的文藝方針，到這時雖奉為至高無上的圭臬、指針，其實際意義卻已大不相同了。它成了一種純粹內省的修身之道，一種似乎以修身本身為目的的道德純淨的追求。

比起工農兵的單純、明淨、樸實、健壯來，知識者的心靈的確是更為複雜、骯髒、卑微、瑣碎，他們有著各種各樣的精細的個人打算、名利計較、卑劣情思，各種各樣的嫉妒、貪婪、虛偽、做作，各種各樣的鑽營苟且、患得患失、狹隘小氣以及無事生非、無病呻吟，等等，等等。中國本有這種道德主義的傳統，宋朝理學家就說過「士大夫儒者視農圃間人不能無愧」[22]的話，五四時代知識分子高呼「勞工神聖」，以勞動養活自己為榮，工讀主義盛行一時，瞿秋白以「懺悔的貴族」自況……等等，也都表現出這一點。

這種傳統的道德主義，經過現代這場勝利了的中國農民革命戰爭，便在知識者的心態中發展到了極致。不是嗎？對比起那健壯、勇敢、堅強、純樸的工農大眾（主要又是農民）來，比起他們的苦難、鬥爭、血淚、犧牲來，比起他們如此高尚、聖潔的品格、道德來，知識分子能不「自慚形穢」麼？能不心甘情願地接受「思想改造」，忠誠老實地懺悔認錯麼？從一九五〇年代初的大學裡的思想改造運動，到一九六〇年代後期知識分子下鄉「接受

---

22 《陸九淵集》，中華書局，北京，第42頁。

貧下中農的再教育」，從白髮蒼蒼的老教授到乳臭未乾的大學生，
都自感有罪，自慚形穢，於是忠誠地下鄉「鍛鍊」、「改造」，以至
畸形到承認知識是罪惡、大糞有香味……，連中樞神經感知也被
「改造」了。這種「思想改造」的重要特徵恰恰在於它是自願的，
真心實意，無比忠誠的。反襯到文藝領域，第五代知識者在這種
強大的思想改造面前，便完全消失了自己。他們只有兩件事可幹，
一是歌頌，二是懺悔。

　　歌頌人民，歌頌祖國，歌頌革命，歌頌黨。這裡有〈青春之
歌〉、〈紅岩〉、〈雷鋒之歌〉等等：

　　……
　　我的心
　　合著
　　　　馬達的轟響，
　　　　和青年突擊隊的
　　　　　　腳步聲，
　　是這樣
　　　　劇烈地
　　　　　　跳動！
　　我
　　被那
　　　　鋼鐵的火焰，
　　　　和少先隊的領巾，

照耀得
　　　滿身通紅！
……我看見
　　星光
　　　　和燈光
　　　　　　聯歡在黑夜；
我看見
朝霞
　　和捲揚機
　　　　在裝扮著
　　　　　　黎明。
春天了。
又一個春天。
黎明了。
又一個黎明。
呵，我們共和國的
　　萬丈高樓
　　　　站起來！
它，加高了
　　　　一層——
　　　　　　又一層！
……（賀敬之：〈放聲歌唱〉）

……

那紅領巾的春苗呵

面對你

頓時長高；

那白髮的積雪呵

在默想中

頃刻消溶……

今夜有

燈前送別；

明日有

路途相逢……

「雷鋒……」

──兩個字

說盡了

親人們的

千般叮嚀；

「雷鋒……」

──一句話，

手握手，

陌生人

紅心相通！

……（賀敬之：〈雷鋒之歌〉）

　　不能說沒有強壯的氣勢，不能說沒有真實的感情，不能說它
不是那一時期令人振奮的強音，這是一種明朗、單純的美。一切
知識者細膩的、苦痛的、複雜的、纖弱的思想情感，都完全消失
在這對集體的功業或道德的高大的歌頌中去了。對比郭沫若《女
神》的反叛呼喊，冰心《春水》、《繁星》的呢喃溫情，徐志摩的
溫文爾雅，艾青的蒼涼悲憤，這裡是以群眾氣勢、以集體力量、
以道德光芒取勝的另一個世界。

　　避開其他一切，專門歌頌集體，歌頌光明，塑造英雄，捨去
陰暗，高揚道德精神、犧牲至上……其中也有一些可讀作品，但
可惜，這條通道一直走到了「文化大革命」中以「樣板戲」為代
表的文藝創作。而那便不再是文藝，只是教義的號筒；那裡已沒
有知識分子的「思想情感方式」或任何心態可言，而是被「語錄
歌」、「忠字舞」弄得頭腦萬分愚蠢、心魂已被攝去的機器創作了。
「三突出」、「三結合」、「主題先行」[23]，這也就走到了文藝的
盡頭。

　　知識者除了歌頌，便是懺悔。這一代大都是忘我工作，逆來
順受，不怨天，不尤人，勤勤懇懇，任勞任怨，家居陋室仍克己
奉公，席不暇暖以侍候首長（包括侍候「馬列主義老太太」）。他
們忠誠地信奉「革命的事再小也是大事，個人的事再大也是小事」

---

23 「三突出」是突出正面人物，在正面人物中突出英雄人物，在英雄人物
　　中突出主要英雄人物。「三結合」是群眾（出生活）領導（出思想）作家
　　（出創作）三結合。「主題先行」是首先要有明確的革命的主題思想。

的「螺絲釘」和「馴服工具」的哲學，恪守著「非禮勿聽，非禮
勿視，非禮勿言，非禮勿動」的紀律信條，忠誠老實地進行著自
我修養和思想改造。如果說，第一代是舊模式的解脫，第二代是
新模式的呼喚，第三代是新模式的創立，第四代是擴展，那麼這
一代便只是接受。他們於各個方面，從科技到文藝，從政治到生
活，都很少創造立新。一切「創造」都轉向內心，不是轉向內心
的豐富、複雜和發展，而是轉向內心的自我束縛、控制和修煉。

　　張賢亮的《綠化樹》呈現了這一思想史的真實。「《綠化樹》
確乎不……那樣單純、明瞭和痛快，而要複雜得多。其中除結尾
的敗筆和描寫飢餓等可貴的細節真實外，有對那原始、質樸、粗
獷、富有生命力的闊大的美的歌頌，在這背景上襯托出知識者個
體的渺小與淺薄；在這些『沒文化無知識』的剛健的勞動者面前，
一肚子學問文章、滿腦子心思巧計的知識者是可以也確然會自慚
形穢的。我曾說它有點屠格涅夫《獵人筆記》中描寫歌手等篇的
味道，儘管作者說他並沒有讀過這本書。其實，其中還有一些像
陀斯妥也夫斯基的東西：通過對肉體和精神的極度痛苦、折磨和
摧殘來尋得道德上的超升或靈魂的淨化：讀《資本論》就像讀《聖
經・啟示錄》，不好的家庭出身就好像被注定了原罪……。本來，
每個人總都是有缺點錯誤的，在『全知全能』的上帝面前，便都
可以感到自己有罪過，覺得需要改造，需要檢討、懺悔；正好像
『文化大革命』一開始許多幹部感到自己的確犯了修正主義錯誤，
需要好好檢查一樣。而每個人也可以就此尋根究底上綱上線，並
通過檢討罪過、否定自己而得到精神上的寬慰和意念上的新生，

即所謂『脫胎換骨』。二十世紀仍然演出這種道德神學式的狂熱，回顧起來，似乎是不可思議的愚蠢；然而，只要是過來人，便知道那是有其現實的、歷史的甚至人性上的根由。我曾問過張賢亮同志，引那麼多《資本論》是不是有點嘲諷的意義？他嚴肅地回答說：『沒有。當時確乎是非常認真的』。我完全相信他的話。本來，追求道德上的完善、精神上的聖潔又有什麼不好呢？它本來就是件值得畢生努力（所謂『活到老、學到老、改造到老』）的極端嚴肅認真的事情。中國儒家幾千年來就有『一是以修身為本』的準宗教性的道德教義……。」 24

這種修養、懺悔、改造，對今天的中年人來說，是親身經歷過的對「革命」作出的崇高的自我犧牲和奉獻；對今天的青年人來說，則是一種不可理解的極端愚昧和個性毀滅。所以中年知識分子同情地接受著《綠化樹》，而青年知識分子卻憤怒地拒絕它。中國知識分子群的這個第五代的確忠誠老實、馴服聽話、品格純潔、「行不逾矩」，但同時又眼光狹隘、知識單一、生活單調、思想淺薄……。他們善良、真誠卻機械、死板，他們的感性生命已被號稱集體的理性所徹底吞食和異化掉了。

包括在身上流著最活躍的五四血液的蔣純祖（路翎的心愛的主人翁），都有知識分子的自我譴責、自我懺悔，那麼，在這一代人身上又重新呈現出古舊傳統和革命傳統相結合的這種道德主義和自我修養，又有什麼奇怪呢？！這一代的精神和知識與外在世界

---

24 參看拙文〈兩點祝願〉，《文藝報》1985 年 7 月 27 日。

已被隔開，他們的「思想情感方式」還比不上五四和三〇年代那麼開放和自由。從而這種愚蠢的高尚心態能長久保持並獲得肯定性的讚賞，又有什麼奇怪呢？！

　　總有不和諧音，即使是在眾口一詞唯唯諾諾的年代。這主要表現在王蒙《組織部新來的年輕人》、劉賓雁《本報內部消息》等等作品中。這些作品開始敏銳地表現出以集體名義的新官僚、官僚機器與知識分子的矛盾。這本是第一隻春燕，但眾所周知，很快就被打擊消埋下去了。直到今天，這一主題才重新被作家藝術家們拾起，而也仍然有著各種各樣的阻撓和困難。

　　對道德主義的著意追求和鼓勵，必然出現一大批假道學、偽君子，他們是各種形態的兩面派，或狐假虎威，或奴顏媚膝，或暗箭殺人，或唯唯諾諾。他們打小報告，搞阿諛逢迎，高喊革命卻卑劣之極，他們怯懦而兇殘，卻總是那樣左右逢源，青雲得志。這種時代產物可惜在我們的文藝中還遠遠沒有被寫出。

　　與這一時代特徵相適應，是整個文藝的古典之風的空前吹起。「革命的」與「民族的」幾乎成了不可分離的口號。從而，齊白石的畫[25]、梅蘭芳的戲，一時之間成了家喻戶曉的榮光驕傲。閉關自守的愛國主義使傳統獲得了金光閃閃、不可一世的最高獎賞，這與五四的確相距更遙遠了。中國確乎有極可珍貴的傳統，梅蘭

---

25 齊白石受人們喜愛，還因其作品的活潑開朗、生意十足，其中確乎滲浸著勞動者的氣質和熱情，不同於其他許多純然上層趣味的畫家（參看拙文〈紀念齊白石〉，《人民日報》，1983 年 12 月 20 日）。

芳、齊白石也無疑是難以逾越的古典典範，但是，他們能代表現代的心聲嗎？

 多元取向

　　物極必反。歷史終於翻開了新頁，十億神州從「文革」惡夢中驚醒之後，知識分子特別是青年一代（即「紅衛兵」一代）的心聲，就如同不可阻擋的洪流，傾洩而出。它當然最敏銳地反映在文藝上。

　　一切都令人想起五四時代。人的啟蒙，人的覺醒，人道主義，人性復歸……，都圍繞著感性血肉的個體，從作為理性異化的神的踐踏蹂躪下要求解放出來的主題旋轉。「人啊，人」的吶喊遍及了各個領域、各個方面。這是什麼意思呢？相當朦朧，但有一點又異常清楚明白：一個造神造英雄來統治自己的時代過去了，回到了五四期的感傷、憧憬、迷茫、嘆惜和歡樂。但這已是經歷了六十年慘痛之後的復歸。歷史儘管繞圓圈，但也不完全重複。幾代人應該沒有白活，幾代人所付出的沈重代價，使它比五四要深刻、沈重、絢麗、豐滿。這個時期的文藝成果，儘管才不過數年，卻一下就超過了以前的任何時期，無論在質量和數量的平均水平上，也無論在文學、音樂和繪畫、雕塑各個領域裡。儘管不斷有

阻撓，有禁令，有批判，這股新生的自由之風卻始終擋不住，罵
不倒，在為數龐大的青年知識群中獲得空前廣泛的一致支持。因
為它道出了他們的心聲、心態和「思想情感方式」。

　　星星美展……所採取的那種不同於古典的寫實形象、抒情表
現、和諧形式的手段，在那些變形、扭曲或「看不懂」的造形中，
不也正好是經歷了十年動亂，看遍了社會上下層的各種悲慘和陰
暗，嘗過了造反、奪權、派仗、武鬥、插隊、待業種種酸甜苦辣
的破碎心靈的對應物麼？政治上的憤怒，情感上的悲傷，思想上
的懷疑；對往事的感嘆與回想，對未來的苦悶與徬徨；對前途的
期待和沒有把握，缺乏信心仍然憧憬，儘管渺茫卻在希望，對青
春年華的悼念痛惜，對人生、真理的探索追求，在蹣跚中的前進
與徘徊……，所有這種種難以言喻的複雜混亂的思想情感，不都
一定程度地在這裡以及在近年來的某些小說、散文、詩歌中表現
出來了嗎？它們美嗎？它們傳達了經歷了無數苦難的青年一代的
心聲。無怪乎留言本上年輕人寫了那麼多熱烈的語言和同情的
讚美。[26]

　　這是 1980 年為《星星美展》寫的，當時心裡想的主要正是朦
朧詩。我想著在斗室裡悄悄地讀著《今天》油印小刊上的北島詩
作，我想著不斷傳來的對舒婷、顧城的斥責聲……，一切都似乎
如此艱難，黎明的風仍那麼凌厲，我準備再過冬天……。但曾幾

26 拙文〈畫廊談美〉，《文藝報》1981 年第 2 期。

何時，卻已春暖花開，連小說園地也開始了千紅萬紫；我當年把它看作新文學第一隻飛燕的朦朧詩，終於「站起來了」，沒有任何力量、任何手段，「能把我重新推下去」。[27]時代畢竟在迅速前進，儘管要穿過各種回流急湍，但一代新人的心聲再也休想擋住了，歷史就是這樣的無情而公正。[28]

　　如五四時代的散文詩一樣，朦朧詩確乎是這個新時期的第一隻春燕。它們最先喊出了積壓已久的酸甜苦辣和百感交集。首先是那麼溫柔的感傷、憂鬱和迷茫：

> 第一次被你的才華所觸動
> 是在迷迷濛濛的春雨中
> 今夜相別，難再相逢
> 桑枝間嗚咽的
> 已是深秋遲滯的風……（舒婷：〈秋夜送友〉）
>
> 我還不知道有這樣的憂傷，
> 當我們在春夜裡靠著舷窗。
> ……
> 我知道你是渴求風暴的帆，
> 依依難捨養育你的海港。

---

27 均舒婷〈一代人的呼聲〉中的詩句。

28 拙文〈詩與美〉，《讀書》1986 年第 1 期。

但生活的狂濤終要把你托去，

呵，友人，

幾時你不再畫地自獄，

以便同世界一樣豐富寬廣。

我願是那順帆的風，

伴你浪跡四方……（舒婷：〈春夜〉）

……

江水一定還那麼湛藍湛藍，

杭城的倒影在漣漪中搖蕩。

那江邊默默的小亭子喲，

可還記得我們的心願和嚮往？

……

榕樹下，大橋旁，

是誰還坐在那個老地方？

他的心是否同漁火一起，

飄泊在茫茫的江天上……（舒婷：〈寄杭城〉）

　　多麼像五四那些散文詩，但比五四要深沈、凝重和複雜多了。它們寫於文化大革命晚期的一九七〇年代，在那肅殺蕭瑟中，受滿了創傷的又一代青年知識者就依然有這麼清新的深情歌唱。當然，除了柔情，更有憤怒：

卑鄙是卑鄙者的通行證，
高尚是高尚者的墓誌銘。
看吧，在那鍍金的天空中，
飄滿了死者彎曲的倒影。
⋯⋯
我不相信天是藍的；
我不相信雷的回聲；
我不相信夢是假的；
我不相信死無報應。
如果海洋注定要決堤，
就讓所有的苦水都注入我心中；
如果陸地註定要上升，
就讓人類重新選擇生存的峰頂。
新的轉機和閃閃星斗，
正在綴滿沒有遮攔的天空，
那是五千年的象形文字，
那是未來人們凝視的眼睛（北島：〈回答〉）

到處都是殘牆斷壁
路，怎麼從腳下延伸
滑進瞳孔裡的一盞路燈
滾出來，並不是晨星
我不想安慰你

在顫抖的楓葉上
寫滿關於春天的謊言
來自熱帶的太陽鳥
並沒有落在我們的樹上
而背後的森林之火
不過是塵土飛揚的黃昏
……（北島：〈紅帆船〉）

……
即使明天早上
槍口和血淋淋的太陽
讓我交出自由、青春和筆
我也決不交出這個夜晚
我決不會交出你
讓牆壁堵住我的嘴唇吧
讓鐵條分割我的天空吧
只要心在跳動，就有血的潮汐
而你的微笑將印在紅色的月亮上
每夜升起在我的小窗前
喚醒記憶（北島：〈雨夜〉）

　　這種憤慨、否定和呼喊，便完全不同於《女神》和〈向太陽〉
那樣稚氣和單純，它充滿了更多的人生思索和命運疑問。中國新

一代知識者的「思想情感方式」熬煉了過多的苦難，比任何其他一代都更頑強、深沈和成熟了。

一九七〇年代後期和一九八〇年代初，這種接近於五四的敏感主義，幾乎是遍及各文藝領域的一個主調。它並且呈現為一條美麗的女性畫廊——充滿著抒情哀傷的女性主人翁的苦難倔強，引動著、觸發打動著人們。從《報春花》（話劇）裡的白潔到《星光啊星光》（歌劇）的蒙蒙，從小說《公開的情書》裡的真真到油畫「1968 年×月×日初雪」中的紅衛兵女俘虜，從電影《我們的田野》裡的七月到電視劇《今夜有暴風雪》的裴曉芸和女指導員，以及一下湧出的一批女作家群（從張潔到張辛欣）……，都似乎比那些或刻意描寫的、或當作主角的「文革」中受迫害的「黨委書記」以及好些男子漢，要光彩奪目、引人注意得多。

為什麼？也許女青年們在這場「史無前例」中感受得更多？也許因為比男性畢竟在身心上更脆弱、更敏感，同一事件落在她們心理上的重量比男性更沈重、更難堪，所付出的真誠、所遭受到的苦痛、忍耐、等待和喪失也就更多？從而，情感的解脫、寄託、抒發、表現也就更強烈？電影《十六號病房》的女主人翁說：「將來，會好的，會好的。將來一切都會好的。」「醫藥費能找到，工作能找到，對象能找到，什麼都能找到，但有一件東西……」失去了的青春還能找到嗎？人生的意義還能找到嗎？從而，「我的心還能熱起來嗎？」……。這種深沈的傷感和心靈的苦痛大概只能出自女性。

當然，也許這樣說不公平，男性畢竟也有深沈的和更有力量

的地方。在感傷音調之後，文藝進入了一個探索的世界。在這個世界裡，多樣化的男性的力量終於表現了出來。這是一個向各方面特別是向內心世界追求、尋找、探索的世界。探索、追求、尋找著自己的前景、理想、力量和生命。

宗教的世界被叩問，那是〈晚霞消失的時候〉。鬥爭根源被強力地去思索，那是〈拂曉前的葬禮〉。向荒蠻世界去找尋沒被文明浸蝕沒被權勢異化的超個體的原始主宰和生命力量，這是〈黑駿馬〉。向傳統文化去追尋民族生存的淵源和活力，這是「尋根文學」（阿城、鄭義、賈平凹……），在音樂領域，有荒野的呼喊和傳統的反思；在電影，有《黃土地》、《良家婦女》。所有這些，或高亢，或拙樸，或冷峻，或幽默，所傳達所反射的都是這種複雜的追尋。這種追尋是非概念而有哲理，非目的性而有意向，因為它們是對於整個人生、命運的詢問。所以，它們雖出於對文化大革命的捨棄、反省、批判，卻已經超越了它們，而有了更普遍的意義。

所以，緊接著，很快一些更年輕的幾乎沒有真正參與過文化大革命的作家藝術家出現了。他（她）們揚起了真正的現代之帆，即對自己被扔進去的世界的抗議和嘲弄。「與《綠化樹》迥然相異的〈你別無選擇〉（劉索拉），採用了遠非鏡子的音樂式的文學手法，但也很真。那是與《綠化樹》完全不同的另一代人的真。似乎瘋瘋癲癲、稀奇古怪，卻表現出在生活的荒誕無稽、無目的、無意義中要追求點什麼。如果說《綠化樹》是在靈魂淨化中追求人生；那麼這裡便是在認定人生荒誕中探尋意義。也許，探尋意

義本身便無意義？也許，人生意義就在這奮力生活之中而並不在別處？加繆不是這麼寫過嗎？⋯⋯這大概是我第一次看到的真正的中國現代派的文學作品。它並不深刻，但讀來輕快，它是成功的。」[29]這是〈你別無選擇〉，也是〈無主題變奏〉。恰好是兩個「無」——一切是虛無，連虛無也虛無，於是像 Sisyphus 徒勞無益，卻仍然必須艱難生活著，整個人生便是這樣。有什麼辦法？你別無選擇！人不去自殺，就得活。活就得吃飯、睡覺、性交、工作、遊玩⋯⋯，嘲弄這個生活，嘲弄你自己，嘲弄一切好的、壞的、生的、死的、歡樂、悲傷、有聊、無聊⋯⋯。這就是一切。一切就是荒誕，荒誕就是一切。

　　荒誕是否能通過嘲笑而不荒誕呢？不知道。也許。

　　但就社會的客觀行程說，中國與西方發達國家還整整差一個歷史階段。中國要走進現代化，歐美要走出現代化。自本世紀初起，西方就有對現代社會的抗議呼喊，至少從立體主義、艾略特、卡夫卡便已開始，一直延續至今，成為這個世紀文藝和整個文化的主要潮流。中國自五四起，卻主要是以十八、十九世紀的啟蒙主義、理性主義為模仿和追趕目標。儘管有現代非理性主義的哲學——文藝思潮的傳入，但始終沒占主要位置；包括在魯迅那裡，亦然。這一點似乎表示著，中國還沒有到「吃飽了怎麼辦」的那種人生意義的追求階段，中國現在還是為吃飽穿暖住好，為國家的富強繁榮、生活的安康幸福、個體的自由發展而奮鬥。這個看

---

29 〈兩點祝願〉，《文藝報》1985 年 7 月 27 日。

法雖然是老調常彈，卻依然是生活現實。既然人還得活著，於是今天就得擠公共汽車，就希望能有更大一點空間的住房和搞點電氣化（有電冰箱可以貯存食物，有電爐可作方便烹調……），為這點追求，也仍然聳立著巨大的怪物（官僚主義、關係學、落後體制……）的嚴重阻擋。

正因為這，從〈人妖之間〉到〈新星〉，便如此得到社會的廣泛歡迎。儘管藝術上毫不成功，甚至不一定是藝術品，但它們以其對具體的實實在在的生活的關懷、描寫、揭露、抨擊、議論，引動了人們首先是知識分子的共鳴。

未來呢？未來的中國文藝會如何發展和走向哪裡呢？不知道。任何預言或告誡指引，都將是多餘和荒謬的。大概必須多種風格、流派、思想、情感、意向、理想的並行不悖，可以有各種各樣的創作、議論、討論、爭論。不應該再去要求其中某一種來代表或統率其他。

中國六代知識分子艱難悲慘地走過了五分之四的二十世紀，從文藝上反映出來與歷史主流如此緊密同步的心態，到底是歷史的悲劇還是正劇？是中國士大夫傳統遺存的優點還是弱點？如果不同步，又有超越或超脫的可能嗎？周作人的教訓又如何呢？

但是，現代心態的形而上學對這六代知識者包括作家藝術家大概仍比較陌生？不可能提出世界歷史性問題大概是魯迅少數中短篇後迄無鑠古震今大作品的原因之一？那麼，未來能如何呢？未來不可預測。

從文藝史看，則經常有這樣一種現象：一些作品是以其藝術

性審美性，裝修著人類心靈千百年；另一些則以其思想性鼓動性，在當代及後世起重要的社會作用。那麼，怎麼辦？追求審美流傳因而追求創作永垂不朽的「小」作品呢？還是面對現實寫些儘管粗拙卻當下能震撼人心的現實作品呢？當然，有兩全其美的偉大作家和偉大作品，包括如陀斯妥也夫斯基、托爾斯泰、歌德、莎士比亞、曹雪芹、卡夫卡等等。應該期待中國會出現真正的史詩、悲劇，會出現氣魄宏大、圖景廣闊、具有真正深度的大作品。但是，這又畢竟是可遇而不可求的。如果不能兩全，如何選擇呢？這就要由作家藝術家自己作主了。反正是自己選擇，自己負責，自己的歷史自己去寫。選擇審美並不劣於或低於選擇其他，「為藝術而藝術」不劣於或低於「為人生而藝術」。但是，反之亦然。世界、人生、文藝的取向本來就應該是多元的。

　　如果是我，大概會選擇後者。這大概因為我從來不想當所謂不朽的人，寫不朽的作品，不想去拿獎金、金牌，只要我的作品有益於當下的人們，那就足夠使我歡喜了。所以在文學（不是文藝）愛好上，我也更喜歡現實主義，容易看，又並不失其深刻。

　　可惜，我從來不是也不可能是作家或藝術家。所以，這只是空話，就以這空話來結束這已經拖得夠長的枯燥文章。

七、略論現代新儒家

　　1982 年 10 月臺灣《中國論壇》曾以「當代新儒家與中國現代化」為題舉行座談會和出了專刊。提到的「當代新儒家」為熊十力、梁漱溟、張君勱、唐君毅、徐復觀、牟宗三、錢穆。大概因為政治原因，其中沒有現代新儒家的重鎮馮友蘭。討論開頭提出「當代新儒家」的定義和標準問題，但並未展開，更沒獲結論。討論者大體均以上述數人的思想為新儒家或現（當）代新儒家的範圍、標準和代表。

　　本文也不擬對現代新儒家（或現代新儒學）作定義式的規範，因為這還需要作更多的研究。大體說來，本文以為，在辛亥、五四以來的二十世紀的中國現實和學術土壤上，強調繼承、發揚孔孟程朱陸王，以之為中國哲學或中國思想的根本精神，並以它為主體來吸收、接受和改造西方近代思想（如「民主」、「科學」）和西方哲學（如柏格森、羅素、康德、懷特海等人）以尋求當代中國社會、政治、文化等方面的現實出路。這就是現代新儒家的基本特徵。

　　二十世紀在中國的六、七十年中，從哲學思想和整個意識形態說，主要是馬克思主義在各方面的凱歌行進。這個行進伴隨著政治鬥爭的強大優勢和最終勝利而占據了整個歷史舞臺的中心。其中，從毛澤東到艾思奇對馬列哲學的中國化和通俗化，一方面在引導青年學生群理智地選擇革命道路和人生信仰，起了巨大作用；更重要的方面是，強調實踐——認識——實踐即理論聯繫實際的原則，馬列哲學作為經驗論的方法論在指導具體革命工作所取得的輝煌成就，的確到今天還為曾有過這種經歷的革命老一代

所津津樂道。這方面，在精神實質上卻與以儒家為主體的中國哲學特徵有深刻的內在關連。此將在另書論述。

除了馬列哲學外，中國現代輸入了不少其他的西方哲學和思想。杜威、羅素早在一九二〇年代初先後來中國講學。康德、柏格森、黑格爾、馬赫等等也都被介紹過翻譯過，在學術界和大學講堂上也取得了地位。但它們卻都談不上特別重要的影響，也沒人能依據它們作出真正創造性的發揮。自由主義在中國始終沒能創造出自己的真正獨立的哲學。

因之，除了馬列哲學的中國化之外，在現代中國思想史、哲學史上，比較具有傳承性特色和具有一定創造性的，就只能數「現代新儒家」了。[1] 只是比起馬列來，他們的力量、影響、作用確乎渺不足道。不過，伽達默說得好：「一個人需學會超出迫在咫尺的東西去視看──不是為了離開它去視看，而是為了在一更大的整體中按照更真實的比例更清楚地看它……在希望與恐懼中，我們總是被最接近我們的東西所影響，從而也就在它的影響下去看待過去的證言。因此，始終必須力戒輕率地把過去看成是我們自己對意義的期待。只有這樣，我們才能以這樣的方式來傾聽過去：使過去的意義成為我們所能聽得見的。」[2]

---

1 至於國民黨的哲學，從戴季陶到陳立夫，都並無重要創造，在思想界或學術界也很少影響，暫不論。

2 《真理與方法》第 2 篇第 2 章，譯文引自《哲學譯叢》1986 年第 3 期，第 57 頁。

現代新儒家還難得算是過去的歷史，它近在眼前，從而也更容易被同樣近在眼前的更巨大的東西所徹底覆蓋（海内）；或者則是為了有意對抗這個更巨大者而被極度誇張（海外）。按照解釋學，「成見」不可避免，而且必需。但除了上述兩種「成見」之外，是否還可以有第三種真正的「成見」：即站在現代中國的此在的歷史性的基礎上來解釋現代新儒家。這是本文所擬採取的立場。因此，本文不擬對現代新儒家作哲學史式的體系介紹、分析，而只想摘引一些資料，來看看現代新儒家如何企圖承接傳統，繼往開來，以對應現實問題和外來挑戰。前者（他們的體系）是沒有多少價值的，後者卻有意義。

從這一觀念和標準出發，在上述這些現代新儒家中，真正具有代表性，並恰好構成相連接的層面或階段的，是熊十力、梁漱溟、馮友蘭、牟宗三四人。[3] 錢穆、徐復觀基本上是歷史學家或思想史家。張君勱、唐君毅雖屬哲學家，但他們的思想及體系相對來說龐雜無章，創獲不多。熊、梁、馮、牟卻各有某種創造性，且思辨清晰，條理井然。

---

3 參看拙作《中國古代思想史論》，人民出版社，北京，1985 年，第 261 頁。

 **熊十力**

　　第一位是熊十力。熊的主要代表作是《新唯識論》。文言文本出版於 1932 年。

　　熊在思想成熟上略晚於梁漱溟，而且還受過梁的影響。本文之所以將他列為榜首，是因為無論從思想背景和產生土壤說，或從現代新儒家的邏輯線索說，熊都站在序列的最前面。

　　正如研究者們所已指出，熊是「身處於五四之後，心卻在辛亥之時。」[4] 他作為辛亥革命的熱情參加者，在辛亥以後軍閥混戰、百事皆非的現實刺激下，才從事於哲學，希望從中尋求到人生本質、宇宙本體。「余之學儒學佛，乃至其他，都不是為專家之業，而確是對於宇宙人生諸大問題，求得明瞭正確之解決。」[5] 在宇宙與人生二者之間，宇宙畢竟又從屬於人生。這是熊自覺意識和明確解釋的「聖學血脈」，也正是宋明理學的根本精神。[6]「故真治哲學者，必知宇宙論與人生論，不可判而為二。非深解

4　郭齊勇：《熊十力及其哲學》，中國展望出版社，北京，1985 年，第 39、91 頁。

5　《新唯識論》（壬辰語體文本），1:b。下稱壬辰本。

6　參看拙作〈宋明理學片論〉，《中國古代思想史論》。

人生真相，決不能悟大自然之真情。盡己性以盡物性，此聖學血脈本論所承也。」[7] 熊緊緊站在他所經歷所感受和所領悟的人生立場上，來構造其宏大的宇宙論。這是他的思想和體系的主要特徵之一。

熊所經歷、所感受的是辛亥前後的熱情和失敗，他所接觸和了解的學問是儒、佛與某些西方自然科學知識片斷。對西方哲學雖偶有所聞所讀（譯本），但所知不多。

在生活感受和學識基礎這兩個方面，熊與上一階段的譚嗣同、章太炎等人倒一脈相承，比較接近。他們構造體系和醞釀思想的資料、手段和途徑，都主要是通過引佛入儒或由佛返儒以融合儒佛來構建新學。但譚嗣同的急風驟雨式的《仁學》思想，與其彗星般的行動性格一樣，作為哲學是破綻百出不堪細究的。章太炎不滿意譚，自己寫了不少，但也沒有建成任何真正的哲學體系，這仍然是政治鬥爭的任務影響和支配了章的精力和時間的緣故。因此，這個任務便是由熊十力在辛亥革命後十年通過擯除一切干擾，閉門苦讀，苦思力想才完成的。本文同意論者們所指出的，熊「為上升時期的資產階級補造了更為完備卻已經過時了的哲學體系」。[8] 從譚嗣同、章太炎到熊十力，標誌著近代中國第一代知識者企圖站在傳統哲學的基地上，來迎接新的世界和創造新的哲

---

7 壬辰本，癸巳贅語，1:b。

8 郭齊勇、李明華：〈試論熊十力哲學的性質〉，《江漢論壇》 1983 年第 12 期。

學。熊十力在這方面表現了突出的原創能力。

在紛至沓來的西方思潮和世變日亟的現實生活中，熊十力由佛歸儒，並自覺以此來批判佛學與西學：

> ……佛家生滅不生滅折成二片……西哲則實體與現象終欠圓融。《新論》確救其失……脫然超悟吾人與宇宙本來同體，未嘗捨吾心而求體於外，其學不遺思辨，要以涵養為本。求心、養心與擴充心德之功日密。（孟子云求放心，又云養心，又云擴充，並與佛家歸本唯心有相近處。但孟子之學本於《易》，無趣入寂滅之弊。）去小己之私而與天地萬物同於大通，直至內外渾融，始於當躬默識天德，方信萬有根源不離吾心而外在，何勞向外推尋哉。此是與西洋學者天壤懸隔處。[9]

熊十力以「體用不二」為其哲學體系的根本，來與佛學西學相區別。熊認為「體用不二」這個儒學根本來自《周易》，但實質上他是以宋明理學的精神來解釋《周易》，即從心性論角度來闡釋《周易》。他是在近現代中國較少直接論述社會政治問題，較少把哲學與社會政治思想溶混在一起的哲學家。「《新論》談體用，在《易》，則為內聖學方面，而於外王學不便涉及。」[10]

---

9 壬辰本，6:b～7:a。

10 壬辰本，7:b。熊曾說：「嘗欲造《大易廣傳》一書，通論內聖外王而尤致詳於太平大同之條理，未知暮年能遂此願否？」（同上）但熊始終沒寫

　　這樣，與康有為先寫《人類公理》(《大同書》初稿) 建立起外在的廣大世界觀作為政治理想的基石，與譚嗣同從議論「無量沙數」的無限宇宙開始直接落實於政治改革，與章太炎高談「五無」、「四惑」，提出「用宗教發起信心，增進國民的道德」，「用國粹激勵種姓，增進愛國的熱腸」都不同；熊十力扭轉了哲學與政治的直接關連，改變了近代中國哲學上述「內聖外王」一鍋煮並以「外王」為主的基本傾向，集全力於建設純粹的哲學。這個哲學是以「內聖」——「求心」為方向的。

　　儘管熊也抨擊宋明理學，也曾表彰荀子，並且也不專談心性，但他強調哲學與科學的分途，以追求非理知認識 (理知認識被稱為「量智」) 所能達到的本體境界 (「性智」)，卻確乎可以看作是宋明理學在中國現代的新發展。這個「新」在於，它既承接發揚了宋明理學的「內聖」心性理論，又在現代條件下，完成了康、譚、章的哲學事業，即再次融會儒、佛以對付西學的挑戰，強調西學 (科學、認識、「量智」) 雖可輔助中學 (「性智」、本體)，但低於中學。在表面上，他是在批判佛學，實質上卻是針對西學的。所以它才是現代條件下發展了的宋明理學。中學西學的區別，在熊看來，乃是：

　　中學以發明心地為一大事 (借用宗門語，心地謂性智)，西學大概是量智的發展，如使兩方互相了解，而以涵養性智，立天下

　　出此書。《原儒》中有〈原外王〉章，但無何特色。

之大本，則量智皆成性智的妙用……[11]

　　西洋學者所謂本體，畢竟由思維所構畫，而視為外在的。《新論》則直指本心，通物我內外，渾然為一，正以孟氏所謂「反身而誠」者得之，非是思維之境……。蓋東方哲人一向用功於內，滌盡雜染，發揮自性力用。其所謂體認，是真積力久，至脫然離系、本體呈露時，乃自明自見。[12]

　　所以，熊十力哲學最「吃緊」處，是他將傳統儒家哲學，其中主要是宋明理學（又特別是陸王心學）所突出的內聖極致的「孔顏樂處」[13] 給予了本體論的新論證，即把宋明理學的倫理學和人生觀翻轉為宇宙觀和本體論。

　　這個論證便是強調「本體現象不二，道器不二，天人不二，心物不二，理欲不二，動靜不二，知行不二，德慧知識不二，成己成物不二。」[14] 總起來說，便是「體用不二」。熊說，「余之學宗主《易經》，以體用不二立宗。」[15]「本論以體用不二為宗，本

---

11 《新唯識論》，中華書局，北京，1985 年，第 678 頁。

12 同上，第 679 頁。

13 「宋明理學家經常愛講『孔顏樂處』，把它看作人生最高境界，其實也就是指這種不怕艱苦而充滿生意，屬倫理又超倫理、準審美又超審美的目的論的精神境界。」（參看拙作《中國古代思想史論》，末章）

14 《原儒》序，1956 年，1:b。

15 《體用篇》，學生書店，臺北，1980 年，第 6 頁。

原、現象不許離而為二，真實、變異不許離而為二，絕對、相對不許離而為二，質、力不許離而為二，天、人不許離而為二。」[16] 可見，「體用不二」是熊氏哲學的根本。

什麼是「體」？《新唯識論》首章第一句：

今造此論，為欲悟究玄學者，令知實體非是離自心外在境界及非知識所行境界，唯是反求實證相應故。[17]

又說：

哲學家談本體者，大抵把本體當做是離我的心而外在的物事，因憑理智作用，向外界去尋求。由此之故，哲學家各用思考去構畫一種境界，而建立為本體，紛紛不一其說。……此其謬誤，實由不務反識本心。易言之，即不了萬物本原與吾人真性，本非有二。[18]

……以其主乎身，曰心。以其為吾人所以生之理，曰性。以其為萬有之大源，曰天。故「盡心則知性知天」。……盡心之盡，謂吾人修為工夫，當對治習染或私欲，而使本心得顯發其德用，無一毫虧欠也。故盡心，即是性天全顯，故曰知性知天。知者證

---

16 同上，第 336 頁。

17 《新唯識論》，第 43 頁。

18 同上，第 250～251 頁。

知，本心之炯然內證也，非知識之知。……吾心與萬物本體，無二無別，其又奚疑？[19]

　　這明顯是承接王陽明而來。但熊把王學「心即理」的簡括命題，通過和加進佛學的許多東西，翻演成一整套的宇宙論和本體論。從而，宇宙論上「體用不二」，反而在一定程度上掩蓋了「心物不二」的心性論。熊最喜歡用以解說其思想的比喻是屢屢談到、引用不已的海水與海浪的關係。一方面：

　　宇宙自有真源，萬有非忽然而起。譬如臨大海水，諦觀眾漚，故故不留，新新而起。應知一一漚相，各各皆以大海水為其真源。[20]

　　另一方面：

　　須知，實體是完完全全的變成萬有不齊的大用，即大用流行之外，無有實體。譬如大海水全成為眾漚，即眾漚外無大海水。體用不二亦猶是。[21]

　　總之，譬如大海水偏現為一一漚，即此一一漚皆涵有大海水

---

19 同上，第 252 頁。

20 《體用篇》，第 8 頁。

21 同上，第 10 頁。

全量。每一漚都與大海水無二無別。一一物各具之心與宇宙之心無二無別，亦復如是。[22]

　　熊如此強調體用不二，批判佛學、道家和西方哲學分裂本體與現象，其目標在於反對君臨、主宰，反對超越於萬物、現象之上的「道」、「性」、「本體」和上帝。熊強調後者即在前者之中，無前者即無後者。這顯然又與繼承王船山的思想有關。王船山正是宋明理學的殿軍和集大成者。無怪乎熊十力以孔子和二王（王陽明、王船山）為自己的崇奉對象。本來，中國哲學中就有「體用一源」、「顯微無間」的傳統，宋明理學關於「太極」、關於「陰陽」即有「不離不雜」的說法，佛學體統中也有「真如即萬法之實性」的論點。但熊繼承又不滿它們的正在於，所有這些仍有將本體與現象分割、將前者君臨後者之上的傾向和結果。例如所謂「不雜」，就有追求抽象實體的味道。所謂「實性」，亦即意味現象並非實在。熊之所以反覆以海水與波浪作例，即在說明現象即本體，現象是實在的，並非空幻，「當知實體即萬物萬象自身，譬如大海水是無量眾漚的自身」。

　　為什麼反對割裂本體與現象，為什麼體用本來不二？熊認為，這是因為現象乃本體的功用，現象即功用。而所謂「功用」，便是變動、流行、生生不息，而這也就是本體。本體自身就是這樣永恆變動，流行不已：

---

22 《新唯識論》，第 327 頁。

如實體流行一語，或人以為由實體發生功用，是名流行。彼意蓋云，實體是獨立的，功用是從實體發生出來的。故實體不即是功用。易言之，實體不即是流行。倘以此說為然，則實體乃與造物主不異，何可若是迷謬乎？余說實體流行一語，本謂實體即此流行者是。譬如大海水，即此騰躍的眾漚相即是。倘不悟此，將求實體於流行之外，是猶求大海水於騰躍的眾漚之外，非甚愚不至此也。[23]

熊正是因此而崇奉大《易》反對佛家的。「體用之義，創發於變經。」[24]（即《周易》）「體用之義，上考之變經益無疑，余自是知所歸矣（歸宗孔子）。」[25]

否認離「用」（功用、現象）的本體，強調此生生不息變動不居剎那生滅滅生的萬法現象世界即是真實、本體、法性。強調「本體」自身即運動、變化、生生不息、生滅不已，反對某種以「靜」、「空」、「主宰」為實質的造物主、第一因或本體，這既反映了現代中國空前巨大迅速變動中的哲學感受，同時也表現了近代中國哲學家追求主動、活動和變化的基本精神。在這方面，熊十力與譚嗣同的主動反靜、強調生滅不已的根本態度，便相當近似。熊通過哲學正是強調儒家的剛健主動、積極入世的傳統，以

---

23 《體用篇》，第 247～248 頁。
24 同上，第 1 頁。
25 同上，贅語，第 7 頁，第 1 章，第 2～3 頁。

此與佛、道相區別：

> 道家偏向虛靜中去領會道，此與大《易》從剛健與變動的功
> 用上指點，令人於此悟實體者，便極端相反。[26]佛家說無常，即
> 對於諸行有呵毀的意思。本論談變……則以一切行只在剎那剎那
> 生滅滅生，活活躍躍綿綿不斷的變化中。依據此種宇宙觀，人生
> 只有精進向上，其於諸行無可呵毀，亦無所染著。此其根柢與出
> 世法全不相似也。[27]

熊十力以「翕闢成變」來具體解說這本體的永恆運動和變化。
「翕」、「闢」是從《周易》中所借用的兩個辭語，但又不同於原
義[28]，是指凝聚（翕）與開發（闢）兩種動力勢能的組合統一，
而形成本體的變易和運動。要注意的是，「翕」、「闢」又並不是可
以相互分離或可割裂的兩個東西，而只是一個東西的兩個方面，
正是這兩個方面（也許可以說兩個活力方向，或一是動力一是勢
能）在一起，才可能有這「一個東西」即運動、變化和「恆轉」。
但在這二者中，「闢」是主導的，「闢是健動，升進、開發之勢」，
「翕是凝聚、攝聚，而有趨於閉固之勢」。「用非單純的動勢，必

---

26 同上，贅語，第3頁。

27 同上，第1章，第2～3頁。

28 「《新論》言翕闢，實與係傳言坤靜翕動闢之文無關。……大概說來，闢
　　與乾之義為近，翕與坤之義為近。」（《新唯識論》，第647～648頁）

有兩方面，曰翕曰闢（翕、闢只是方面之異，自不可看作截然二片的物事）。闢乃謂神（神即心），翕便成物（現似物質，而非果有實質）。物有分限，神無分限（心是無在無不在……），神遍運乎物而為之主。」[29]「……神故生，神故化，神故流行不息，是故稱之以大用也。用也者，言乎其神也，即體即用……，是故用外無體，體外無用……。用也者，一翕一闢之流行不已也。」[30]熊十力的「翕闢成變」既是宇宙論，也是心物論。因為所謂「闢」就是「心」，「翕」則是「物」，這個心既是「宇宙的心」[31]，又是個體的「心」。「一切物內部確有一種向上而不物化的勢用即所謂闢潛存著。……及到有機物發展的階段，這種勢用便盛顯起來，才見他是主宰乎物的。」[32]而個體的心與宇宙的心又是一個心，在這裡爭論熊是主觀唯心論還是客觀唯心論，似乎沒多少意義。熊強調的是心（體）不能離物，並且只有物才見心。儘管他把「闢」作心，「翕」作物，強調變易運動由心發動，但他之強調「心」又正是為了強調「物」的變易、運動。所以，他不滿意宋明理學的靜觀態度，而強調心的向外的能動作用。

　　宋明以來理學諸哲人，皆以為本心感物斯通。因此只須有靜

---

29 同上，第 467 頁。

30 同上，第 463 頁。

31 「我們把這個闢說名宇宙的心」，同上，第 326 頁。

32 同上，第 326 頁。

養工夫，使本心不失其澄明，不必役其心以逐物……我的意思，人當利用本心之明，向事物上發展，不可信賴心的神靈，以為物來即通。[33]

　　簡括地總起來看，熊十力究竟在何種意義上承繼又超越了宋明理學，而成為現代新儒家的第一人呢？

　　從上所引熊直接承接王陽明，參之以王船山（道器不離和辯證運動等思想）是很明顯的。宋明理學諸大家都重視《周易》，但像熊十力抬高和崇奉到如此至高無上的地位者（例如認為《周易》高於《論語》等等），比較少見。他著重發揮《易》的生生不息的動態過程，把它與剛健進取的人生態度，融為一體來作為心性本體。在他這裡，宇宙論本體論不再是程朱那種僵硬的外在框架，而是活生生的生命力量，這種生命力量又不只是陸王那種否認外物的純粹心靈，而是具有某種感性物質性能，這就是他超越程朱陸王處。熊十力將肯定感性世界的儒學基本立場[34]賦予了新的論證，提到了一個新高度。「人本」、「動態」、「感性」這三者，我以為便是熊承繼和發展了儒學基本精神之所在。在這三種特徵或三個方面上，例如在以動態的感性萬象世界乃實在而非虛幻，以動不以靜作為本體的基本性格，便都超過了宋明理學。同時也超過了近代的譚嗣同和章太炎等人。譚嗣同重動反靜，不主故常，但

---

33 《明心篇》，學生書店，臺北，1979 年，第 150 頁。

34 參看拙作《中國古代思想史論》。

因接受佛宗，視世界為空幻，缺乏熊這種經過仔細思辨後反佛老重感性的自覺的人本精神。比章太炎，就更如此。儘管章也由佛歸儒，但在哲學上也沒有這種活潑、樂觀的積極精神。

　　但是，由於對現代自然科學以及與之密切相關的近代西方文明缺乏了解，對這個物質世界由大工業帶來的改造歷史和狀況缺乏足夠認識，不僅使熊的「外王學」和「量論」（認識論）寫不出或寫不好，而且使他的這種本應向外追求和擴展的動態的、人本的、感性的哲學仍然只得轉向內心，轉向追求認識論中的「冥悟證會」的直覺主義和「天人合一」的精神境界。現實的邏輯逼使這個本可超越宋明理學而向外追求的現代儒家，又回轉到內收路線，終於成為「現代的宋明理學」（新儒學）了。

　　熊十力強調科學與哲學的劃分，強調科學不能解決人生問題、哲學問題：

　　科學在其領域內之成就，直奪天工，吾無間然。然人類如只要科學，而廢返己之學，則其流弊將不可言。返己之學廢，即將使萬物發展到最高級之人類內部生活，本來虛而不屈、動而愈出者，今乃茫然不自識，其中藏只是網罟式的知識遺影堆集一團，而拋卻自家本有虛靈之主……。[35]

　　熊所謂人的「內部生活」，指的是「良知」、「仁」，也就是由

35　《明心篇》，第 200～201 頁。

「用功於內」、「涵養性智」而達到的「天人合一」。因之，在認識論上，熊著重講的是超概念超邏輯超思辨的直覺「體認」，「窮理入無上甚深微妙處，須休止思辨，而默然體認，直至體認與所體認渾然一體不可分。思辨早自絕，邏輯何在施乎。思辨即構成許多概念，而體認之極詣，則所思與能思俱泯，炯然大明，蕩然無相，則概念滌除已盡也。余之學，始乎思辨，而必極乎體認。但體認有得，終亦不廢思辨，唯經過體認以後之思辨，與以前自不同。」[36] 這種超概念思辨的體認，在現代心理學和現代科學上確有其依據和地位，這也一直是中國的「智的直覺」傳統，像莊子、禪宗便如此。[37] 而「……所有這些，又與從孔學開始重視心理整體（如情感原則），而不把思維僅作為推理機器的基本精神，是一脈相通的，即不只是依靠邏輯而是依靠整個心靈的各種功能去認識、發現、把握世界，其中特別重視個體性的體驗與領悟……在今日的思維科學中有重要借鑒意義。」[38]

　　但是，中國傳統和熊十力講的這種非邏輯非思辨的個體「體認」，又決不只是認識論而已。遠為重要的，是通過這種直覺體認所能達到的哲學形而上學的本體存在，此即宋明理學標榜的「孔顏樂處」，亦即熊講的所謂「渾然與天地萬物同體」的人生境界。這個人生境界，照熊看來，也就是宇宙本體。這是他的哲學開步

---

36 壬辰本，卷下之二，55:b。

37 參看拙作〈莊玄禪宗漫述〉，《中國古代思想史論》。

38 同上書，第六章。

發始的立足據點，也是他的哲學追求論證的最後目標。

　　熊十力寫了不少書，反覆叮嚀，不厭其煩，但所申明的，如簡括起來，也就是上述這點基本思想。有趣的是，熊講了許多佛學，並批判唯識論，佛學界卻認為「熊君於唯識學幾於全無所曉」[39]，「惟兄所知佛學太少……強不知以為知，其處亦太多矣。」[40]在佛家正統學者看來，熊不但不懂佛學，而且強把西方哲學如本體論宇宙論之類概念與佛學拉扯在一起，實在是「時俗濫調」，莫大罪過。這倒從反面證明了，熊確乎是把佛學以及西學作為構建自己新儒學體系的手段、橋梁和資料的。根據熊的幾次自敘，他是因為對現實失望和對漢學宋學的不滿，轉而研究佛學，並從研究唯識有宗而研究空宗，終於捨棄「空有二宗」而「歸本《大易》」，《新唯識論》便是「不滿有宗之學而引發」，批判唯識論的。儘管佛學家對熊的批判極不滿意，但熊的要點本不在批判，不過藉批判以樹起自己的儒學體系而已。所以，他晚年的《體用篇》一書，便已很少講佛宗，而是直談儒學，並說「此書既成，《新論》兩本（指文言文本與語體文本的《新唯識論》）俱毀棄，無保存之必要。」[41]

　　《體用篇》簡明好懂，精煉純粹，雖寫定很晚（一九五〇年代），但可概括和代表他在《新唯識論》中的主要思想。因之，所

39　〈破新唯識論〉，《新唯識論》，第 235 頁。

40　〈呂澂覆熊十力書〉，《中國哲學》第 8 輯，第 174 頁。

41　《體用篇》，贅語，第 5 頁。

以本文多所徵引。熊談純粹哲學，並未涉及政治，其哲學始終處在中國革命洪流之外，也自然地為這一洪流所徹底掩蓋。熊所著書及其哲學在中國社會及思想界影響極小，「在現代中國哲學的勢力最小，地位最低，而知道他的人亦最少。」[42] 從過去到現在均如此。縱觀未來，恐怕也不會有巨大的變化，儘管今天有人極意抬捧，但似乎不大可能在未來某日會有熊十力哲學熱的到來。它畢竟晚產了，已與時代進程脫節。他完成了譚嗣同、章太炎等人的哲學未竟之業，卻沒有也不可能發生上述諸人的重大思想影響了。它那未經現代觀念洗禮的渾沌整體哲學觀念和直觀模糊的思維方式，儘管在外貌上可以近似於某些現代西方哲學（如懷特海），但在基本性質上，是並不相同的。它那活潑的動態、感性、人本精神和直觀智慧也許仍可能給後人以詩意的啟迪，但就整體說，這晚熟的產品只能以博物館奇珍的展覽品的意義，存留在中國現代思想的歷史上。這也是本文將熊列為現代新儒家之首的重要原因。

---

42 《近五十年中國思想史》，轉引自呂希晨、王育民《中國現代哲學史》，吉林人民出版社，長春，1984 年，第 457 頁。

 梁漱溟

　　就影響和名聲說，梁漱溟要大於熊十力。他思想的成熟和著作的發表也較早，是五四時期西化派（陳獨秀、胡適等）的對立面。他的主要著作《東西文化及其哲學》（1921年）曾不斷為現代革命人士所批判、反對，但此書與熊十力的著作一樣，今天讀來仍可以感到某種興味。這就頗不簡單了。

　　熊十力講純哲學，梁漱溟卻從文化立論講哲學。根據自敘，梁自己喜歡佛家，但他從佛改儒，宣講孔子，是因為「為中國人設想」，反對「淺薄」的西化主張。

　　我從二十歲以後，思想折入佛家一路，一直走下去，萬牛莫挽，但現在則已變。……我反對佛家生活，是我研究東西文化問題替中國人設想應有的結論……。看見中國人蹈襲西方的淺薄，或亂七八糟弄那不對的佛學，卻可見其人生的無著落，我不應當導他們於至善至美的孔子路上來嗎？[43]

　　梁從不滿意五四時期以「與自然融洽」（中）與「征服自然」

---

43 《東西文化及其哲學》自序，商務印書館3版本，北京，第2～3頁。

（西）、「靜」（中）與「動」（西）、或有沒有科學與民主以及種種「平列的」[44]表面比較來作中西文化的分別，他要求追尋更深一層的中西文化相區別的原因或因素。這個因素，梁追尋到底，認為就是「意欲」(Will)：

> 你且看，文化是什麼東西呢？不過是那一民族生活的樣法罷了。生活又是什麼呢？生活就是沒盡的意欲 (Will)⋯⋯和那不斷的滿足與不滿足罷了。[45]

梁曾列舉中西文化的各類差異，如「學」（西）與「術」（中）、「喜新」（西）與「好古」（中）、「法治」（西）與「人治」（中）、「剖析」（西）與「直觀」（中）、「平等」（西）與「尊卑」（中）、「個體」（西）與「家族」（中）、「社會公德」（西）與「倫常私德」（中）⋯⋯等等，然後指出，所有這些差異有其共同的根本原因，這個根本原因不在客觀，即不是地理環境或經濟變遷所

---

44 梁引李大釗所列舉的中西比較為例：「一為自然的，一為人為的；一為安息的，一為戰爭的；一為消極的，一為積極的；一為依賴的，一為獨立的；一為苟安的，一為突進的；一為因襲的，一為創造的；一為保守的，一為進步的；一為直覺的，一為理智的；一為空想的，一為體驗的；一為藝術的，一為科學的；一為精神的，一為物質的；一為靈的，一為肉的；一為向天的，一為立地的；一為自然支配人間的，一為人間征服自然的」。同上書，第 23 頁。

45 《東西文化及其哲學》，第 24 頁。

決定，也不是唯物史觀所講的生產力；而在主觀，即這些文化差異是因主觀的不同「精神」所決定的。這「精神」不只是意識，而是比「意識」遠為廣大的生活動力，亦即是梁所說的「意欲」。

> 我以為人的精神是解決經濟現象的，但卻非意識能去處置他。……歐洲人精神上有與我們不同的地方，由這個地方既直接的有產生「德謨克拉西」之道，而間接的使經濟現象變遷以產生如彼的制度……[46] 考究西方文化的人，不要單看那西方文化征服自然、科學、德謨克拉西的面目，而需著眼在這人生態度、生活路向。[47]

把文化歸因為生活路向和人生態度，把生活和人生又歸因為「意欲」的不同精神，這就是梁漱溟的文化哲學。梁認為，西方文化是「以意欲向前為根本精神」，「中國文化是以意欲自為調和折中為其根本精神」，「印度文化是以意欲反身向後要求為其根本精神」。[48] 中、西、印三種文化的不同「就是生活中解決問題方法的不同」：西方是「遇到問題……對於前面的下手，這種下手的結果就是改造局面，使其可以滿足我們的要求」。中國則是「遇到問題不去要求解決，改造局面，就在這種境地上求我自己的滿足」。

---

46 同上，第 47 頁。

47 同上，第 57 頁。

48 同上，第 55 頁。

印度則是「遇到問題，他就想根本取消這種問題或要求。」[49]

　　解決生活問題還並不就是生活本身，更不就是解決了人生意義問題。那麼，究竟什麼是生活，什麼是人生意義？什麼是「生活」與「解決生活問題」的區別呢？梁從這裡較深入地接觸了哲學根本問題。梁說：

　　要曉得離開生活沒有生活者，或說，只有生活沒有生活者——生物。再明白地說，只有生活這件事，沒有生活這件東西，所謂生物只是生活。宇宙完成於生活之上，托於生活而存者也。[50]

　　當我們作生活的中間，常常分一個目的、手段。譬如避寒避暑、男女之別，這是目的。造房子，這是手段。如是類推，大半皆這樣。這是我們生活中的工具——理知——為其分配打量之便利而為分別的……。若處處持這種態度，那麼就把時時的生活都化成手段——例如化住房為食息之手段，化食息為生殖之手段——而全一人生生活都傾欹在外了。不以生活之意味在生活，而把生活算作為別的事而生活了。其實，生活是無所為的，不但全整人生無所為，就是那一時一時的生活亦非為別一時生活而生活的。……事事都問一個「為什麼」，事事都求其用處……這徹底的理智把直覺、情趣斬殺得乾乾淨淨，其實我們生活中處處受直覺的支配，實在說不上來「為什麼」的。[51]

---

49 同上，第53～54頁。

50 同上，第48頁。

　　這就是說，生活就是此時此刻的自意識的當下存在，它本身即是目的，即是意味，即是人生，而並不在於別處。不能把生活化為手段，化為工具性的生活者和理性的存在物。除了理智，生活更重要的是情感、直覺、情趣。梁漱溟並未能預見現代存在主義哲學的出現，但他從中、西、印文化的比較角度，卻相當敏銳同時又相當膚淺地提出了與「此在」有關的問題。他當時淺嘗即止，並未深入探究這個深刻的哲學問題，因為他的興奮點集中在如何能從這裡論證儒家孔子的特徵和優越性。梁說，「孔子的東西不是一種思想，而是一種生活。」[52]因之，中西文化之異便根本不是歷史階段的差異，不是西方比中國更先進，而是所選擇和採取的生活 「路向」 的區別。作為中國路向代表的孔子所強調的「仁」，就是一種超功利的「無所為而為」的生活和生活態度。這種生活和生活態度因超功利，所以不用理智而重情感和直覺，這樣也才能「不管得失成敗利鈍而無時或倦，所謂知其不可而為之。在以理智計算者知其不可則不為矣，知其不可而為之，直覺使然也。」[53]這種直覺的生活態度也就是儒家的「樂天」、「知命」，也就是宋明理學講的「孔顏樂處」，亦即是「仁」。在這種生活中，直覺、情感是比理智更根本的東西，「孔家本是讚美生活的，所有飲食男女本能的情欲都出於自然流行，並不排斥；若能順理得中，

---

51 同上，第 133～134 頁。

52 同上，第 214 頁。

53 同上，第 139 頁。

生機活潑，更非常之好的。所怕理智出來，分別一個物我而打量計較，以致直覺退位，成了不仁。所以朱子以無私心合天理釋仁，原從儒家根本的那形而上學而來，實在大有來歷。……仁就是本能情感、直覺。」[54]但梁又認為，純任直覺、情感也不行，還是需要具有理智因素在內的「回省」和理智性的「中庸」：

孔子之作禮樂，其非任聽情感而為回省的用理智調理情感，既其明瞭，然孔子尚有最著明說出用理智之處，則此中庸之說是也。……於直覺的自然求中之外，更以理智有一種揀擇的求中。雙、調和、平衡、中，都是孔家的根本思想。[55]

這也就是梁所謂的：「（一）　西洋生活是直覺運用理智的，（二）中國生活是理智運用直覺的，（三）印度生活是理智運用現象的。」[56]

總之，在梁看來，中西文化具有根源的不同，這根源在於由意欲的不同行進方向而造成的生活的不同。這生活的不同又表現為理智與情感、直覺的關係的不同，表現為它們與處理人生的態度的關係的不同。在梁看來，「西洋人近世理智的活動太盛太強……人對人也是畫界線而持算帳的態度，成了機械的關係。……

---

54 同上，第 128 頁。
55 同上，第 144 頁。
56 同上，第 158 頁。

至於精神生活一面，也是理智壓倒一切。」[57] 「然而他們精神上也因此受了傷，生活上吃了苦。這是十九世紀以來暴露不可掩的事實。」[58] 「西洋人風馳電掣地向前追求，以致精神淪喪苦悶，所得雖多，實在未曾從容享受。」[59]對比起來：

　　雖然中國人的車不如西洋人的車，中國人的船不如西洋人的船……，中國人的一切起居享用都不如西洋人，而中國人在物質上所享受的幸福，實在倒比西洋人多。我們的幸福樂趣，在我們能享受的一面，而不在所享受的東西上——穿錦緞的未必便愉快，穿破布的或許很樂。[60]

　　西洋人是要用理智的，中國人是要用直覺的——情感的；西洋人是有我的，中國人是不要我的。在母親之於兒子，則其情若有兒子而無自己；在兒子之於母親，則其情若有母親而無自己；兄之於弟，弟之於兄；朋友之相與都是為人可以不計自己的，屈己以從人的。他不分什麼人我界限，不講什麼權利義務，所謂孝弟禮讓之訓，處處尚情而無我。……家庭裡、社會上處處都能得到一種情趣，不是冷漠、敵對、算帳的樣子。[61]

---

57 同上。

58 同上，第 63 頁。

59 同上，第 152 頁。

60 同上，第 151 頁。

61 同上，第 152～153 頁。

　　這也就是所謂建築在人際情感關係基礎上的「東方精神文明」勝過建築在個人主義競爭基礎上的「西方物質文明」的「著名」代表論調。梁把這論調賦予上述意欲——生活——理智抑直覺情感的哲學理論的解說。

　　梁在敘述了「機械實在是近古世界的惡魔」[62]，機械生產帶來資本主義社會的痛苦，以及引起社會主義等等之後，認為「人類文化要有一根本變革：由第一條路向改變為第二條路向，亦即由西洋態度改變為中國態度。」[63]因為社會、經濟等「低的問題」解決之後，精神問題、情感問題等「高的問題」就會出來，人的情感愈益敏銳發達，人生苦惱也就愈來愈多，「以對物的態度對人，人類漸漸不能承受這態度……，以前人類似可說在物質不滿意的時代，以後似可說轉入精神不安寧時代。物質不足必求之於外，精神不寧必求之於己。」[64]因此，或者徹底否認人生、生活，這就是宗教亦即印度文化的「路向」，或者「於人生中為人生之慰勉」，把情感、直覺寄託在人生、生活本身，不讓情欲因不斷向外追求而陷於「焦惶慌怖苦惱雜湊」之中，而是無欲、無我、超功利、超理智，與自然、宇宙「溶合無間」，「什麼人生有意義無意義，空虛不空虛，短促不短促，他一概不曉得」[65]，即忘懷得失

62 《東西文化及其哲學》，第 99 頁。
63 同上，第 162 頁。
64 同上，第 166 頁。
65 同上，第 168 頁。

與道合一的人生態度，即以孔子儒學為本的中國「路向」，這是一種「似宗教非宗教，非藝術亦藝術」的精神境界。這樣，也就能解決人生意義的苦惱和精神無著落等問題。所以，「質而言之，世界未來文化就是中國文化的復興」。[66]

既然如此，梁便認為，今日對待西方文化只能批判的接受和根本的改造，最重要的還是「批評的把中國原來態度重新拿出來」：[67]

明白的說，照我的意思，是要如宋、明人那樣再創講學之風，以孔、顏的人生為現在的青年解決他煩悶的人生問題。……有人以五四而來的新文化運動為中國的文藝復興，其實這新運動只是西洋化在中國的興起，怎能算得中國的文藝復興？若真中國的文藝復興，應當是中國人自己人生態度的復興，那只有如我現在所說可以當得起。[68]

只有在復興起這種「孔顏樂處」的人生態度的基礎之上，才可以去學習西方。「只有踏實的奠定一種人生，才可以真吸收溶取了科學和德謨克拉西兩精神下的種種學術、種種思潮而有個結果。否則我敢說新文化是沒有結果的。」[69]

---

66 同上，第 199 頁。

67 同上，第 202 頁。

68 同上，第 199 頁。

69 同上，第 202 頁。

這便是梁的最後結論。

在打倒傳統和西化浪潮的高峰中，梁舉起儒學孔家的旗幟，重新解釋和估計傳統，真可說是勇敢地「逆天下潮流而動」。與熊十力相比，梁的理論中更明顯地可以看出西方哲學的影響，例如關於「意欲」、關於「直覺」、關於理知與情感、生活的關係等等，都可以看到柏格森、倭鏗（梁曾提到他們）以及叔本華（梁未提）等人的影響。儘管維護傳統，梁已經在開始走出傳統。那麼，具體地說，梁又在哪些方面，在什麼意義和程度上，是承續著又突破著儒學的呢？梁說：

宋學雖不必為孔學，然我們總可以說，宋人對於孔家的人生，確是想法去尋的。他們對於孔子的人生生活，還頗能尋得出幾分呢！[70]

荀卿雖為儒家，但得於外面者多，得於內心者少。他之說性惡，於儒家為獨異。……從孔子那形而上學而來之人生觀察，徹頭徹尾有性善的意思在內，而荀卿苟得孔子之意志，亦必不為性惡之言矣。漢人傳荀卿之經，孔子人生思想之不發達，固宜。[71]

很明顯，反對向外尋求，強調從內心去追尋人生之道，「反身

---

70 同上，第 148 頁。
71 同上，第 146 頁。

而誠」，反求於己，從心性立論，等等，這在根本上是遵循著宋明理學的哲學路線的。同時，梁又說：

　　我不喜歡用性理的名詞，在孔子只有所謂人性，無所謂性理。性理乃宋人之言，孔子所不甚談者。戴氏（指戴震）之思想對於宋人反抗，……其以仁義禮智不離於血氣心智，於孔孟之懷蓋無不訢合……有此反動，實為好現象。[72]

　　「剛」之一義也可以統括了孔子全部哲學。……「剛」就是裡面力氣極充實的一種活動。……我今所要求的，不過是要大家往前動作，而此動作最好要發於直接的情感，而非出自欲望的清慮。孔子說，棖也欲，焉得剛？大約欲和剛都像是很勇的往前活動，卻是一則內裡充實有力，而一則全是假的——不充實，假有力。一則其動為自內裡發出，一則其動為向外逐去。[73]剛者，無私欲之謂。[74]

　　看來，梁一面要求肯定人的情感、直覺、意欲等感性存在，並不完全贊同宋明理學的禁欲主義傾向，另面又要求嚴格區分道德的感性力量與欲望的感性衝動，在這方面又完全贊同和承繼著宋明理學。所以，與熊十力有所不同，梁漱溟肯定宋明理學的

---

72 同上，第 150 頁。

73 同上，第 211 頁。

74 同上，第 139 頁。

「寂」、「靜」、「無欲」等等，認為它們是「體」，感通是「用」；同時認為這種「寂」、「靜」、「無欲」都是為了求得一種心理狀態的平衡，即「中庸」，即「仁」，它並不脫離感性。總起來看，重情感、直覺、生活，輕概念、思辨、邏輯，認為此時此刻的生活本身就是本體，這就是梁的基本哲學思想。

熊十力是從純粹哲學形而上學上，梁則主要從文化哲學上，殊途同歸地承續和發展了儒學傳統和宋明理學。與熊相同，梁也以《周易》為依據，說「中國這一套形而上學……大約都具於《周易》」。[75] 與熊相同，梁也盛讚生命，說「生字是最重要的觀念，知道這個就可以知道所有孔家的話。」[76] 與熊相同，梁也強調生活的活潑、流動、感性愉悅。與熊相同，梁也強調中國傳統的天人合一，人與自然、宇宙的「契合」一致，反對求於外而主張「反身而誠」，求於內心。與熊相比，梁的特點在於從文化角度突出了西方現代生活因異化而帶來的困惑、苦惱、失落感等等情感方面問題。梁作為與陳獨秀、胡適、魯迅同時的五四期的思想領袖，相當敏銳地展示了中國近現代第二代知識分子的感受敏銳、思路開闊、建立思想範式 (paradigm) 的獨創精神。直到今天，談中國文化和中西文化比較，很多人便仍然停留在梁所規範所描述的框架和問題中。

然而，梁畢竟處在中國前現代化的階段，儘管他提出的問題

---

75 同上，第 117 頁。

76 同上，第 121 頁。

似乎涉及後現代化[77]，但由於他沒有經歷過現代化所必然包含的科學化的洗禮，梁的這些思想本身以及他的論點、論證和概念、範疇，便顯得相當模糊、籠統和粗糙。這一點在當時就被西化派所抓住。胡適批評說：

　　梁先生的出發點就犯了籠統的毛病，要想把每一大系的文化各包括在一個簡單的公式裡，這便是籠統之至。事實上完全不是那一回事。印度的宗教何嘗不是極端地向前要求？梁先生曾提及印度人「自餓不食，投入寒淵，赴火覓灼……」是向後嗎？還是極端的奔赴向前，尋求那最高的滿足？……這種人是不是意欲極端的向前要求？[78]

　　陳獨秀批評說：

　　……他說「富於情感是東方人的精神」。又說，「這情感與欲望的偏盛是東西兩文化分歧的大關鍵」。他這兩層意思，我都不大明白。情感果然都是美嗎？欲望果然都是惡嗎？情感果然能絕對離開欲望嗎？……欲望情感的物質的衝動是低級衝動，是人類的普遍天性（即先天的本能，他自性沒有善惡），恐怕沒有東洋西洋的區別。欲望情感的超物質的衝動，是高級衝動，也是人類的普

---

77 參看本書〈漫說「西體中用」〉。

78 胡適：〈讀梁漱溟先生的東西文化及其哲學〉。

遍天性，也沒有東洋西洋的區別。所以，就是極不開化的蠻族也有他們的宗教。[79]

　　這些批評未必擊中要害。如果不以辭害意，梁對中國文化和哲學的觀察有其深入的一面。與魯迅揭示「國民性」的劣根性一面相反，梁著重揭示了貫徹在「國民性」中的中國傳統和哲學優良的一面。這一面也許被他極大地誇張了，但以所謂「似宗教非宗教，非藝術亦藝術」作為儒學的人生態度和極高境界，以及認「仁」、「樂生」、「剛健」、「情理中和」為儒學基本精神，這在今天看來，也還是有其描述的準確性的。

　　但毋寧諱言，梁的論點、論證和概念、範疇不但都極不清楚，經不起認真的分析推敲，例如究竟什麼是「直觀運用理知的」和「理知運用直覺的」，梁當時自己便聲明是「拙笨不通的話」。[80] 而所謂「直覺」、「理知」、「情感」、「欲望」、「意欲」以及「向前」、「向後」，等等，也如此。把這些心理學的現象和詞彙與哲學形而上學以及社會學、文化學混在一起講，就更加渾沌一團，難以真正解釋說明問題。梁只是比較敏銳地描述了中國傳統文化及其哲學的一些現象，這些現象的本質、內容、由來、演變，則並未能真正涉及。例如，梁對不同文化的起源，即他所說的「走這條路是怎樣走上去的呢」的問題的回答就是非常簡單膚淺的。他

---

79 〈基督教與中國人〉，《獨秀文存》，第 411 頁。
80 《東西文化及其哲學》，第 158 頁。

認為這是少數天才創造的結果：「中國之文化全出於古初的幾個非常天才之創造。」[81] 並且認為「我總覺得中國古時的天才比西洋古時的天才天分高些，即此便是中國文化所由產生的緣故。」[82] 這就可說完全回到聖人創制立教和盲目自大的庸俗說法了。而以情感直覺、理知相區分等粗糙簡略的心理學觀念來解說文化、人生、生活，也毋寧是相當表面的。

中國近現代是從前現代走向現代化，因之這種不滿意資本主義、尖銳揭示西方現代化社會的病痛，要求以中國傳統來補救的理論，在客觀歷史上卻恰恰成了阻礙中國前進的絆腳石，它具有某種民粹主義的性質和色彩。[83] 社會鬥爭和政治邏輯使梁的理論成為保守派所歡迎的思想學說。這也就是為什麼梁漱溟七十餘年來一直為西化派、為馬列主義者所批判所冷淡，在幾代青年中並無影響的根本原因。

---

81 同上，第 154 頁。

82 同上。

83 參看拙作《中國古代思想史論》、《中國近代思想史論》，梁一生致力於鄉村建設運動，也表現出這一點。

 馮友蘭

　　現代新儒學的第三位主要代表馮友蘭，與熊十力、梁漱溟有顯著不同。不僅他受過嚴格的現代學校和哲學的基本訓練，留學美國，用英文發表過論著，而且他完全是一個學院派教授而不是革命家（熊）或社會活動家（梁）。如果說，熊、梁之從事哲學，如他們自己所認為「都不是專家之業」；那麼，在馮這裡，卻已是「專家之業」，而且如同現代西方一樣，是大學教授們的專門職業了。梁漱溟直到晚年還一再聲明，他並不是研究學問的專門家，而是直接致力於改造社會的「實踐者」。馮友蘭卻不然，他一生在講授中國哲學史的課堂上度過，只是他不滿足於作哲學史家，而是想通過哲學史建立起自己的哲學。繼一九三○年代《中國哲學史》上下冊出版後，在一九三○年代末四○年代初，他推出了自己的「貞元六書」的哲學體系[84]，真正以自己的哲學體系獲得了比較廣泛聲望，成為世界公認的中國現代哲學家。

　　梁漱溟《東西文化及其哲學》有「極高明而道中庸」的提法，但只作了非常簡單的說明。到馮友蘭這裡，這一命題被賦予了真正哲學的深刻解釋，並成為馮的哲學體系的中心。

---

84 一九四○年代為馮的思想高峰，此後的馮，不在本文範圍之內。

　　馮自覺地以程朱理學為自己的直接先驅，聲明自己不是「照著講」而是「接著講」，即是繼承而又改造發展著中國傳統哲學，儘管也吸取承繼了名家、道家、玄學、禪宗等的「不著實際」的哲學特色，但其基本核心和主要內容卻是承繼和發展程朱理學而來。馮給自己的哲學命名為「新理學」：

　　宋明道學沒有直接受過名家的洗禮，所以他們講的，不免著於跡象……新的形上學，須是對於實際無所肯定的，須是對於實際雖說了些話，而實是沒有積極地說什麼的。……利用現代新邏輯學對於形上學的批判，以成立一個完全「不著實際」的形上學。[85]

　　馮又說：

　　哲學中之觀念、命題及其推論，多是形式的、邏輯的，而不是事實的、經驗的……例如「凡人皆有死」之命題，在新邏輯中之形式為「對於所有的甲，如果甲是人，甲是有死的」，此對於實際中有否人之甲，並不作肯定；但肯定，如果有是人之甲，此是人之甲是有死的……哲學對於真際只形式地有所肯定，而不事實地有所肯定。[86]

---

85 《新原道》，第 113 頁。

86 《新理學》，第 9～10 頁。

　　在新理學的形上學的系統中，有幾個主要的觀念，就是理、氣、道體及大全……，這四個觀念是沒有積極的內容的。……四個形式的觀念，就是從四組形式的命題出來的。[87]

　　所謂「理」就是各個事物之所以為各個事物的依據，「山之所以是山而不是非山，必因山有山之所以為山」，這個「所以為山」就是「山之理」，總所有這些「理」就是「理世界」，也就是「太極」。這個「理世界」的「太極」在邏輯上（而不是在事實上或時間上）先於實際的世界。它就構成了一個富有無限可能性的所謂「沖漠無朕，萬象森然」的「潔淨空闊的世界」。

　　所謂「氣」就是事物的存在。這個存在又是不指具體事物的具體存在，而是指這具體事物存在的基礎，即「一切事物所有以能存在者。而其本身，則只是一可能的存在……這就是新理學中所謂真元之氣。」[88]

　　「氣」不等於「理」。因為，「有存在之所以為存在者，不必即有存在。」[89]「理」是此物之所以成為此物的依據、規律，但此物能存在卻不是「理」所能保證，這就要靠「氣」的可能性的存在。所以，「氣」在這裡又並不是某種具體的物質、事件，而仍然只是一種邏輯上的存在，「只是一種可能的存在」。所以，馮又

---

87 同上，第114頁。

88 同上，第116頁。

89 同上。

說，「氣並不是什麼，所以氣是無名，亦稱為無極。」[90]

於是，實際的存在便是「理」、「氣」不離，是「理」（太極）在「氣」（無極）中的實現，或者說「無極」（「氣」）來實現「太極」（「理」）。而這，就是「流行」。「流行」的總體便是「道體」。「道體就是無極而太極的程序」。[91]而所謂「大全」就是「一切底有的別名」，也就是宇宙。但不是物質的宇宙，而是所謂「太一」、「大一」、「妙一」，亦即哲學上講的「一即一切，一切即一」。這個「一」、「大全」也仍然是形式的，邏輯的，並不指實際世界的有、關係等等。

「新理學」認為自己的任務就在提出這四組邏輯命題、四個形式觀念，從而繼承並糾正中國傳統哲學：

> 《易傳》所說的道，近乎我們所謂理，而又不純是理。道家所說的道，近乎我們所謂氣，而又不純是氣。……它們所表示的還不是「物之初」。此所謂「物之初」不是就時間說，是就邏輯說，理與氣是「物之初」，因為理與氣都是將事物分析到最後所得底。[92]

「理」、「氣」這種新解釋，似乎酷似亞里士多德的形式與質

---

90 《新原道》，第 116 頁。

91 同上，第 117 頁。

92 同上，第 119 頁。

料（或形式之形式與質料之質料），但不同的仍在馮這裡是純邏輯觀念，亞里士多德那裡還殘存著具體的、實際的即如馮所批評的「圖畫式」（即仍具有現實形象）的內容的。

　　進一步的問題便是，構造這樣一種「不著實際」的邏輯，這樣一種完全虛空的哲學觀念和哲學究竟有什麼意義？馮回答得非常明確：沒有什麼實際的用途、成果或意義，但是它能提高人的境界：

　　「新理學知道它所講的是哲學，知道哲學本來只能提高人的境界，本來不能使人有對於實際事物的積極的知識，因此亦不能使人有駕馭實際事物的才能。」[93] 但是，「這些觀念可以使人知天、事天、樂天以至於同天。這些觀念可以使人的境界不同於自然、功利及道德諸境界……則哲學的無用之用，也可稱為大用。」[94]

　　這就是說，哲學之所以為哲學，並不在於能使人獲得任何具體的才能、知識、經驗、智慧，並不在於能使人更有效地征服自然改造社會，而只在能使人提高自己的精神境界。提高了精神境界便自自然然會更聰明、更勇敢、更有效地處理任何實際事務。馮友蘭認為自己這種哲學能使人所謂「經虛涉曠」而「廓然大公」，這也就是「聖人」的境界。所以這種哲學講的是「使人成為聖人之道」[95] 的學問。

---

93 《新原道》，第 121 頁。

94 同上，第 122～123 頁。

　　而「聖人最宜於作王」。因為，「在他的境界中，他不與萬法為侶，真是『首出庶物』，所以他最宜於作社會的最高領袖。」[96]這就是說，正因為「聖人」的人生境界是超越了自然、功利、道德種種境界，超越了萬事萬物，所以也就能領導、指引萬事萬物。從而，「新理學是最玄虛的哲學，但它所講的，還是內聖外王之道。」[97]從最不落實際、拋開任何現實具體內容的形式的、邏輯的觀念開始，最終卻結束在這非常具體、實際的結論中。這就是「新理學」的基本特徵之一。

　　可見，與熊、梁相同，馮也是以「內聖」馭「外王」，即強調提高人的精神境界、人生境界（「樂天」、「同天」），作為哲學和生活的根本所在，這明顯是承接著宋明理學的傳統的。但與熊、梁又不同，馮以其現代西方哲學方法論和邏輯學的訓練，通過嚴謹的逐步推理，構造出一個純形式純邏輯的框架體系，這就與熊、梁的直觀的總體把握方式有根本的區別。不僅把握方式不同，而且也有了內容、氣質的不同。馮友蘭的「新理學」哲學沒有熊十力體系的活潑流動的衝力，也沒有梁漱溟體系強調此在生活的性格，它變得謹嚴而理智。與熊強調「體用不二」恰好相反，馮強調的是「理世界」的主宰性。與梁強調的「情感直覺」恰好相反，馮重視的是邏輯分析。與熊、梁那種變動不居的活潑本體（生命、

---

95 同上，第 123 頁。

96 同上。

97 同上。

生活、情感、直覺）不同，馮這裡是秩序井然的靜態本體。「新理學」自稱承續程朱而非陸王，也可以看出馮與熊、梁的不同。但熊、梁的活潑、整體、直觀等特色是前現代的哲學性格和非理性特徵，馮卻具有現代的哲學的科學性格和理性精神。

《新理學》作者雖然聲稱其哲學並不對實際有所主張或肯定，但仍然對文化、道德、社會、政治各方面作了大量論說。例如，依據「新理學」的哲學，從「別共殊」、「明層次」出發，指出中西文化並非各自特殊的類型，而是時代階段的差異，即世界各文化乃古今時代之分而非中西地域之異，「一般人心目所有之中西之分大部分都是古今之異」[98]，「各類文化本是公共底，任何國家或民族俱可有之，而仍不失其為某國家或某民族。」[99] 這就是說，文化的「理」是公共的，是各民族都有和必然會有的共相，但分別到每一具體民族、國家又各表現為不同形態即個性、特殊。馮明顯強調的是共相，是「理世界」，所以中西文化便遵循著共同的規律（理），只是發展階段不同罷了。

這與梁漱溟強調中西文化是一開始便是「路向」、「性質」的差異，完全相反。馮強調的是共性（一般），梁則是個性（特殊）。馮在《新事論》一書中的許多地方都用社會生產狀態（農業還是大工業），「經濟制度」（「家本位」還是「社會本位」）來解釋文化和各種社會現象，認為「中國現在所經之時代，是自生產家庭化

---

98 《新事論》，第 14 頁。

99 同上，第 17 頁。

的文化轉入生產社會化的文化之時代，是一個轉變時代」[100]，這裡似乎有著唯物史觀的影響痕跡。從此出發，馮讚賞「清末人」實際是指張之洞等人的買機器辦實業[101]，而批評「民初人」實際是批評五四運動太著重文化，認為這反而耽誤和延續了前者，以致中國未能富強。

　　這個具體看法並非完全沒有道理。[102]但這個道理卻從「新理學」那個「經虛涉曠」的哲學體系中推演不出來。那個「理世界」雖號稱具有一切事物的可能性（即事物必然出現之「理」），但絲毫沒有在邏輯上也不可能推出任何具體的現實性。那麼，這具體的現實性的結論如何來的呢？為何中西之分乃古今之異呢？「新理學」並沒能從自己哲學中真正理論地引申出來。

　　「新理學」體系本身只是一個邏輯的空架子，它缺乏的正是這種現實的歷史觀念。因之，在這個「理世界」內如何運動遷移，即變化之「理」與其他的「理」在「道體」、「大全」內是何種關係，如何聯結、溝通等等，馮並未談到。他所反覆申言的只是，「理」和「理世界」是不變的，實際世界是變化的。馮再三強調和以之為自己哲學核心的便是這個不變的、共同的、普遍的、抽象的「理」。

---

100 《新事論》，第 72 頁。

101 這可能也受陳寅恪「思想囿於咸豐同治之世，議論近乎湘鄉（曾）南皮（張）之間」的影響。

102 參看本書〈漫說「西體中用」〉。

　　不變的是社會或某種社會所必依照之理，變者是實際的社會，
理是不變的，但實際的社會除必依照一切社會所必依照之理外，
可隨時變動，由依照一種社會之理之社會可變為依照另一社會之
理之社會。[103]

　　一定社會、階級、團體的「理」規定了一定的制度、道德、
標準、規則，不同社會的「理」便有不同的制度、道德標準、規
則。這種種都是「合理的」，但在不同層次卻有事實上的不同或衝
突。例如強盜團體有自己的道德如勇敢、公平、義氣等等，但強
盜團體本身以及其道德對社會來說卻又是不道德的。又例如，「負
戰爭責任之國家之戰爭行為若從一較高的社會之觀點看，是不道
德的，但其勇敢的兵士之行為，還是道德的」[104]，戰爭可以是不
道德的，但並不能因此而認為兵士勇敢作戰為不道德。可見，有
超越各種具體的變化著的實際道德之上的共同道德，這就是不變
的「理」。它不是維繫某一具體社會存在之「理」，而是維繫所有
社會存在的「理」。「大部分的道德是因社會之有而有的，只要有
社會，就需有這些道德，無論其社會是那一種體的社會，這是不
變的。道德無所謂新舊，無所謂古今，無所謂中外。」[105]「我們
是提倡現代化的，但在基本道德這一方面是無所謂現代化的……。

---

[103] 《新理學》，第 170 頁。

[104] 同上，第 175 頁。

[105] 《新事論》，第 220～221 頁。

社會制度是可變的，而基本道德則是不可變的。……如所謂『中學為體西學為用』者，是說組織社會的道德是中國人所本有的。現在所須添加者是西洋的知識、技術、工業，則此話是可說的。……中國所缺的，是某種文化的知識、技術、工業，所有的是組織社會的道德。」[106]「這種道德中國人名之曰常，常者，不變也。照中國傳統的說法，有五常，即仁義禮智信。」[107]

　　五常……不是隨著某種社會之理所規定之規律而有，而是隨著社會之理所規定之規律而有。而這也就是「至善」。按照這種「道德的本質辦法」去辦事，先聖後聖，若合符節，即完全一致，可見道德中的至善及時中所依據的是客觀（理）而非主觀（心）的。

　　……陽明之意亦不過是說，我們有良知；我們的良知，遇見事物自然而然知其至當處置之辦法，我們只須順我們的良知而行……，究竟我們是否有如此的良知，現在不論。我們只問：所謂至當處置之辦法，或所謂「天然之中」本是本然的有，不過我們良知能知之？抑或是此所謂至當或「天然之中」不是本然的有，而是我們的良知所規定者？若是我們的良知所規定，我們的良知於作此規定時，是隨便規定，抑係於某種情形下，對於某種事物之處置必作某種規定？我們不能說，我們的良知可隨便規定，因

---

106 同上，第 228～229 頁。
107 同上。

為如果如此，則即沒有一致的道德的標準；邏輯上不能如此說，
事實上亦無人如此主張。如說我們的良知於某種情形下，對於某
種事物之處置，必作某種規定，此即無異說於某種情形下，某種
事物之正當的處置辦法，自有一定的，無論何人，苟欲於此求至
當，必用此辦法。此即無異說，所謂至當或「天然之中」本是本
然的有，不過我們良知能知之。[108] 良知即我們知之智者，我們的
知愈良，即我們的知愈智。[109]

　　解「仁」（良知）為「智」，以「理」的客觀性代替「心」的
主觀性，以不變的、公共的、超越的「理」和「理世界」來君臨、
主宰、對應變化、流動、活潑的實際世界，馮很明顯地不同於熊、
梁。如果說，熊只是耳聞某些西方哲學，梁拾取了西方哲學的某
些重要觀念（如「意欲」、「生活」）；那麼，馮則自覺利用西方現
代哲學來處理和建構自己的中國哲學。從上面所摘引的這些段落，
便可以從內容（基本觀念）和形式（論證方式）上見出馮的這種
特色：注意概念的清晰明白，論理的周詳細密，強調哲學的邏輯
性質。他用羅素等人的邏輯哲學和新實在論來承接和改造中國傳
統哲學，企望開孔孟儒門和宋明理學的「新統」。馮把程朱理學的
「理」、「氣」等基本範疇提昇為完全捨去實際內容的極度抽象的
邏輯世界，但又仍然落實在肯定現實世界各種制度、道德、規範、

---

108 《新理學》，第 187 頁。
109 同上，第 193 頁。

標準上，以「理」來論證「一切現實的都是合理的」。而這也就是「極高明而道中庸」。

馮既然在哲學路線上迥然不同於熊、梁，一重感情、生命、具體、衝力，一重理性、邏輯、抽象、穩態，但又所以仍然與熊、梁同屬於現代新儒家，是不但因為馮自覺地明確地以承繼發展程朱理學為目的，而且更重要的是，他提出了一個與「大全」同體的「大仁」，即所謂「天地境界」。這個境界高出於自然境界、功利境界和道德境界，它是由「窮理」、「盡性」而「知天」、「事天」從而達到「同天」。這與熊、梁所追求的宇宙精神、人生境界又是完全一致的：

「我們是以致知入手而得大全」[110]，「能自大全之觀點以觀物並自托於大全，則可得到對於經驗的超脫及對於自己的超脫」[111]，「在超乎自己之境界者，覺其自己與大全，中間並無隔閡，亦無界限，其自己即是大全，大全即是其自己，此即所謂『渾然與物同體』」[112]，「達到超乎經驗，超乎自己之境界，而又自知其達到此境界，則即可享受此境界」[113]。「一個人自同於大全，則我與非我的分別，對於他即不存在。……此等境界，我們謂之同天。……知天、事天、樂天等，不過是達到此等境界的一種預備」[114]，這

---

110 《新理學》，第 310 頁。

111 同上，第 305 頁。

112 同上，第 311 頁。

113 同上。

114 《新原人》，第 96 頁。

種「同天」的「天地境界」，馮友蘭說也就是儒家傳統所說的「仁」、「誠」。它是超越經驗、超越思辨、「不可思議」、「不可言說」的。「但不可思議者，仍須思議以得之，不可了解者，仍須以了解了解之。以思議得之，然後知其是不可思議底……學者必須經過思議，然後可至不可思議底。經過了解，然後可至不可了解底。不可思議底，不可了解底，是思議了解的最高底得獲。」[115]

追求「與天地萬物同一」的形上的人生境界，是宋明理學以及熊十力、梁漱溟所共有的一種基本特質。把這種人生境界建築在個體的不斷修養、「覺解」上，即以「內聖」之道作為根本，以講個體修養，從而達到最高人生境界為哲學的根本，是這個傳統的基本特色。在這些基本方面，馮是與他們完全一致的。所以馮也同樣貶低荀子、漢儒、陳亮，等等。他們的哲學作為體系的主要不同在於，熊以「心物不二」翻成宇宙論本體論，梁以情感、直覺作為文化哲學，都注意了感性的、人本的、動態的生命方面；馮則以邏輯的本體論建構強調了理性和理知的一面。以上述「不可思議」、「不可了解」、「不可言說」的「天地境界」來說，馮立論是必需通由「思議」、「了解」、「言說」而去達到，但熊、梁卻強調通由理智、言說、思議、了解，不可能達到。因之，馮的這種「達到」便常常可以只是一種「認知」，而並非體驗。不是以直覺、情感、衝力而是以「思議」、「了解」、「言說」來論證、說明、認知這個本體──精神境界，所以馮提出的仍然主要是「知」的

---

115 同上，第 98～99 頁。

方面。熊、梁強調的卻正是不通由「知」的「體驗」。總之，馮的主知特色在中國現代哲學以強調主觀作用的主流（無論是共產黨還是國民黨，還是新儒家）中，是比較罕見和孤立的。同時在理論上也顯得比較單薄，但它之優越於前人處在於它把現代性的邏輯論證和科學方法帶進了這個領域。

　　馮友蘭雖然只比梁漱溟小兩歲，卻是梁的學生輩。就整個中國近現代思想邏輯的六代說，他屬於第三代。這一代知識分子的有成就者，大抵是在一些具體專業領域（政治、軍事、學術……）開創一些具體的範式，它與第二代的範式不同，它們更為科學、更為實證、更為專門化，而不像上一代那樣，雖寬廣、開闊、活潑卻模糊、籠統、空泛。這也是瞿秋白、毛澤東、馮友蘭、陳寅恪、顧頡剛等人不同於李大釗、陳獨秀、胡適、梁漱溟、錢玄同等人所在。這些就只能另文再論了。

（四）牟宗三

　　牟宗三是本文所擬簡述的第四位。與馮友蘭一樣，牟也是大學講堂上的專業哲學家。這種現代型的哲學家之特色之一，便是哲學作為其專業，與其個性人格以及行為規範並無直接必然的聯繫，這也許正是馮、牟之不同於熊、梁所在。熊、梁屬於前現代，

道德人格與學問知識仍是混而未分，要求同一。講堂哲學的哲學家卻並不要求自己和自己的哲學具有直接實踐的和同一的性格。

與馮友蘭通過哲學史的研究和著述來提出和闡釋自己的哲學相同，牟宗三也是通過大量哲學史的論述，來提出和闡發自己的哲學觀點及體系的。他是熊十力的學生，嚴厲批評了馮友蘭，要求回到「生命」：

> 理性之了解亦非只客觀了解而已，要能溶納生命中方為真實，且亦須有相應之生命為其基點。否則未有能通解古人之語意而得其原委者也。[116]

牟的中國哲學史的著名命題，是高揚陸王，貶抑程朱，一反傳統舊說，認為程頤朱熹是以《大學》為主旨的「別子為宗」，真正承繼孔子，以《論》、《孟》、《中庸》、《易傳》為主的是其他宋明大儒，而特別是胡、劉。[117]

牟分析理學之「理」有多種涵義，認為宋明理學家講的乃是「性理之學」即「心性之學」，這「性理之學」「亦道德亦宗教，即道德即宗教，道德、宗教通而一之者也。」「蓋宋明儒講學之中

---

116 《心體與性體》第 1 冊序，正中書局，臺北，1973 年，第 1～2 頁。

117 牟分宋明理學為三系：以《論語》、《孟子》為主的陸王系，以《中庸》、《易傳》為主的（胡）五峰（劉）蕺山系，以《大學》為主的程頤朱熹系。

點與重點唯是落在道德的本心與道德創造之性能（道德實踐所以可能之先天根據）上⋯⋯此心性之學亦曰『內聖之學』。『內聖』者，內而在於個人自己，則自覺地作聖賢工夫（作道德實踐），以發展完成其德性人格之謂也。⋯⋯宋明儒所講習者特重在『內聖』一面。」[118]這當然明白無誤地標出了所承續的新儒學傳統。宋明理學本是一種準宗教性的道德哲學（參看拙作《中國古代思想史論‧宋明理學片論》），它無宗教的儀式、信仰、組織，卻有躋倫理於宗教的功能。牟指出這種「內聖之學」就是要建立一種「道德的宗教」，所以它是一種「道德的形上學」。「道德的形上學」，不是知性的道德哲學，而是通由道德而接近或達到形上本體的實踐體驗。這一點也正是牟反對馮的關鍵之處。

因此，牟認為所謂「性理」，「並非性即理，乃是即性即理」，不是離開「性」還有「理」，也不是別有「性之理」，而是作為「本心即性」的「理」即在「本心」之中，經驗現象的道德本「心」與超經驗的道德本「性」是同一個東西。「心體」與「性體」是合二而一的。因為「性」不是別的，「本心即性」，這個「本心」即是與「性」、與「天」（本體）合一的活潑潑的道德實踐。這也才是孔子所講的「仁」。「仁之全部義蘊皆收於道德之本心中，而本心即性。⋯⋯作為一切德之源之仁，亦即是吾人性體之實也。此唯是攝性於仁、攝仁於心、攝存有於活動（重點原有），而自道德

---

118 《心體與性體》綜論，第 4 頁。

實踐以言之。」[119] 而小程（頤）、朱子「對於實體、性體，理解有偏差，即理解為只是理，只存有而不活動，此即喪失『於穆不已』之實體之本義，亦喪失能起道德創造之『性體』之本義。」[120] 牟在細微、周密、反覆地批判程頤、朱熹即程朱理學中，突出了牟所強調的孔、孟的「真傳正宗」。

牟從哲學史上認為道家、告子、荀子以及董仲舒、王充等等，是「以生言性」，這就是宋儒所講的「氣質之性」，是具有生理氣質內容的「性」，這不屬宋明理學，當然不屬孔門正統。程頤、朱熹大講的「義理之性」，雖屬宋明理學，但牟認為，也只是一種理論的形而上學，是某種知性抽象的邏輯結構，所以只是「主智主義的道德形而上學」，「幾近於柏拉圖、亞里士多德之傳統而與之為同一類型」。[121] 因為程朱們把「性」與「情」（如「仁」與「愛」）、「所以陰陽」與「陰陽」分了開來，「只就『存在之然』推證其所以然之定然之理以為定然之性。『陰陽，氣也』，是形而下者，『所以陰陽』是道、是理，是形而上者。陰陽氣化是實然的存在，有存在有不存在（有生滅變化），而其所以然之理則只是存有，無所謂存在與不存在。『仁性愛情』，仁是對應愛之情之實然而為其所以然之定然之理，而此定然之理即是其性。」[122] 這樣，「此理不抒表一存在物或事之內容的曲曲折折的徵象，而單是抒

---

119 同上，第 26 頁。

120 同上，第 32 頁。

121 同上，第 97 頁。

122 同上，第 82 頁。

表一『存在之然』之存在，單是超越地、靜態地、形式地說明其存在」[123]，它實際不過是一種歸納法得來的普遍性的「類概念」而已，絲毫沒有任何真正活潑的現實的感性內容，更不用說具有道德力量、實踐活力了。這就是說，程朱把活生生的存在（道德實踐）化而為君臨、主宰存在的靜態的、知性的、形式的「理」、「性」，便完全失去了存在（道德實踐）本具有的自身行動的活力。因而這種靜態的認知性的「義理之性」所宣講的倫常道德，便實際只是一種他律道德，而不是自律道德，是「理超越地律導心」[124]，因為它是發自外在的普遍的概念義理，而不是發自個體內在的道德本心。而且，它把「知識問題與成德問題混雜在一起講」[125]，更不能顯道德的超越本性了。

　　如果說，馮友蘭以自己的現代邏輯訓練在中國哲學史的研究上，首次分析了「天」的多種涵義（物質的天、主宰的天、命運的天、自然的天、義理的天五種），成功地區辨了程顥與程頤的哲學根本差異等等，並借助純粹的邏輯抽象發展了程朱理學的理智主義特徵的話；那麼，牟宗三卻恰好是反對這一特徵，他以其對現代存在主義的感受，在中國哲學史上的研究上深刻地區辨了程朱與陸王的根本差異，並借鑒康德哲學的實踐理性高於理論理性的精神，發展了陸王心學的道德主體性。所以，牟宗三恰好是馮

---

123 同上，第 89 頁。

124 《心體與性體》，第 50 頁。

125 同上。

友蘭的對立面。牟強調，絕對不是靜態的、存在的、客觀的「理」，而是活動的、存在的、主觀的「理」即「心」，才是具體而真實的本體，才是自律道德的根源。這個「心體」也就是「性體」。所以「宇宙秩序即是道德秩序，道德秩序即是宇宙秩序」[126]，這個道德秩序和宇宙秩序是發自本心——道德主體的活生生的自律實踐。這也就是「聖者仁心無外之『天地氣象』」。[127]

牟強調認為，只有這才是中國儒學「內聖之道」的獨有的精髓，而為西方哲學包括康德哲學所無有：

彼方哲人言實體 (Reality) 者多矣。如布拉得賴有《現象與實體》之作，懷悌黑有《歷程與實體》之作，柏格森有《創化論》之作，近時海德格之存在哲學又大講「存有」，有《時間與存有》之作，即羅素之「邏輯原子論」亦有其極可欣賞之風姿。大體或自知識論之路入，如羅素與柏拉圖；或自宇宙論之路入，如懷悌黑與亞里士多德；或自本體論（存有論）之路入，如海德格與虎塞爾；或自生物學之路入，如柏格森與摩根；或自實用論之路入，如杜威與席勒；或自獨斷的、純分析的形上學之路入，如斯頻諾薩與萊布尼滋及笛卡兒；凡此等等皆有精巧繁富之理論，讀之可以益人心智，開發玄思。然無論是講實體，或是講存有，或是講本體，皆無一有「性體」之觀念，皆無一能扣緊儒者之作為道德

126 同上，第 37 頁。
127 同上。

實踐之根據、能起道德之創造之「性體」之觀念而言實體、存有或本體。無論自何路入，皆非自道德的進路入，故其所講之實體、存有或本體，皆只是一說明現象之哲學（形上學）概念，而不能與道德實踐使人成一道德的存在生關係者。……其中唯一例外者是康德。[128]

康德雖由道德而達到本體，但仍然只把意志自由的實踐理性當作一種公設（假設），仍只是「理應如此」，而並不能從理論上落實到它的真實存在，於是便仍然只是一套理智主義的空理論。只有肯定道德作為「呈現」而不是假設，是「人人所皆固有的『性』」[129]，這樣就能使自由意志或意志自律成為真實的、實在的。這就是「正宗儒家講『性』的密意」。[130]

「正宗儒家肯定這樣的性體心體之為定然地真實的，……故其所透顯所自律的道德法則自然有普遍性與必然性，自然斬斷一切外在的牽連而為定然的、無條件的……。孟子說，『廣土眾民，君子欲之，所樂不存焉。中天下而立，定四海之民，君子樂之，所性不存焉。君子所性，雖大行不加焉，雖窮居不損焉，分定故也』……這才真見出道德人格之尊嚴，這也就是康德所說的『一個絕對的善的意志在關於一切對象上將是不決定的』一語之意，

---

128 《心體與性體》，第37～38頁。

129 同上，第137頁。

130 同上。

必須把一切外在對象的牽連斬斷，始能顯出意志的自律。」[131]而它之所以是真正的自律，也正在於它不只是觀念、理念，不是一般的認識或知識，而必須是在實踐活動中「步步呈現」的「實踐的德性之知」。它是一種直覺的體認、體證、證悟，「凡體證皆是直覺」[132]。這直覺的「體證」、「呈現」雖由具體的經驗所提供，但它所證所悟，卻是「雖特殊而亦普遍，雖至變而亦永恆。」[133]「性體心體乃至意志自由就是這樣在體證中，在真實化、充實化中而成為真實生命之系統裡得到其本身的絕對必然性。」[134]（重點原有，下同）只有這樣，「照儒家說，始能顯出性體心體的主宰性。」[135]這個「性體」、「心體」這時便已不僅是成就道德行為，而是作為「天地之性」，具有形上學的宇宙論意義了。所以牟指出這是「道德的形上學」，不是「道德底形上學」。在前者，本體即是道德、心性；在後者，不過是給道德建造某種理論體系而已。

牟宗三多次談到「德國理想主義」和海德格爾，認為新儒學的道德形上學超越了存在主義，因為海德格爾是「脫離那主體主義中心而向客觀的獨立的存有本身之體會走」，是向外開建「客觀自性的存有論」[136]，按照牟的話說，這只是「後天而奉天時」，即

---

131 《心體與性體》，第 137～138 頁。

132 同上，第 171 頁。

133 同上。

134 同上。

135 同上，第 138 頁。

136 同上，第 186 頁。

人「把自己掏空，一無本性，一無本質。然而完全服役於實有便是人的本性人的本質，即真實存在的人。」[137]這就與「先天而天弗違」相對立了，這就是「執著存在的決斷而忘其體」[138]，以客觀化的在忘懷了主觀的此在。實際上，「良知的當下決斷亦就是他（指海德格爾）的『存在倫理』中之存在的決斷，獨一無二的決斷，任何人不能替你作的決斷。」[139]所以不能把本體論宇宙論與這個道德形上學分割開來，即是說，如果不把這種道德的「性體」、「心體」作本體，就仍然是錯誤的。牟認為，懷特海的過程宇宙論和海德格爾的存在本體論卻只具有美學的靈魂，而「人生真理的最後立場是由實踐理性為中心而建立。從知性，從審美，俱不能達到這最後的立場。」[140]孔學所謂「成於樂」的境界並非由美的判斷去溝通意志與自然，而是「踐仁盡性到化的境界」，是「道德意志之有向的目的性之凸出便自然溶化到『自然』上來而不見其『有向性』，而亦成為無向之目的、無目的之目的……是全部溶化於道德意義中的『自然』，為道德性體心體所透徹的自然，此就是真善美之真實的合一。」[141]總之，不是任何具有客觀性的認知或審美，而只有道德實踐才是人的主體性，也才是宇宙、本體、秩序，是真善美的主幹。牟宗三極大地高揚了道德主體性，

---

137 同上。

138 同上，第 187 頁。

139 同上。

140 同上，第 188 頁。

141 同上，第 177 頁。

以之為本體，不但公開反對馮友蘭的「理世界」，實際也並不滿意於熊十力的宇宙論的本體觀。他認為道德本體（性體心體）呈現在個人實踐中便足夠了，不再需要更多餘的東西。它既可以「消化生命中一切非理性成分，不讓感性的力量支配我們」[142]，又同時能使我們的自然生命更為光彩，甚至做到「四肢百體全為性體所潤」，如此等等。

但是，這又究竟是如何可能的呢？牟並未詳說。孟子的養氣說[143]，牟似乎並未加以充分發展。牟只是反覆申明這是孔孟陸王特別是王學的正宗儒家路線。但因為牟強調的是個體主體性的道德實踐，這實踐當然又不能脫離感性，與王陽明那裡一樣，這裡便蘊涵著感性與超感性、活生生的人的自然存在與道德自律的內在矛盾，所以「為牟宗三抬為正宗的王學，不管哪條道路（龍溪、泰州或蕺山）都沒有發展前途，它或者走入自然人性論或者走入宗教禁欲主義」[144]，牟自己的理論也將如此。現代新儒學不管是熊、梁、馮、牟，不管是剛健、衝力、直覺、情感、理智邏輯或道德本體，由於都沒有真正探究到人類超生物性能、力量和存在的本源所在，便並不能找到存有與活動、必然與自然、道德與本體的真正關係。

牟的哲學著作及體系成熟在一九六〇、七〇年代。與熊、梁、

---

142 同上，第 179 頁。

143 參看拙作《中國古代思想史論·孔子再評價》中的〈附論孟子〉。

144 《中國古代思想史論》，第七章。

馮剛好構成了一個相互連接的階梯，這階梯似乎表現為歷史的和
邏輯的正反合的整體行程。黑格爾的圓圈不可到處套用，但用在
這裡，倒好像合適。但這並不是認識論的圓圈。熊、梁大講生命、
情感、直覺，但是在一種相當廣泛空闊的總體把握上來談的。熊
從宇宙論談，梁從文化談。馮友蘭反之，他用現代西方邏輯哲學
為武器，構成了理智主義的「新理學」體系，從形式（推理論證
方式）與內容迥然不同於熊、梁，他以程朱反陸王，是對熊、梁
的一次否定。牟從上引文便可看出，他激烈否定馮，而回到熊。
牟曾回憶一件往事：「三十年前，當吾在北大時，一日熊先生與馮
友蘭氏談，馮氏謂王陽明所講的良知是一個假設。熊先生聽之，
即大為驚訝說：『良知是呈現，你怎麼說是假設！』吾當時在旁靜
聽，知馮氏之語的根據是康德……而聞熊先生言，則大為震動，
耳目一新…… 『良知是呈現』 之義 ，則總牢記心中 ，從未忘
也。」[145]牟確乎沒有忘記熊十力所倡導的王學認心為體的路線，
卻以清晰明白的邏輯推論細緻地逐層分析了宋明理學各個派別思
想的異同，深刻地把作為實踐理性的道德活動擺在突出的首要位
置。馮友蘭說，「人必須先說很多話然後保持靜默」[146]，通過言說
了許多話，然後知道有「不可言說」的；牟宗三卻指出，這個「不
可言說」的與言說與否並無關係。儘管牟自己為了說明它與言說
無干而說了很多很多。同理，在牟這裡，也就不必再像熊十力那

---

145 《心體與性體》，第 178 頁。
146 《中國哲學簡史》，北京大學出版社，北京，1985 年，第 395 頁。

樣去建構龐大的宇宙論[147]，而是單刀直入、乾淨利落地認心性為本體。但實際上，牟的著作卻又相當的無謂龐大，一點也不乾淨利落。

但無論如何，牟走完了這個現代新儒學的圓圈全程。看來，恐怕難得再有後來者能在這塊基地上開拓出多少真正哲學的新東西來了。這個圓圈是無可懷疑地終結了。而且，現代新儒家雖以哲學為其課題，但其背景與近現代中國各派哲學一樣，都有著對中國民族往何處去，傳統如何能聯接現代化，如何對待西方傳來的民主、自由、科學等基本價值等巨大社會文化問題的深切關懷。有意思的是，與中國的馬克思列寧主義的革命哲學一樣，現代新儒家特徵也是強調道德主義，只是它是通過傳統哲學（宋明理學）來強調和論證罷了。但是，這種儒家傳統的道德主義與現代西方的科學、民主以及個體主義究竟有何關連，它應如何對待它們，現代新儒家未能作出深刻的交代。這種道德至上的倫理主義如不改弦更張，只在原地踏步，看來是已到窮途了。

但是，儒學卻仍有可為。這就是徹底改變基地。現代新儒學之所以與宋明理學同一個「新」字，在於它自覺地以「內聖之學」為主導以至為全體。熊、梁、馮、牟四代均如此。牟宗三便承認，宋明理學「對於內聖面有積極之講習與浸潤，而對於外王面則並無積極之討論。」[148]但對那些講求功利、「外王」，反對「內聖」

---

147 梁漱溟對熊的構建也曾表不滿，認為熊這種做法本身就背離了儒學精神，但梁沒有牟的正面理論論證。

之學的人，牟又仍然指斥他們為「落入第二義第三義」，「不知孔子仁教之意義，復不知外王之根本。」[149]牟以極大篇幅痛責了「與孔子傳統為敵」[150]的葉適。

實際情況並不完全如此。在「外王」方面，儘管中國傳統哲學確乎沒有達到講「內聖」之學的宋明理學那種深妙入微的理論高度和鼓舞力量，但從《荀子》、《易傳》、董仲舒、柳宗元、葉適以至康有為等人在反映表達和反作用於中華民族的生存發展上，卻具有不可磨滅的重要意義，比宋明理學毋寧有過之而無不及者。難道其中沒有可以提煉發揮的東西了嗎？孔門「內聖之學」之所以在宋明理學中大放光彩，重要因素之一是由於吸收消化佛、道的緣故。它之所以在今天現代新儒學那裡作為主體重現光彩，因素之一是由於吸收了西方現代哲學的緣故。那麼，孔的「外王」之學今天為何不可以如此呢？

至少這裡有兩個問題。第一，「內聖」與「外王」的關係。「外王」，在今天看來，當然不僅是政治，而是整個人類的物質生活和現實生存，它首先有科技、生產、經濟方面的問題；「內聖」也不僅是道德，它包括整個文化心理結構，包括藝術、審美等等。因之，原始儒學和宋明理學由「內聖」決定「外王」的格局便應打破，而另起爐灶。第二，現代新儒家是站在儒學傳統的立場上

---

148 《心體與性體》，第 5 頁。

149 同上，第 195、225 頁。

150 同上。

吸收外來的東西以新面貌，是否可以反過來以外來的現代化的東西為動力和軀體，來創造性地轉換傳統以一新耳目呢？[151]

　　但所有這些都已不屬本文範圍。而且本文所論述的四位，也是因陋就簡，非常粗略匆忙地勾劃一個最簡單的輪廓，是一個地地道道的「略」論，甚願以後有機會作進一步研究述評。

　　　　　　　　（原載：《文化：中國與世界》1986 年第 3 期，北京）

---

151 參看本書〈漫說「西體中用」〉。

八、漫說「西體中用」

在毛澤東逝世和「四人幫」垮臺後，在理論、學術、文化所掀起的兩次思想浪潮，都使人回想起「五四」。一次是關於啟蒙、人道、人性的吶喊和爭論[1]，一次是最近兩年關於中西比較的所謂「文化熱」討論。

的確很熱。從北京到上海，從官方[2]到民間，從研究生、大學生到老學者、老教授，統統出場。各種講習班、研討會此起彼落。九十餘高齡、已被人完全遺忘了的梁漱溟先生重登學術講壇，再次宣講他的中西文化及其哲學，仍然強調儒家孔孟將是整個世界文明的走向。

這是怎樣發生的呢？「難道歷史真如此喜歡開玩笑，繞了一個大圓圈，又回到了原來的起點？時間已經過去了七十年，難道今天二十幾歲的青年，還要再次拾起他們的祖父曾祖父們的問題、看法，去選擇、去思索、去爭辯？」[3] 1949 年中國革命勝利時，毛澤東曾總結過近代中國「向西方學習」的歷史。今天的所謂的「文化熱」，卻是在驚醒了「最高最活的馬克思主義」中國是「世界人民的革命燈塔」的迷夢之後，重新痛感落後而再次掀起「向西方學習」的現實條件下產生的。因此冷落多年的中、西、體、用之類的比較又重新被提上日程。

---

1 參看本書〈試談馬克思主義在中國〉。

2 1986 年 5 月「上海文化戰略會議」上，上海市市委第一書記、中共中央中宣部部長、國務院文化部副部長出席，見該月《解放日報》、《文匯報》。

3 參看拙作〈楊煦生編「傳統文化的反思」序〉。

「中體西用」的由來和演化

　　要了解這種中西文化比較，便得追溯一下百多年來「西學」東漸的基本遭遇。不少人指出，西學東漸或「向西方學習」經歷了科技——政治——文化三個階段，亦即洋務運動——戊戌、辛亥——五四三個時期。由船堅炮利、振興實業以富國強兵，到維新、革命來改變政體，到文化、心理的中西比較來要求改造國民素質，人們今天認為這是歷史和思想史層層深入的進程。其實，戊戌變法前夕，湖南的保守派曾廉早就如此概括過：「變夷之議，始於言技，繼之以言政，益之以言教，而君臣父子夫婦之綱，蕩然盡矣。君臣父子夫婦之綱廢，於是天下之人視其親長亦不啻水中之萍，泛泛然相值而已。悍然忘君臣父子之義，於是乎憂先起於蕭牆。」（曾廉：《瓠庵集・卷13・上杜先生書》）這主要是針對當時譚嗣同、梁啟超在湖南宣傳民權平等即曾廉之所謂「教」而言的。曾廉看出，如果鼓吹西方這些文化思想，就將從根本上破壞中國傳統的「君臣父子夫婦」的綱常倫紀，這是非常危險的，本來為抵抗外侮的變革將首先在內部引起動亂……。

　　不能說這位頑固保守派的眼光不銳利，但他言之過早了一些，因為當時康有為、譚嗣同等人活動上和思想上注意的焦點，主要仍在政治，即進行變法維新的政治體制的改革。以後的革命派也

如此。他們還沒有從根本文化心理上來動搖傳統的打算。不過，即使如此，「向西方學習」過程的本身，在客觀上就帶來了一個如何對待和處理中西文化即中學西學的關係問題。

在「言技」階段，問題比較簡單，「西學」不過是些聲光電化、工廠、實業。頑固派是堅決反對的，認為這些東西是「奇技淫巧」，有害人心，應該堅決拒絕，因此在他們那裡就沒有中學西學的關係問題，只要統統排斥西學就行了。但對洋務派以及後來的改良者們，卻有這個問題，即如何安排這兩者。改良派的先驅馮桂芬最早提出，「以倫常名教為本，輔以諸國富強之術」（《校邠廬抗議》）。他的所謂「富強之術」，便主要是「製洋器」，重格致，他不僅承認船堅炮利不如人，而且開始承認「人無棄才不如人，地無遺利不如人，君民不隔不如人，名實必符不如人」，從而要求適當改革內政，即擴大士紳權力，改良賦稅，精簡官吏等等，以後一八七〇年代的王韜、馬建忠、薛福成直到一八八〇年代的鄭觀應、陳熾等人，雖已努力把這種學習西方、改革內政的要求向前逐步推進，除了工藝科技之外，在經濟上提出扶助民間資本，「振興商務」，開辦近代工業；在政治上提出從法律上保護民間資本，實行西方上下院代議制度；在文化上提出廢科舉，辦學堂，等等，但他們仍然堅決排斥西方資產階級社會政治的理論思想，無保留地擁護中國傳統的「綱常名教」。他們認為西方的工藝科技以至政法制度只是拿來便可用的「器」；至於維護中國自身生存的「道」和「本」，則還是傳統的「綱常名教」。他們說：「蓋萬世不變者，孔子之道也」（王韜：《易言‧跋》），「取西人器數之學以衛

吾堯舜禹湯文武周孔之道」（薛福成：《籌洋芻議·變法》），「道為本，器為末；器可變，道不可變；庶知所變者，富強之權術，而非孔孟之常經也」（鄭觀應：《危言新編·凡例》）；「形而上者謂之道，修道之謂教，自黃帝孔子而來至於今，未嘗廢也，是天人之極致，性命之大源，亙千萬世而不容或變者也」（陳熾：《庸書·自強》）。「中國之雜藝不逮泰西，而道德、學問、制度、文章，則夐然出於萬國之上」（邵作舟：《危言·譯書》）。……總之，他們幾乎一致認為，中國的綱常名教等等「聖人」的「道」或「本」是不可變易的，而且優越於西方……。雖然在具體政治上開始具有開議院行立憲的要求，但在理論上卻完全自相矛盾（他們沒有也不能覺察這矛盾）地排斥和反對著正是作為西方代議制度理論基礎的資產階級的自由平等的思想學說。[4] 用鄭觀應的話來概括，這就是：「中學其本也，西學其末也，主以中學，輔以西學」（《盛世危言》）。這也就是後來在維新變法高潮聲中，洋務派大理論家張之洞所提出來的「中學為體，西學為用」的著名的「中體西用」說。張之洞在光緒皇帝曾獎為「持論平正通達，於學術人心大有裨益」（《戊戌六月上諭》），並「挾朝廷之力而行之，不脛而遍於海內」（梁啟超）的《勸學篇》中，正式概括為：

　　不可變者，倫紀也，非法制也；聖道也，非器械也；心術也，非工藝也。……法者，所以適變也，不可盡同；道者，所以立本

---

4 參看拙作《中國近代思想史論》，第二章。

也，不可不一。……夫所謂道、本者，三綱四維是也……若守此不失，雖孔孟復生，豈有議變法之非者哉？（《勸學篇・外篇・變法第七》）

中學為內學，西學為外學；中學治身心，西學應世事。……如其心聖人之心，行聖人之行，以孝弟忠信為德，以尊主庇民為政，雖朝運汽機，夕馳鐵路，無害為聖人之徒也。（《勸學篇・外篇・會通第十三》）

可注意的是，第一，「器」在這裡已不僅是指工藝器械，而且包括某些政經體制，即政經體制也可以改，但「道」卻絕不可變。這「道」指的便是倫常綱紀，即封建專制為特徵的政治制度和家庭本位為基礎的社會秩序。因此，所謂「法」可變，便必須限制在不破壞、不動搖、不損害這個根本制度和秩序的範圍和限度之內。第二，這個「道」、「本」是與「孝弟忠信」的個體的道德修養聯繫在一起的，所以，它是「治身心」的「內學」，不同於應付世俗外事的西學。這兩點合起來，就正是中國儒家傳統的所謂「內聖外王之道」，只是現在這個「外王」要「輔以西學」「西政」就是了。但由「內」而「外」，先「內」後「外」，「內」為「主」、「本」，「外」為「輔」、「末」，卻仍是一貫的。這確乎是忠於儒學孔孟的基本原則的。

儒學孔孟千百年來建立起來的權威性，它在人們（主要是士大夫知識分子）心中所積澱下來的情感因素和維衛力量，確乎極

其巨大。所以，康有為、譚嗣同儘管已大不同於上述那些人，接受了民權、平等、自由等西方觀念、思想，但也要打著孔子旗號來「託古改制」。康有為不必說，連急進如譚嗣同在痛斥三綱五倫，指出「數千年來三綱五倫之慘禍烈毒，由是酷焉矣」。「上以制其下，而不能不奉之」，並提倡「五倫中於人生最無弊而有益……其惟朋友乎！……所以者何？一曰平等，二曰自由，三曰節宣惟意。總括其義曰，不失自主之權而已矣。……餘皆為三綱所蒙蔽，如地獄矣。……故民主者，天國之義也，君臣，朋友也；……父子，朋友也；……夫婦，朋友也。……徬談變法而五倫不變，則舉凡至理至道，悉無從起點」（《仁學》）等等時，也仍然要假借孔子的名義，即以「仁」代「禮」，把西方近代自由、平等、博愛的觀念強勉納到中國古老傳統的格局中去。中國傳統的肯定性的認識和情感在他們那一代心中的積澱是那樣強大，他們完全相信孔子和中國傳統中仍然有許多與西學完全符合一致從而非常適合於改革的東西，所以他們總是想盡量發掘、表彰、附會中國傳統中的任何民主、平等、自由的觀念，他們盡量抬高從孟子到王陽明、黃宗羲的思想主張，在他們這裡，所要提倡、宣傳、傳播的「西學」，是與傳統的「中學」混合「雜揉」（梁啟超語）在一起的。從而，中學西學的根本差異，在他們那裡便遠沒有被清楚地揭示出來。儘管比起洋務派和早期改良派來，他們實質上已經不自覺地轉到以「西學」（自由、平等、博愛）為主體這個方向來了。

直到五四新文化啟蒙運動，情況才有了根本變化。「西學」、

「中學」的根本對立和水火不容才被極度誇張地凸現出來,「打倒孔家店」的呼喊的重要意義也就在這裡。陳獨秀喊出倫理的覺悟是最後覺悟的覺悟,要求打倒忠、孝、貞（操）等一切舊道德;胡適提出「全盤西化」[5],要求「死心塌地的去學人家,不要怕模仿。……不要怕喪失我們自己的民族文化」。魯迅說少讀或不讀中國書,激烈抨擊著種種中國的所謂「國粹」;吳虞接著魯迅,大講孔學吃人:「孔二先生的禮教講到極點,就非殺人吃人不成功,真是慘酷極了。一部歷史裡面,講道德說仁義的人,時機一到,他就直接間接的都會吃起人肉來了」（〈吃人與禮教〉,《新青年》6 卷 6 號,1919 年 11 月 1 日）。總之,傳統必須徹底打倒,「中學」必須根本扔棄,中國才能得救。

但是,這個五四運動新文化啟蒙一開始就有其強有力的對立面,這個對立面實質上是承繼著張之洞「中學治身心」、「中學為本」的傳統,以梁啟超、梁漱溟、張君勱、章士釗等人為代表,提出了中國的「精神文明」或「東方文明」的優越性,並引起「科學與人生觀」的著名大論戰。如前幾篇文章所已指出,前一派如果可說是西化派的話,那麼後一派則可說是國粹派。如果前一派的好些人（主要是年輕一代）後來日益走向馬克思主義,那麼後一派則變化為所謂中國文化本位派[6]和「現代新儒家」。儘管這種

---

5 「全盤西化」一詞則出自胡適 1929 年的文章。

6 1935 年 1 月薩孟武、何炳松等十教授發表〈中國本位的文化建設宣言〉。胡適批評它「是中學為本西學為用的最新式的化裝出現,說話是全變了,

分野具有某種政治的性質和成分，但它畢竟又是文化一思想的。
在中國近現代，文化、思想總與政治結下不解之緣。

　　現在看來，在這個派的各種議論中，陳獨秀當年突出「西學」
與「中學」的根本區別為「個人本位主義」和「家庭本位主義」
的差異，應該說，是相當尖銳而深刻的。至今為止，在種種文化
心理現象中，大到政經體制，小到禮貌習慣，都可以清楚看出這
種中西的差異。可以隨意舉些例子。《中國古代思想史論》一書曾
指出：「……就在稱謂和餐桌上，便也可說是一『名』一『實』地
在日常生活中把這種以血緣親屬為基礎的尊卑長幼的等級秩序，
作為社會風習長期地鞏固下來了。」[7]中國號稱「禮義之邦」，中
國王朝和中國人素來以「禮義」來標榜自己的傳統特徵，「禮」首
先來源於食物的分配。荀子說：「禮起於何也？曰，人生而有欲，
欲而不得，則不能無求，求而無度量分界，則不能不爭。爭則亂，
亂則窮。先聖惡其亂也，故制禮義以分之，以養人之欲，給人之
求」（《荀子‧禮論》）。「禮」本來就是為制定一定的規矩秩序即所
謂「度量分界」，來分配食物，制止爭鬥，滿足人們生存需要而出
現而產生的。中國人卻把這種原始秩序長久地徹底地一直貫徹到
飯桌上來了，並且成為一種規矩、儀容、禮貌。中國傳統要求在
飯桌上也必須「長幼有序」、「主客有別」，要求控制或節制自己的
食欲以循規蹈矩，不予放縱。本來，「從兒童心理學看，服從社會

　　精神還是那位《勸學篇》的作者的精神」。

7 拙作《中國古代思想史論》，末章。

指令（普遍性、理性），克制自然需求（個體性、感性），不為物欲（如食物）所動，也正是建立道德意志、培育道德感情的開端。」[8] 中國傳統的確把這個方面極端地擴充了，中國哲學之所以主要是倫理學，確乎與這種「制禮作樂」的現實傳統直接相關。它不是發揮思辨的認識論，而成為規範行為的倫理學。

在「稱謂」上，也如此。中國傳統「稱謂」的繁密細緻說明這些區劃的必要性和重要性，即示遠近，別親疏。如叔父、姑父、姨父、舅父，如堂兄弟、姑表兄弟、姨表兄弟，……便各有區別。林黛玉在客觀上比薛寶釵對賈寶玉更親，因為林、賈是姑表而薛、賈是姨表，父系親戚的地位自然更重要，所以賈寶玉對林黛玉說「疏不間親」具有雙重（客觀事實和主觀表態）涵義。在一般傳統習慣和生活中，叔父、姑父之於姨父、舅父亦然，而叔父比姑父又更親一些。因為同姓重於外姓，男重於女。與前述的吃飯一樣，中國傳統的這種尊卑長幼的秩序規定（「禮」），已浸透到中國人「習焉而不察」的整個文化心理結構中去了。這在西方是沒有的。在西方，人都是上帝的兒子，在上帝面前所有世間的尊卑長幼已無任何意義和價值，人們都平等地接受最後的審判。在中國，人們不相信上帝審判或來世天國，於是便執著地從理智到情感、從現實到觀念都處在這個細密複雜的人世的倫常關係的網絡中。我是誰？我是父之子，子之父，弟之兄，婦之夫……。人的存在和人的本質就在這網絡之中，人只是關係，人的「自己」不見了，

---

8 拙作《批判哲學的批判》（修訂本），第 309 頁。

個性、人格、自由被關係、「集體」、倫常所淹沒而消失。人被規範在這種「社會關係的總和」中。他（她）的思想、情感、行為、活動都必須符合這「社會關係的總和」的存在或本質。於是，父有「為父之道」，子有「為子之道」，此即「道在倫常日用之中」。沒有脫離人世的「道」，「天道」也不過是這「人道」的同構而已。這與西方認為有獨立於人世的宇宙自然，有超越世間的主宰上帝，有自然律，是大不相同的。

不僅此也，就在日常生活的一般習慣中，例如，見面打招呼，不是「早上好」，而是問「吃飯了沒有？」路上打招呼，不是說「今天天氣不壞」，而是問「上哪裡去？」……這些在西方人也許會覺得「干預私人事務」的風俗，在中國卻正是行之久遠表現出某種「人際關懷」的習慣。本來，你的存在（吃飯與否）與行為（到哪裡去），都是群體的一部分，「群體」是有權過問和表示關注的。這仍是上面所說的，個體的存在、行為，是被規定在、束縛在綱常秩序的社會關係中。這裡難得有個體的自主、自由、平等與獨立。

又例如，當被人稱道或讚譽時，西方人常常回答「謝謝」即已足夠；中國人卻習慣於謙遜不遑地推謝：「過獎」、「不敢當」，這正如中國人不很習慣於誇耀自己的才幹、能力一樣。總之，個體不能突出，這種種謙遜無非是有意識地去壓抑、貶低、掩蓋個性主體，以尊重、護衛、高揚群體結構的倫常秩序。中國人的吵架，也習慣於由第三者的調停、協商、和諧解決，而不重是非曲直的客觀審斷。所以，禮俗替代法律，國家變為社會，關係重於

是非，調解優於判定，「理無可恕」卻「情有可原」……等等，也就成了直到今日仍普遍存在的現象。它說明中國以「禮」為教的特徵，和以儒家學說為代表的傳統文明，已浸透到一般現實生活和習慣風俗中，形成了超具體時代、社會的「文化心理結構」了。這種結構的穩定性質，主要來源於陳獨秀講的「家庭本位主義」，亦即拙作《中國古代思想史論》裡講的「血緣基礎」──以原始氏族社會為淵源，建立在小生產自然經濟之上的家族血緣的宗法制度。

《中國古代思想史論》認為，血緣宗法是中國傳統的文化心理結構的現實歷史基礎，而「實用理性」則是這一文化心理結構的主要特徵。所謂「實用理性」就是它關注於現實社會生活，不作純粹抽象的思辨，也不讓非理性的情欲橫行，事事強調「實用」、「實際」和「實行」，滿足於解決問題的經驗論的思維水平，主張以理節情的行為模式，對人生世事採取一種既樂觀進取又清醒冷靜的生活態度。它由來久遠，而以理論形態呈現在先秦儒、道、法、墨諸主要學派中。《中國古代思想史論》認為與希臘哲學「愛知」為特徵、尋求宇宙的本源根底、以了解自然、追求真理為己任不同，中國先秦哲學大都是一種社會論政治哲學，它以「聞道」為特徵，要求理論聯繫實際，服務於實際，解決現實社會問題、人生問題，以「救民於水火之中」和「治國平天下」。西方基督教曾促使與實用無關的理知思辨和情感幻想充分發展，從而精神變得精緻，中國哲學卻執著於人世實用，即使清醒開通如荀子、王充、柳宗元、王夫之等人都也如此。總之，人與自然的關係服

從於人的關係，人對自然的研究，從屬於對人的服務，前者沒有
獨立的地位。「天道」實際上只是「人道」的延伸或體現。從而中
國文化及哲學中缺乏對上帝及惡的「畏」，從而缺乏謙卑地去無限
追求超越的心理。中國人容易滿足，並滿足在人世生活之中。

這種實用理性並不同於美國現代的實用主義 (pragmatism) [9]，
它不只是一種工具主義。它有自己的「天道」、「人道」相同構而
統一的歷史信仰和客觀規範，主要表現為「參天地，贊化育」的
《易傳》世界觀和漢代形成的早熟型的系統論宇宙模式。這模式
成為中國人認識世界、解釋世界和指導自己實踐行動的基本心態，
是中國整個物質文明和精神文明在文化心理結構上的積澱表現。
它具體呈現在醫、農、兵、藝、歷史、哲學……之中。《中國古代
思想史論》一書具體講過這個問題，這裡不多重複。

前面一些文章和本文所反覆指出的是，作為早熟型的系統論，
中國文化善於用清醒的理智態度去對付環境，吸取一切於自己現
實生存和生活有利有用的事物或因素，捨棄一切已經在實際中證
明無用的和過時的東西，而較少受情感因素的糾纏干預。這是因
為實用理性不是宗教，它沒有非理性的信仰因素和情感因素，來
阻礙自己去接受外來的異己的事物並拋棄本身原有的東西。

正因為此，中國文化傳統在某種意義上，倒是最能迅速地接
受、吸取外來文化以豐富、充實和改造自己的。從物質文明到精
神文明，從衣食住行到思想意識，都如此。日本今日保留中國古

---

9 參看本書〈試談馬克思主義在中國〉。

代的東西，如木屐、和服、「榻榻米」以及茶道、花道……，就比
中國多，在中國是早已沒有了。又例如，在唐代詩文中，便可以
看見當時作為中國國都的長安市竟是一個「胡帽」、「胡酒」、「胡
舞」、「胡姬」……的世界；而今日中國的所謂「民族」器樂中著
名的「二胡」、「京胡」……，也都是從異域傳來落戶的。古代中
國人絲毫沒有排斥拒絕它們。包括與儒學教義格格不入的佛教、
佛學，自印度傳來後，從南北朝到隋唐，兵不血刃地統治了中國
意識形態數百年，「三武」之禍畢竟是極短暫和個別的時期，相
反，列朝歷代許多帝王都佞佛，如梁武帝定為國教，武則天奉之
首席。釋伽牟尼的地位經常在本土聖人孔夫子之上，孔夫子倒被
看作是釋伽的門徒。不僅在下層百姓，而且也在上層士大夫知識
者中，從謝靈運到王維，以及到後代的好些文人，佛學比儒家，
在心目中的地位也常常更高一層。這說明，中國儒家的實用理性
能不懷情感偏執，樂於也易於接受外來的甚至異己的事物。[10] 也
正因為此，五四時代才有上述那種在其他民族文化裡所沒有出現
過的全盤性的反傳統的思想、情感、態度和精神。也正因為如此，
中國現代知識分子可以毫無困難地把馬克思擺在孔夫子之上。所
以包括五四時期那種全盤性反傳統的心態，倒又恰恰是中國實用
理性傳統的展現。從積極方面說，這是為了救國，為了啟蒙，為

---

10 當然這個過程中也不乏激烈的偏執和爭論，如儒、佛在南北朝的激烈爭
　辯，如「老子化胡」等道、佛相爭，這有如近代中國認為西學不過是先
　秦中學流落至外國發展的結果相似。上面是就整體情況而言的。

了喚醒大眾。當時先進的中國知識分子認為必須激烈地徹底地抨擊孔孟捨棄傳統，才有出路。這不是為個體超越或來生幸福的迷狂信仰，它是經過理智思考過的有意識的選擇，所以這仍然是積極入世以求社會、國家的生存發展的實用理性、儒學精神的表現。從消極方面說，它沒有那種非理性的宗教情感的阻擋、干擾和抵制，也是因為實用理性並非宗教信仰的緣故。所以，這種全盤性激烈反傳統的五四啟蒙運動，發生在具有高度傳統文化教養的第一流知識分子身上，由一批學通中西、思想敏銳、感情豐富的優秀人士所發動、所倡導和推行，便並不偶然。它實際顯示著中國傳統文化的負荷者具有不受本傳統的束縛限制的開放心靈，這其實也正說明這個古老的文化心理傳統仍有其自身的活力。所以它能延續數千年之久而不滅絕消失，並非沒有自身的原因。

此外，在拙作另篇論文中也已指出，中國知識分子在近代如此順利和迅速地接受進化論觀念，一舉拋棄歷史循環的傳統思想，以及後來接受馬克思主義階級鬥爭學說，一舉拋棄「和為貴」的傳統思想[11]，都證明中國實用理性這種為維護民族生存而適應環境、吸取外物的開放特徵。實用理性是中國民族維護自己生存的一種精神和方法。

但是，也正因為是以早熟型的系統論為具體構架，中國實用理性不僅善於接收、吸取外來事物，而且同時也樂於和易於改換、變易、同化它們，讓一切外來的事物、思想逐漸變成為自己的一

---

11 參看本書〈試談馬克思主義在中國〉。

個部分，把它們安放在自己原有體系的特定部位上，模糊和消蝕掉那些與本系統絕對不能相容的部分、成分、因素，從而使之喪失原意。總之，是吸取接收之後加一番改造，使之同化於本系統。就近現代中西文化說，這倒是最值得注意的「中體西用」的演化，即「西學」被吸收進來，加以同化，成為「中學」的從屬部分，結果「中學」的核心和系統倒並無根本變化。[12]

---

12 關於這點，拙文〈中國思想史雜談〉(《復旦學報》1985 年第 5 期) 曾講過，摘抄如下：「中國人到漢代便把『天人』『古今』，各種自然、社會、物質、精神現象統統構建、組合到一個系統裡。這個系統已不同於孔孟時代是從民族血緣出發，而是從一個統一的大帝國出發，其目的是為了穩固、保持這個巨大的社會機體的動態平衡，以達到長治久安。中國傳統社會為什麼那麼持久，到現在還那麼頑固，我覺得很大的一個原因是因為從漢代開始就有了這個系統。今天我們講漢族、漢人、漢語，這也表明漢代不僅在物質文明上奠定了基礎，而且在文化心理結構上也奠定了基礎。我國是多民族國家，以漢語為基本語言，漢文化為基本文化，在歷史上有不少少數民族例如滿族，儘管是統治階級卻自願放棄自己的文化而接受漢文化，這就是因為從漢代起在文化心理結構方面也形成了一個相對穩定的系統。

　　這個系統是把天地人各方面都通過陰陽五行結構的方式組合安排起來的。所以什麼都是五，金木水火土，五味、五食、五聲、五臟，還有五季，四季中加個長夏，以符合五的系統等等。在這個結構中的各個部分相互聯繫滲透，又有相生相剋的反饋作用，這個結構有一套循環的模式，整個自然，整個社會，上自皇帝，下至百姓，包括時間、空間、人體、社會制度、倫常秩序統統都被安置在這個模式中。這有科學的成分，因為它把一些自然規律也放在系統內；也有大量的牽強附會，是屬於當

　　這個特點不僅表現在中古吸收佛教化出禪宗，進而出現在理學這個上層文化現象上，同樣也表現在下層社會中。這說明它是一種民族性的現象，即這個實用理性的系統論模式是中華民族將外來事物中國化，而後使自己延續生存的基本文化方式，它不是超社會的，卻是超階級的。

　　時政治需要的東西。李約瑟說，中國的思想的特點是沒有上帝，沒有創造主的概念，這是對的。西方認為世界是上帝創造的，中國沒有這個概念。因為中國有這種系統觀。這個系統本身大於一切，高於一切。天、地、人都在這個系統中，彼此牽制著，例如皇帝主宰著百姓，但得聽命於天，而天又得聽聽老百姓的意見，……這便是一個循環的系統模式。有了這種系統，也就不需要有一個上帝來創造世界，主宰人世了。這也就是在中國歷史上很多外國宗教進來了，都沒被接受的原因。佛教曾經盛行一時，基督教很早就傳進了中國，猶太教是最難消滅的宗教，宋朝就傳到了開封，但現在沒有了。所有這些宗教傳進來後都慢慢地、無聲無息地消失了。中國從來沒進行過宗教戰爭（農民起義借宗教進行戰爭，不能算宗教戰爭）。

　　這個系統為了維持自己的生存穩定，對外部特別注意和要求能適應環境，它具有一種同化力，所以中國人喜歡講求同存異。對待外來的東西，首先注意與自己的相同之處，模糊那些與自己不同的東西，從而進一步吸收、消化它，使之與自己相協同。它經常採用生物適應環境的那種同化形式，……正是這個穩固的系統為適應生存對付異己所採取的動態（不是僵硬的）平衡的結果。這個系統當然有很大的缺點。它對內部要求秩序性、封閉性，使每個人的行動作為和思想觀念都在系統中被規定好了位置，君應該如何，臣應該如何，父應該如何，子應該如何，不能越出特定的規矩和範圍。現在我們常說照顧大局，實際上就是照顧系統的穩定性。……」

（二）歷史經驗和「西體中用」新釋

　　可以舉許多例子。《中國古代思想史論》主要是舉上層哲學的例子。《中國近代思想史論》主要也是講上層從維新到革命的歷史。因此，在這裡，倒願意重複摘引《中國近代思想史論》第一章關於太平天國的一些論述，來作為例證。

　　太平天國的領袖洪秀全，是毛澤東提名的第一個「向西方學習」的近代人物。到毛澤東晚年，仍將他與孫中山相提並論，評價甚高。洪秀全所創立的「拜上帝教」，的確是從西方傳教士的基督教小冊子裡借來一個皇上帝而組織的宗教—軍事—政治組織和規範秩序。它在農民戰爭的革命鬥爭中起了極為巨大的現實作用和思想作用。洪秀全和「太平天國」表現了近代中國人為了生存是勇於吸收、接受外來的異己思想，同時又將它改造為服務於自己需要的事物，即很善於「中國化」的。

　　且看洪秀全和太平天國的這種將基督教義的「中國化」：

　　普列漢諾夫講到宗教時曾提出觀念、情緒和活動（儀式）是三個要素。洪秀全把這三者都注入了革命的內容。「人皆兄弟」基督教的博愛觀念，被注入了農民階級的經濟平均主義和原始樸素的平等觀。宗教狂熱被充實以積壓已久的農民群眾的革命欲求。

更突出的是，宗教戒律被改造成相當完備的革命軍隊所需要的嚴格紀律。……洪秀全把摩西「十戒」改為「十款天條」，成了太平軍奉此為初期的軍律。[13]

「人皆兄弟」的觀念在這裡便具體化為官長必須愛惜兵士，軍隊必須愛護百姓等等。《行營總要》中對此有種種具體規定，這使得太平天國有比歷史上任何一次農民起義遠為嚴明的軍事紀律，如「遵條命」（即聽指揮），「不得下鄉造飯起食，毀壞民序，擄掠財物」（甚至規定不許「出恭（大便）在路井民房」），「公心和儺」，「不准妄取一物」，「路旁金銀衣物，概不准低頭撿拾以及私取私藏，違者斬首不留」……。各種基督教義、宗教儀式都被實用地改造成了一整套農民革命戰爭所需要的規章制度。這確乎是「中國化」了，這個「中國化」不僅是精神教義的世俗化，而且也是實用化，直接適應、符合於當時農民革命戰爭的實踐需要。總之，是接受了西方傳來的基督教義，但使之服從於中國現實的農民戰爭，並以此實踐標準來進行改造和變易。儘管原意喪失，卻極其有效地推動了太平天國事業的迅速發展，使它迅速地占據十餘省，建國十六年，如無戰略錯誤的偶然因素，本可長驅北京推翻清朝的。

農民革命戰爭有其不依人們主觀意志為轉移的規律，在太平天國利用和改造西方基督教義運用在戰爭中使之「中國化」時，

---

13 拙作《中國近代思想史論》，第一章。

由於這種規律的制約，便有幾個鮮明的特徵值得注意。

第一，是平均主義和禁欲主義。太平天國在理論（如《天朝田畝制度》等）和初期軍事實踐中，根據他們所了解和宣傳的基督教義，強調「人無私財」，建立「聖庫」，實行嚴格的供給制度。這種供給制又並非絕對平均主義，而是按官階而有等差級別的。如：「天王日給肉十斤，以次遞減，至總制半斤，以下無與焉」《賊情彙纂》等等。

太平天國分「男營」、「女營」，男女嚴格分開，夫妻不能同居，「雖極熱，夜臥不得光身，白晝不得裸上體」（《賊情彙纂》）。「老天王做有《十救詩》給我讀，都是說這男女別開不准見面的道理」（《洪福瑱自供》）。但天王及其他五個王，卻明文規定可以有好些妻妾。

第二，行政權力支配一切。既然是「平均主義的分配、消費的經濟生活，當然需要一種具有極大權威的行政力量和嚴密組織來支配和保證。《天朝田畝制度》從而規定了一系列社會生活的準則。這是一種嚴格組織起來的集體化的生活和權力高度集中的社會結構，它實際是要求建立在軍事化的基礎之上。

它以二十五家為一『兩』，『兩』是生產、分配、軍事、宗教、政治、教育等等幾合一的社會基層組織和單位。在這裡，軍事（兵）、生產（農）是合一的，政治、經濟是合一的，行政、宗教是合一的，統統由『兩司馬』（官名）領導管理。[14]兩司馬管理生

---

14 這在中國古代即現實地存在過，如近人中國農民起義史論著中豔稱的張

產，執行獎懲，保舉人員，負責教育，處理訴訟，領導禮拜，宣
講《聖經》……，具有極大權力。《天朝田畝制度》非常重視生產
和宗教生活，以之作為根本標準，也非常重視社會福利：『鰥寡孤
獨廢疾免役，皆頒國庫以養。』總之，一切組織化，集體化，軍
事化，規格化，單一化，吃飯要祈禱，結婚有證書……，一切都
有強制紀律來保證執行。」[15]

所以，這是一種兵農合一、政（治）社（會）合一、宗教領
先、從上至下權力都高度集中，由行政權力支配一切的社會結構
和統治秩序。並且，「從永安到天京，從《太平禮制》到《天命詔
旨書》，它的制度是等級異常確定，尊卑十分分明，弟兄稱呼純為
形式，君臣秩序備極森嚴，不僅有等級制，而且有世襲制……根
據《天朝田畝制度》的理想規定，產生官吏是『保舉』（並非選
舉），即層層向上推舉，然後由上層選擇任命……政權人選和權力
實際上仍然長期操縱在上級官員的手中，廣大群眾並無真正的
權力。」[16]

第三，高度階級覺悟基礎上的道德主義。太平天國把農民階
級的階級意識或階級覺悟，提到了空前高度。它把勞動者與剝削
者的對立極大地突現了出來。如：一方面，「凡擄人每視人之手，

魯政權，值得注意的是在 1958 年大躍進和建立人民公社中，毛澤東曾印
　發《後漢書・張魯傳》給高級幹部閱讀。
15 拙作《中國近代思想史論》，第一章。
16 同上。

如掌心紅潤，十指無重繭者，恆指為妖」（《賊情彙纂》），「見書籍，恨如仇讎，目為妖書，必殘殺而後快」（《平定粵匪紀略附記》）。另方面，「挖煤開礦人、沿江縴夫、船戶、碼頭挑腳、轎夫、鐵木匠作、艱苦手藝、皆終歲勤勞，未嘗溫飽，被擄服役，賊必善遇之，數月後居然老兄弟矣」（《賊情彙纂》）。太平天國就這樣非常「自覺地建立起以貧苦勞動人民為骨幹領導的從基層起的各級革命政權。『木匠居然做大人』（《金陵紀事》）……太平軍對勞動大眾極為熱情和信任，對地主階級的知識分子則一般是使用（如做文書）而並不重用。」[17]

　　與此同時，洪秀全極端重視部隊和整個社會的思想教育工作，太平天國強調人們要「換移心腸」，「煉好心腸」。「煉好」、「換移」的具體辦法是「習讀天書」（即讀洪秀全改編過的《聖經》）和「講道理」（實即講用會）。「凡刑人必講道理，掠人必講道理，倉卒行軍臨時授令必講道理……為極苦至難之役必講道理」（《賊情彙纂》）。「講道理」就是以宣講宗教教義的方式所進行的鼓動工作和思想教育。其實際宣講情況有如下例：

　　……升座良久方致詞：我輩金陵起義始，談何容易乃至斯，寒暑酷烈，山川險峨，千辛萬苦成帝基，爾輩生逢太平時，舉足使上天堂梯……（《癸甲金陵新樂府》）

17 同上。

　　洪秀全和太平天國以這種思想教育作為革命的動力，確乎起
了巨大作用，「使廣大的太平軍戰士團結一致，奮不顧身，前仆後
繼，不可阻擋。『以人眾為技，以敢死為技，以能耐勞苦忍飢渴為
技，⋯⋯死者自死，渡者自渡，登者自登』」（《賊情彙纂》）。

　　第四，農業小生產基礎上的「新天新地新人新世界」的烏托
邦思想。

　　「基督教的上帝叫人死後進天堂，洪秀全的上帝要在地上建
立天國。洪秀全利用了《勸世良言》關於大天堂小天堂的含混說
法，強調地上也應建立天國。⋯⋯具體制定則主要是把在農民起
義和革命戰爭中積累起來的經驗加以理想化和規範化。

　　《天朝田畝制度》以改革土地所有制為核心，提出了一整套
相當完備的理想設計。它宣告平均分配土地，共同從事勞動，彼
此支援幫助，規定副業生產。

　　更重要的是，它對分配、消費的規定，其特點是否定私有財
產，消除貧富差別，『有田同耕，有飯同吃，有衣同穿，有錢同
使』，希望把『無人不飽暖』建立在『無處不均勻』的分配基
礎上。」

　　如此等等。

　　但是，眾所周知，洪秀全和太平天國終於悲慘地失敗了。這
失敗倒不在於被曾國藩等人的軍隊所打敗，更重要在於他這一套
中國化了的基督教義自身的失敗。《中國近代思想史論》認為，
「洪秀全迷信前期主要是在軍事鬥爭中和在革命軍隊中所取得的
經驗，當作整個社會生活所必須遵循的普遍法則來強制推行，違

反了現實生活的要求、需要，當然要失敗（如廢除家庭，實行男營女營），在戰爭中有效的，在和平時期便行不通（如沒收私有財產，廢除貿易，實行聖庫制度等等）。平均主義、禁欲主義在早期發動組織群眾作為軍隊風紀，的確能起巨大作用，但把它們作為整個社會長期或普遍的規範、準則和要求，則必然失敗。」[18]

「思想、觀念、情感、意志靠一種非科學或反科學的宗教信仰和強制紀律來統一和維繫，是不可能支持長久的。它必將走向反面。特別是經過天父代言人楊秀清竟然被殺的巨大事件之後，忠誠的信仰就逐漸變成懷疑或欺騙，狂熱的情感變為『人心冷淡』（《資政新篇》）。儀式流為形式，禁欲轉成縱欲，道德純潔走向道德毀壞……」[19]「蛻化變質、徇私舞弊種種封建官場的陋習弊病便都不可避免瀰漫開來。在上層，情況更是如此。由於沒有任何近代民主制度，專制與割據、陰謀與權術，便成了進行權力爭奪的手段，而且愈演愈烈……」[20]「洪秀全從前期經驗出發，直到最後仍一再頒布各種詔令，極力強化道德說教和宗教宣傳，結果在前期取得巨大成效的，現在卻收效極微。以前好些論著說洪秀全到天京後如何昏聵無能，不問政事，以致失敗。其實洪秀全始終是管事的，並且與前期一樣，仍然在行政、組織、軍事各方面表現出極大的敏銳、識力和才能……。問題並不在這裡，而在於

---

18 同上。

19 同上。

20 同上。

他在基本思想和政綱政策上仍然頑固堅持、並愈來愈迷信他那一套非科學的宗教信仰和道德說教，他不是如實地總結鬥爭的經驗教訓，而把革命的成敗歸結是否忠誠於宗教信仰，抱著他那些僵死的教義和前期的經驗不放，甚至在最後在改國名、朝名、玉璽名上面作文章，把『太平天國』改為『上帝天國』等等，以期拯救危局，改變形勢，顯然不能解決任何問題。

從這個洪秀全個人的悲劇中，可以看到的正是階級的局限。一代天才最後落得如此悲慘、被動，是由於他不可能擺脫封建生產方式帶給他的深刻印痕。」[21]

為什麼本文要重複這麼多的「太平天國」？只是為了說明在「向西方學習」中搬來的觀念、思想、學說、教義，在「中國化」的進程中，被本土的系統所改造和同化，而可以完全失去原意。無怪乎，當時的好些傳教士認為：

我們的《聖經》注解，都很難得到他的贊同，我們最好的經本，都被他用朱筆在旁批上天意，全弄壞了。(《天京遊記》)傳教士發現他們很少與太平軍一致之處，……洪秀全的教義是完全不像我們那樣會從天父那裡得來的，也和耶穌所說的話極不相同。(費正清：《美國與中國》第 8 章第 2 節)

為什麼會這樣？就是因為這種看來似乎是「西學為體，中學

---

21 同上。

為用」——從西方搬來的基督教教義為主體，並規定為主要的、核心的觀念、思想、體系，通過中國傳統的下層社會的觀念、習慣來具體應用它——實際上卻仍然是「中體西用」，即「中學」仍然是根本的，這裡所謂「中學」就是生長在傳統社會小生產經濟基礎上的各種封建主義的觀念、思想、情感、習慣，如等級制、不患寡而患不均的平均主義，分配、消費上的共產主義烏托邦，道德主義……等等。因此，「西學」在這裡便不過是一層外裝而已。這種「向西方學習」當然沒有效果。農民戰爭有其自身的規律，洪秀全搬來的西方基督教在它的「中國化」中合規律地變成了「封建化」。我以為，太平天國作為一個極富有啟發意義的思想史的課題，就在這裡。

以上說明，由於有一個長久的傳統小生產的社會經濟基礎和其上的意識形態，由於實用理性的系統論結構又善於化外物為自己，「中體西用」便確乎具有極為強大的現實保守力量，它甚至可以把「西學為體，中學為用」也同化掉。

太平天國是以下層人民（主要是農民）的革命實踐活動方式，把西方觀念、教義「中國化」，使「西學」終於成為「中學」的。從張之洞到現代新儒家，則是以上層社會的思想學術的理論方式，進行著同一種「中國化」。例如，在五四時期陳獨秀就批評過把西方的自由民主說成是與中國古代「民為貴」、「天視自我民視，天聽自我民聽」的民本思想、把人民作主與為民作主混同起來的主張，卻仍然可以在現代新儒家那裡找到極為類似的論調，並且至今在許多報刊文章上也可以看到。這同樣表現了在「中國化」過

程中，「中學」吃掉「西學」，使「中體」巍然不動。

　　這種歷史和思想史的教訓，使得今天對「體」、「用」、「中」、「西」的比較和討論，不是沒有意義，而是很有必要。對「體」、「用」、「中」、「西」重新作番研討，有重要的現實價值和理論價值。

　　首先，應該重新探討和明確「體」、「用」範疇的涵義。

　　「今天使用『體』、『用』範疇，要加以明確的規定。我用的『體』一詞與別人不同，它包括了物質生產和精神生產[22]，我一再強調社會存在是社會本體。把『體』說成是社會存在，這就不只包括了意識形態，不只是『學』。社會存在是社會生產方式和日常生活。這是從唯物史觀來看的真正的本體，是人存在的本身。現代化首先是這個『體』的變化。在這個變化中，科學技術扮演了非常重要的角色，科學技術是社會本體存在的基石。因為由它導致的生產力的發展，確實是整個社會存在和日常生活發生變化的最根本的動力和因素。就是在這個意義上，我來規定這個『體』。所以科技不是『用』，恰好相反，它們屬於『體』的範疇。在《批判哲學的批判──康德述評》一書中，我從使用工具製造工具來規定實踐，也正是這個道理。……張之洞的『中體西用』說強調『教忠』。『教忠』是什麼？就是維持清朝的政治制度，這個政治制度是維繫在封建土地關係基礎之上的。而土地關係就是屬於社會生產方式。他不懂得在他所要維護的『中學』（三綱五倫

──────────

22 這裡所謂「精神生產」指的是「心理本體」或稱「本體意識」。

的政治制度和以三綱五倫為軸心的封建意識形態）下有根本的東
西。他不知道，他要維護的「學」不只是一個「學」的問題，也
不僅是政經體制的問題。他看技術僅僅是『用』，不知道輪船、火
車、汽車之類的東西是與社會生產力、與社會生產方式緊密連在
一起，是後者的具體體現。生產力和生產方式的變化必定帶來生
活方式和意識形態、政治制度的改變。可見，我講的『體』與張
之洞講的『體』正好對立。一個（張）是以觀念形態、政治體制、
三綱五倫為『體』，一個（我）首先是以社會生產力和生產方式
為『體』」。[23]

　　總之，「學」——不管是「中學」、「西學」，不管是孔夫子的
「中學」還是馬克思的「西學」，如果追根究底，便都不是「體」，
都不能作為最後的「體」。它們只是「心理本體」或「本體意識」，
即一種理論形態和思想體系。嚴格說來，「體」應該是社會存在的
本體，即現實的日常生活。這才是根本、基礎、出發點。忽視或
脫離開這個根本來談體用、中西，都是危險的。就中國來說，如
果不改變這個社會存在的本體，則一切「學」，不管是何等先進的
「西學」，包括馬克思主義，都有被中國原有的社會存在的
「體」——即封建小生產經濟基礎及其文化心理結構即種種「中
學」所吞食掉的可能。上面講太平天國，正是為了說明這一點。
另文講馬克思主義在中國，也包含了這一點。從而，所謂現代化，
首先是要改變這個社會本體，即小生產的經濟基礎、生產方式和

---

23 拙文〈「西體中用」簡釋〉，《中國文化報》，1986 年 7 月 9 日。

生活方式。這也就要相應改變、批判現實日常生活。例如，農民只有從土地束縛中解放出來，父母在，且遠遊，離鄉背井，走進各行各業和城市中去，祖祖輩輩的各種傳統觀念才會瓦解，大家庭才會分化成小家庭。例如，只有商品經濟發達，才能有自由主義的意識和「西學」真正生根、發展的基地。

　　的確，「現代化」並不等於「西方化」，但現代化又確乎是西方先開始，並由西方傳播到東方到中國來的。現代大工業生產，蒸汽機、電器、化工、計算機……以及生產它們的各種科技工藝、經營管理制度等等，不都是從西方來的嗎？在這個最根本的方面——發展現代大工業生產方面，現代化也就是西方化。我提出的「西體」就是這個意思。在科學直接成為生產力的今天，這點更加清楚、明白。

　　但是，陳寅恪早就說過，「寅恪……思想囿於咸豐同治之世，議論近乎（曾）湘鄉（張）南皮之間。」[24] 馮友蘭也曾認為，「中國現在所經之時代，是自生產家庭化的文化轉入生產社會化的文化之時代」[25]，從而批評「民初人」專搞文化（即指五四的新文化運動），而讚賞「清末人」（即洋務派）興辦實業，認為前者反而耽誤和延緩了後者，以致中國未能富強。那麼，難道今天這樣提出「西體」是否又回到當年洋務派和陳、馮等人的立場？

　　答曰：否！早在陳、馮以前，李大釗就深刻地指出過：

---

24 《馮友蘭中國哲學史審查報告三》。

25 《新事論》，第 72 頁。

他（指孔丘）的學說所以能在中國行了兩千餘年，全是因為中國的農業經濟沒有很大的變動，他的學說，適宜於那樣經濟狀況的緣故。現在經濟上生了變動，他的學說，就根本動搖，因為他不能適應中國現代的生活、現代的社會。就有幾個尊孔的信徒天天到曲阜去巡禮，天天戴上洪憲衣冠去祭孔，到處建築些孔教堂，到處傳布「子曰」的福音，也斷斷不能抵住經濟變動的勢力，來維持他那「萬世師表」、「至聖先師」的威靈了。[26]

可見，遠不止陳、馮，馬克思主義者更明白首先是社會經濟基礎（首先又是新的生產力）的變化，然後有觀念形態的變化，但李大釗、陳獨秀等人之所以仍然要搞啟蒙和革命，恰恰又是為了加速改變這個經濟基礎。所以，抽象看來，陳、馮的議論似很合理，但如果真正歷史具體地考察一下，就會發現，洋務運動之所以被維新、革命和「五四」所替代，恰恰是因為當年雖興辦了不少實業卻極端腐敗、貪污、無效能從而帶來了普遍失望。洋務運動主要是官辦企業和所謂「官督商務」，其歷史經驗正是：

洋務派在八〇年代由求強而言富，著手創辦非軍工的近代工業。但是，與私有工業的資本家不同，主持、管理或監督這些官辦、官督商辦企業的封建官僚們的個人利益與工業本身的利益是

---

26 李大釗：〈由經濟上解釋中國近代思想變動的原因〉，《新青年》第 7 卷第 2 號，1920 年 1 月 1 日。

脫節的，官員們感興趣的不是企業利潤的擴大和資本的積累，而只是如何在企業內中飽貪污。陳陳相因、毫無效能的封建衙門及其官吏，當然完全不能也不願適應資本主義的經濟所要求的近代經營管理，所謂官督商辦實質上是加在資本主義經濟上的一副沈重的封建主義的上層建築鐐銬。……資本主義經濟發展必然要求不適應於它的、嚴重阻礙它的封建上層建築的改革。這一歷史必然規律在上一世紀八〇年代的中國開始顯露出來了……西方資本主義代議制度在這時廣泛地被當時中國開明人士所注意所介紹所讚揚，被看作是救亡之道、富強之本。[27]

　　這是整整一百年前的故事了。然而，歷史卻殘酷無情，今天似乎又面臨非常相似的問題和局面，使這百年前的故事到今天仍有其現實意義。在一場農民戰爭（太平天國）之後，由洋務（「同治中興」）而變法（戊戌）而革命（辛亥）而文化批判（「五四」）的這個歷史行程，今天似乎把它們緊縮在同一時態內了。本來，社會是一個有機體的結構系統，作為結構的改變轉換，有賴於它的諸因素相互作用所造成。特別是在中國，以從屬和依附於政治的知識分子階層為軸心建構基礎的社會文化心理，已成為制衡整個社會動向、經濟行為的強而有力的因素。因此，這個社會結構機體的改變，光引進西方的科技、工藝和興辦實業，是不能成功的；光經濟改革是難以奏效的；必須有政治體制（上層建築）和

---

27 拙作《中國近代思想史論》，第二章。

觀念文化（意識形態）上的改革並行來相輔相成，現代化才有可能。經濟、政治、文化的三層改革要求的錯綜重疊，正成為今天局勢發展的關鍵。

於是繼經濟改革之後，政制改革和觀念改革被突出地提了出來。涉及觀念與政制，於是也就有了今天「西學」、「中學」的問題討論。那麼，究竟如何來看待和規定「西學」、「中學」？或者說，究竟什麼是「西學」？什麼是「中學」？它們誰主誰次、誰本誰末、誰「體」誰「用」呢？

如果承認根本的「體」是社會存在、生產方式、現實生活，如果承認現代大工業和科技才是現代社會存在的「本體」和「實質」；那麼，生長在這個「體」上的自我意識或「本體意識」（或「心理本體」）的理論形態，即產生、維繫、推動這個「體」的存在的「學」，它就應該為「主」，為「本」，為「體」。這當然是近現代的「西學」，而非傳統的「中學」，所以，在這個意義上，又仍然可說是「西學為體，中學為用」。

這個「西學」當然包括馬克思主義，馬克思主義是近代大工業基礎上產生出來的革命理論和建設理論。但這馬克思主義也必須隨著世界社會存在本體的發展變化而發展變化。同時，「西學」也不只是馬克思主義，還有好些別的思想、理論、學說、學派，如科技工藝理論、政經管理理論、文化理論、心理理論等等。我們今天的意識形態、文化觀念以及上層建築便應輸入這些東西，來作為主體作為基本作為引導。西方自培根到康德，自文藝復興到十九世紀初，啟蒙經歷了數百年的歷史，中國的啟蒙行程還如

此之短暫，它在觀念體系上徹底擺脫中世紀封建傳統，就不是容易的事情。特別是與西方宗教相比，中國的倫理綱常由於有理性的支撐，從中解放出來，就更為艱難。[28] 而西方啟蒙文化對擊潰中世紀封建傳統，便是一種非常銳利的武器，所以，現在對「西學」不是盲目輸入過多的問題，仍然是了解不夠的問題。

現代社會是一個多元化和多樣化的社會，現代的「西學」亦然。因之，在全面了解、介紹、輸入、引進過程中，自然會發生一個判斷、選擇、修正、改造的問題。在這判斷、選擇、修正、改造中便產生了「中用」——即如何適應、運用在中國的各種實際情況和實踐活動中。「實體 (Substance) 與功能即『用』(Function) 本不可分，中國傳統也講『體用不二』：沒有離『用』的『體』，『體』即在『用』中。因此，如何把『西體』『用』到中國，是一個非常艱難的創造性的歷史進程。例如大家都早知道要去取西方的『科學』、『民主』，但在中國用起來，卻由於沒有意識到『體』、『用』轉化的艱難性而遇到了重重阻礙。這就是由於對自己的國情和傳統不夠了解的緣故。」[29]

這也就是本文為什麼要講近代中國歷史，從五四運動講到太平天國的緣故。只有充分了解這作為「國情」的傳統，才能清醒地注意到，首先不要使「西學」被中國本有的頑強的「體」和「學」——從封建小生產方式、農民革命戰爭到上層孔孟之道和

---

28 參看 Vera Schwarcz, *The Chinese Enlightenment*, California, 1986.
29 拙文〈「西體中用」簡釋〉，見23。

種種國粹所俘虜、改造或同化掉。相反，要用現代化的「西體」——從科技、生產力、經營管理制度到本體意識（包括馬克思主義和各種其他重要思想、理論、學說、觀念）來努力改造「中學」，轉換中國傳統的文化心理結構，有意識地改變這個積澱。

　　改變、轉換既不是全盤繼承傳統，也不是全盤拋棄。而是在新的社會存在的本體基礎上，用新的本體意識來對傳統積澱或文化心理結構進行滲透，從而造成遺傳基因的改換。這種改換又並不是消滅其生命或種族，而只是改變其習性、功能和狀貌。例如，在商品經濟所引起的人們生活模式、行為模式、道德標準、價值意識的改變的同時，在改變政治化為道德而使政治成為法律的同時，在發展邏輯思辨和工具理性的同時，卻仍然讓實用理性發揮其清醒的理智態度和求實精神，使道德主義仍然保持其先人後己、先公後私的力量光芒，使直覺頓悟仍然在抽象思辨和理論認識中發揮其綜合創造的功能，使中國文化所積累起來的處理人際關係中的豐富經驗和習俗，它所培育造成的溫暖的人際關懷和人情味，仍然給中國和世界以芬芳，使中國不致被冷酷的金錢關係、極端的個人主義、混亂不堪的無政府主義、片面的機械的合理主義所完全淹沒，使中國在現代化過程中高瞻遠矚地注視著後現代化的前景。本來，即使是資本主義，也還需要有如基督教那種非以賺錢為唯一目的的責任心、天職感、職業道德，也還要某種獻身精神，中國傳統的文化心理中的上述許多東西，難道不可以由我們作出轉換性的創造嗎？中國沒有基督教等宗教傳統，是否能從自己傳統文化中以審美來作為人生境界的最高追求和心理本體的最

高建樹？⋯⋯。所有這些，不也就是「西體中用」麼？這個「中用」既包括「西體」運用於中國，又包括中國傳統文化和「中學」應作為實現「西體」（現代化）的途徑和方式；在這個「用」中，原來的「中學」就被更新了，改換了，變化了。在這種「用」中，「西體」才真正正確地「中國化」了，而不再是在「中國化」的旗幟下變成了「中體西用」。這當然是一個十分艱難、漫長和矛盾重重的過程。但真正的「西體中用」將給中國建立一個新的工藝社會結構和文化心理結構，將給中國民族的生存發展開闢一條新的道路和創造一個新的世界。

最後，從文化思想史看，這裡還要注意的是，從中國目前的前現代化社會到現代化社會，和某些高度發達國家的走向後現代化社會，是三個不同的歷史發展階段，不能混淆它們。特別因為表面現象上前現代與後現代有某些近似處，便更需要予以清醒對待。不能因要求在現代化中注意後現代問題，而將後現代與前現代混同起來。

例如，對待自然，前現代和後現代也許更強調人與自然和諧或重視人回到自然懷抱，現代化則重點致力於征服自然，改變環境；前者重視精神的自由享受，後者首先著力於物質生活的改善。對待社會，前現代和後現代也許更重視財富平均、社會福利，而現代則主要是個人競爭、優勝劣敗。對待人際關係，前後現代都追求心理溫暖，現代則基本是原子式的異化的個人。對待人生，在前後現代，倫理和審美占重要地位，人本身即目的、超功利、輕理性，否認科學能解決人生問題；現代則突出工具理性，關注

於目的、功利、前景和合理主義，人自身常常成了手段。在思維
方式上，前後現代均重直覺、頓悟和個體經驗，現代則重邏輯、
理智。在前後現代，每個人都是重要的，幾乎無分軒輊。現代則
是明星、天才、領袖、名家、奇理斯瑪 (Charisma)[30] 的世界。……

　　所有這些描述，是非常粗陋和簡單化了的。之所以作這種描
述是想指出，儘管前現代與後現代有某些接近或相似之處，但兩
者在根本實質上是不相同、不相通的。現代與後現代儘管在表面
上有些不同，在實質上卻更相通和接近。

　　為什麼？因為現代和後現代基本上建築在同一類型的社會存
在的「本體」之上，即大工業生產之上，與前現代建立在農業小
生產自然經濟基地的「本體」上根本不同。正如沒有下過五七幹
校的國外左派知識分子，會覺得簡單的體力勞動是真正的愉快和
幸福，吃膩了冰凍食物和習慣了家用電器會感到簡單落後的原始
生活充滿了生氣和快樂……，實際上，這兩者是根本不相同的。
所以，在今天的文化討論和文化現象的研究評論中，重要的仍然
是歷史具體的科學分析。所謂「歷史具體的科學分析」，也即是
說，首先要注意社會存在本「體」的區別，並以之作為前提。只
有這樣，才能在現代化的過程中，清醒地批判和吸取前現代中的
某些因素，包括中國傳統文化心理結構中的實用理性、道德主義
（甚至大鍋飯中的某些積極因素），等等，來作為走出一條中國化
的現代化道路的充分和必要條件，這就是《中國古代思想史論》

---

30 奇理斯瑪當然前現代也有。

一書所講到的期望。

　　因之，我不同意絕對的文化相對主義。這種文化相對主義認為任何文化、文明均有其現實的合理性，從而不能區分高下優劣。原始文化與現代文明、農業文化與工業文化都是等價的，因為它們不能用同一標準去衡量，人們在這不同文化裡的生活和幸福也是不能區分高下優劣的。這樣，就甚至可以推論根本不必現代化。我以為，物質文明從而生活質量、水平（包括人的壽命長短）有其進步與落後的共同的客觀尺度。不管哪一個國家、民族、社會、宗教，人們都希望乘坐飛機、汽車來替代古老的交通工具，都希望冷天有暖氣，夏天有空調，都希望能通過電視、電影，看到聽到世界上更多的東西，都希望能吃得好一些，居住得寬敞舒適一些，壽命長一點……。人畢竟不是神，他（她）是感性物質的現實存在物。他（她）要生活著，就必然有上述欲求和意向。因此就仍然有一種普遍必然性的客觀歷史標準，而不能是絕對的文化相對主義。

　　但是，人畢竟又不是動物。除了物質生活，人各有其不同的精神需要，並且這種精神需要滲透在物質生活本身之中，也推動、影響、制約物質文明的發展，影響著物質文明所採取的具體途徑。所以，文化發展既有其世界性的普遍共同趨向和法則，同時又有其多元化的不同形態和方式。不同的民族、國家、社會、地域、傳統，便可以產生各種重大的不同。自五四以來，西化派從康有為、嚴復到胡適、陳獨秀強調的是普遍性，國粹派從章太炎到梁漱溟強調的是特殊性。一派追求「全盤西化」，一派強調「中體西

用」。只有去掉兩者各自的片面性，真理才能顯露，這也就是「西體中用」。

　　關鍵在於解釋。解釋正是過去與現在的某種融合。解釋過去就是解釋今天，反之亦然。為對近代以來「中體西用」的駁難而提出「西體中用」的新解釋，正是如此。

（據講演錄音整理，原載：《孔子研究》1987 年第 1 期）

後　記

　　按照自己原來的計畫，這本書準備最早在 1990 年寫成，由於某些原因，現在提前了。因此，首先我得請讀者們原諒本書是如此單薄和浮泛。但我估計，即使到 1990 年，這本書大概也無法寫得很好，其中原因可以心領神會：這是個太艱難的課題。

　　這本書有意地更多採取了摘引整段原始資料的方式。一則為了給某些資料立案備查，留待以後填補發展；二則希望通過原始資料，由讀者自己去欣賞、判斷。但由於幾乎每天四小時五千字的進行速度，摘引之匆忙、敘述之草簡、結構之鬆散、分析之粗略、文辭之拙劣、思想之浮光掠影，看來比前兩本思想史論更為顯著。我希望過幾年能有機會給三書作統一修訂時，對這本多作些補充。

　　例如，這本書本來打算講的一個中心主題，是中國近現代六代知識分子（辛亥一代、五四一代、北伐一代、抗戰一代、解放一代、紅衛兵一代）。這問題在《中國近代思想史論》提出過，原來想在本書中再作些論述。例如第五代的忠誠品格的優點，第六代實用主義、玩世不恭的弱點等等，都需要加以補充和展開。「代」的研究注意於這些「在成年時（大約 17 歲～25 歲）具有共同社會經驗的人」在行為習慣、思維模式、情感態度、人生觀

念、價值尺度、道德標準……等各方面具有的歷史性格。他們所自誇或嘆惜的「我（們）那時候」(my time)，實際是具體地展現了歷史的波浪式的進行痕跡。仔細研究這些問題對每一歷史階段和每一代人的時代使命、道德責任、現實功能和其間的傳遞、衝突（如「代溝」）諸問題，對所謂社會年齡、生理年齡和心理年齡的異同和關係，當能有更清晰深切的理解。[1] 從而，對這種超越個體的歷史結構的維繫或突破，便會有更為自覺更為明智的選擇。「人世有代謝，往來成古今」，古今正是由「代」的凋謝和承續而形成。這是些很有意思的問題，只好等以後再寫了。

現代中國知識分子，如同古代的士大夫一樣，確乎起了引領時代步伐的先鋒者的作用。由於沒有一個強大的資產階級，這一點便更為突出。中外古今在他們心靈上思想上的錯綜交織、融會衝突，是中國近現代史的深層邏輯，至今仍然如此。這些知識分子如何能從傳統中轉換出來，用創造性的歷史工作，把中國真正引向世界，是雖連綿六代卻至今尚遠未完成的課題。這仍是一條漫長的路。

在這個近百年六代知識者的思想旅程中，康有為（第一代）、魯迅（第二代）、毛澤東（第三代），大概是最重要的三位，無論是就在歷史上所起的作用說，或者就思想自身的敏銳、廣闊、原創性和複雜度說，或者就思想與個性合為一體從而具有獨特的人格特徵說，都如此。也正是這三點的綜合，使他們成為中國近現

---

1 關於 「代」 的研究，可參看 Jalian Marias, *Generations: A Historical Method.*

代思想史上的最大人物。但是，他們還不是世界性的大思想家。[2]
正如別林斯基在評論普希金是俄羅斯偉大作家時所說，普希金雖
然具有與世界上任何大師相比也毫不遜色的創作才能，但他的創
作卻仍然不可能與莎士比亞、拜倫、席勒、歌德相比，他的作品
內容的深度和廣度還不夠用這種世界性的尺度來衡量，他還不能
產生真正世界性的巨大影響。這是因為俄羅斯民族當時還未真正
走進世界的緣故。中國近現代也是如此。因此，當中國作為偉大
民族真正走進了世界，當世界各處都感受到它的存在影響的時候，
正如英國產生了莎士比亞、休謨、拜倫，法國產生了笛卡兒、帕
斯噶、巴爾扎克，德國產生了康德、歌德、馬克思、海德格爾，
俄國產生了托爾斯泰、陀斯妥也夫斯基一樣，中國也將有它的世
界性的思想巨人和文學巨人出現。這大概要到下個世紀了。

　　我願為明天的歡欣而努力鋪路。

1986 年 10 月

　2　如格瓦拉一樣，毛澤東一九六〇年代在世界上產生過短暫的政治性的思
　　想影響，但並不具有歷史性的世界意義。

中國思想通俗講話

錢穆　著

本書以「道理」、「性命」、「德行」、「氣運」四題及補文一篇，共五個部分，拈出目前社會習用的幾許觀念與名詞，由此上溯全部中國思想史，並由淺入深的闡述此諸觀念、諸名詞的內在涵義，及其相互會通之點，藉以描繪出中國傳統思想的大輪廓。凡此，均足供讀者作更深入的引申思索。

中國史學發微

錢穆　著

人類整部歷史，是一部活歷史，非是一部死歷史。知古可以知今，知今也可以知古。知我可以知彼，知彼也可以知我。本書大部為著者最近發表有關史學之精要綱領。史籍浩繁，尤其中國二十五史乃及三通九通，數說無窮。但本書屬提網挈領，探本窮源；所為極簡要極玄通；讀者即係初學，可以由此得其門戶。中人可以得其道路。老成可以得其歸極。要之，可以隨所超詣，各有會通。人人有得，可各試讀。

中國學術思想史論叢（一）～（八）

錢穆　著

本論叢係作者彙集其有關討論中國歷代學術思想之散篇論文，而未收入各專書之內者。於各家思想內容之異同出入、年代之先後遞變，均有精確之分析、詳密之考訂，誠為治學術思想者所不可不讀之書。

美的歷程

李澤厚　著

本書以宏觀鳥瞰角度對中國數千年的藝術、文學作了概括描述和美學把握。從遠古藝術、殷周青銅器藝術，經過先秦、魏晉、六朝、唐，到宋元後的山水繪畫與詩詞曲，以及明清時期小說、戲曲等藝術表現，作者皆提出了許多前人所未發現的重要觀念，形成美學上的重要議題。

華夏美學

李澤厚　著

作者漸進式的論述遠古的禮樂、孔孟的仁道、莊生的逍遙、屈子的深情和禪宗的形上追求，得出結論：中國哲學、美學和文藝，以及倫理政治等，都是建立於一種心理主義上，這種心理主義不是某種經驗科學的對象，而是以情感為本體的哲學命題。這個本體，不是上帝，不是道德，不是理智，而是情理相融的人性心理。它既「超越」，又內在；既是感性的，又超越感性，是為審美的形上學。

美學四講

李澤厚　著

作者從「自然的人化」的觀念出發，倡「人類學歷史本體論」之說，立宏觀理論體系，結構嚴密，氣魄恢宏，不單回應了現時流行的中外各美學流派，而且從哲學高度，以主體的實踐和積澱，統一社會與自然，探討美與人的本體存在、美感與心理情感的「數學方程式」、藝術產品與藝術作品、「後現代」等等問題，提出美學與人類命運相關連的前景，引導讀者仔細閱讀並深入思考，走進金碧輝煌的美學宮殿。

美學論集　　　　　　　　　　　　　　　　　　李澤厚　著

作者提出以人類總體實踐的基礎的「自然的人化」，來解
說美、美感及自然美的根源，不僅在當時耳目一新，而且
影響至今。此觀點由作者獨創，為前人所未曾道，因頗具
哲學深度，為愛好理論之青年學人所歡迎，而迄今大陸美
學仍少有能逾此藩籬者。本書收集作者參與五○年代美學
論爭的全部論文，以及其他美學、中國古典文學等論著，
呈現作者前期主要的美學思想。

我的哲學提綱　　　　　　　　　　　　　　　　李澤厚　著

作者有意從內容到形式都步趨中國先賢後塵，以簡潔形式
提出自己的哲學體系，即「天大，人也不小」，以一個世
界為根本特徵的人類歷史本體論，創造以使用物質工具
為基礎的工藝社會本體和以心理情感為人性指歸的文化心
理本體。在全書結尾的〈哲學探尋錄〉中，作者概括地提
出「人活著」、「人如何活」、「為什麼活」和「活得怎
樣」，深刻點出了生活價值、 人生意義諸基本問題。

中國古代思想史論　　　　　　　　　　　　　　李澤厚　著

本書從剖析孔子仁學開始，論說了自先秦至明清的各種主
要思潮、派別和人物。其中著重論證了中國的辯證法是
「行動的」，而非「思辨的」。
秦漢時期的「天人感應」宇宙觀；莊子、禪宗對人生作形
上追求的美學；宋明理學則作為道德形而上學而具有重要
價值，以及在明清時期思想中「治人」與「治法」已出現
分離，象徵著傳統中國的政教合一制度動搖，思潮逐漸向
近代靠近。

中國近代思想史論

李澤厚 著

本書收錄作者對近代中國自太平天國至辛亥革命時期各主要思潮和重要思想人物，如康有為、譚嗣同、嚴復、孫中山、章太炎、魯迅等的系統論述和細緻分析。首篇即從思想角度剖析太平天國為何「其興也勃，其亡也忽」，指出農民革命戰爭諸多規律性的現象，慨乎言之，深意存焉。其後數篇則詳盡分疏戊戌變法的維新思想和人物，於康有為大同思想和托古改制策略，評價甚高。此外，對嚴復在中國近代思想史的特殊地位、章太炎民粹主義的突出思想特徵、本世紀初知識分子由愛國轉而投身革命的心路歷程，以及梁啟超、王國維等人的獨特意義，都或詳或略予以點明和論述。

國家圖書館出版品預行編目資料

中國現代思想史論／李澤厚著.－－二版一刷.－－臺
北市：三民，2022
面；　公分.－－（李澤厚論著集）

ISBN 978-957-14-7357-4 （精裝）
1. 中國哲學史 2. 現代哲學

112.8   110020314

【李澤厚論著集】
中國現代思想史論

作　　者	李澤厚
發 行 人	劉振強
出 版 者	三民書局股份有限公司
地　　址	臺北市復興北路 386 號 (復北門市) 臺北市重慶南路一段 61 號 (重南門市)
電　　話	(02)25006600
網　　址	三民網路書店 https://www.sanmin.com.tw
出版日期	初版一刷 1996 年 9 月 二版一刷 2022 年 2 月
書籍編號	S120971
Ｉ Ｓ Ｂ Ｎ	978-957-14-7357-4

三民書局